数字经济赋能城市经济高质量发展研究

徐祥军 著

科学技术文献出版社
SCIENTIFIC AND TECHNICAL DOCUMENTATION PRESS

·北京·

图书在版编目（CIP）数据

数字经济赋能城市经济高质量发展研究 / 徐祥军著.
北京：科学技术文献出版社，2024.8. -- ISBN 978-7
-5235-1750-5

Ⅰ. F299.21

中国国家版本馆 CIP 数据核字第 2024QD9429 号

数字经济赋能城市经济高质量发展研究

策划编辑：张　丹　　责任编辑：张瑶瑶　　责任校对：王瑞瑞　　责任出版：张志平

出　版　者　科学技术文献出版社
地　　　址　北京市复兴路15号　邮编　100038
出　版　部　(010) 58882952，58882087（传真）
发　行　部　(010) 58882868，58882870（传真）
官方网址　www.stdp.com.cn
发　行　者　科学技术文献出版社发行　全国各地新华书店经销
印　刷　者　北京厚诚则铭印刷科技有限公司
版　　　次　2024 年 8 月第 1 版　2024 年 8 月第 1 次印刷
开　　　本　710×1000　1/16
字　　　数　221千
印　　　张　13.75
书　　　号　ISBN 978-7-5235-1750-5
定　　　价　58.00元

前　言

在全球范围内，数字经济正迅速崛起，成为推动经济增长和社会进步的重要引擎。中国作为世界第二大经济体，在经历了数十年的快速发展后，正面临着经济转型升级的关键时期。伴随着劳动力成本的上升和环境约束的增强，中国政府积极推动创新驱动发展战略，力求通过科技创新实现产业结构的优化和经济增长方式的转变，加快从制造大国向创造强国的转变。在这一背景下，数字经济的兴起为中国城市的高质量发展提供了新的动力和机遇。数字经济的核心在于通过数字化转型，推动生产力的释放和效率的提升。它以数字化信息和通信技术为基础，通过互联网、大数据、云计算和人工智能等现代信息技术的创新应用，推动经济模式转变、提高生产效率、创造新的增长点。作为一种新兴的经济形态，数字经济在全球范围内重塑了产业结构，催生了一系列新的商业模式与服务，对传统经济模式产生了颠覆性影响。自20世纪90年代以来，"数字经济"这一概念逐渐得到了广泛关注。经济学家唐·泰普斯科特（Don Tapscott）在1996年出版的著作《数字经济：网络智能时代的前景与风险》中，深入探讨了互联网技术如何根本性地改变商业操作、市场结构、工作模式和经济活动，揭示了数字化转型对传统经济模式的颠覆性影响。这些观点不仅为理解数字经济提供了理论框架，也为研究互联网对经济和社会发展影响的学术讨论奠定了基础。

对于城市发展而言，数字经济通过推动产业升级、驱动创新发展、优化城市服务、促进环境保护、扩大开放交流及提高社会包容性，起到了至关重要的赋能作用。城市作为经济活动和人口集聚的中心，其发展质量直接影响到国家经济的整体水平和社会的和谐稳定。数字经济通过促进信息技术的普及和应用，使得城市能够更有效地管理资源和服务，从而提升公共服务的效率和质量。此外，数字经济的发展还促使城市在环境保护方面采取更加科学和有效的措施，通过智能技术改善能源利用和减少污染物排放，支持可持续发展目标。此外，数字经济的发展为城市带来了新的经济活动和就业机会，特别是在电子商务、数字内容产业和信息服务领域。这些新兴行业不仅创造了财富，也为城市居民提供了多样化的职业选择，促进了经济的多元化发展。通过扩大开放交流，数字经济还加强了城市在全球经济网络中的连接，提高了其竞争力和影响力。研究数字经济如何赋能城市经济高质量发展，可以通过提供新的理解和解释框架，帮助学者和决策者更好地理解数字经济对城市经济高质量发展的多维度影响。同时，它也具有重要的实践价值，为城市规划者和政策制定者提供了实施数字化战略的具体方向和策略，以确保城市发展的可持续性和包容性，从而更好地应对未来的挑战和机遇。

本书系统探讨了数字经济在推动城市经济高质量发展方面的互动机制、影响效应及政策选择。通过细致分析数字经济与城市经济高质量发展之间的动态关系，本书揭示了数字经济如何促进城市经济的转型升级，并助力实现高质量发展的目标。本书从绪论、基础理论、作用机制、影响效应及政策路径等维度展开，全面阐述了数字经济的定义、核心特征及其在现代城市经济体系中的作用。此外，通过对相关文献的综合分析和对实证数据的深入探究，本书不仅分析了数字经济对城市经济高质量发展的直接和间接影响机制，还探讨了这些影响如何在不同城市和地区展现出不同的特征和结果。基于这些分析，书中提出了有针对性的政策建议，旨在促进数字经济的健康发展和城市经济高质量发展的同步推进。这些建议涵盖了优化政策环境、加强数字基础设施建设、推动产业数字化转型等多个方面。因此，本书不仅为学术界提供了一个关于数字经济与城市发展互动的全面理论框架，也为政策制定者和城市规划者提供了实际操作的参考和指导，以支持决策过程并优化城市发展策略。

在本书的撰写过程中借鉴了众多学者的研究成果，他们的工作对本领域的发展做出了重要贡献。因篇幅所限，无法一一列举这些宝贵的文献，但我对每位为本领域进步付出努力的学者表示深深的感激。对于那些未能明确提及但有所启发的研究，我在此表达我的诚挚感谢，并为任何疏漏向他们致以歉意。在本书的创作与整理过程中，我还得到了众多同人与朋友的支持和帮助。在此，我一并向他们表达感谢。最后，特别要感谢我的家人，他们不仅给予我无限的支持和鼓励，还为我提供了一个专注于研究的环境。我希望本书能为关注中国城市发展的读者提供帮助，并为数字经济赋能城市经济高质量发展贡献力量。

目　录

第1章 绪 论

1978 年，中国实施改革开放政策，开始了由计划经济向市场经济的转型，国家经济经历了快速的增长与深刻的变革。随着劳动力成本上升和环境约束加强，中国经济进入转型升级阶段。政府推动创新驱动发展战略，力图通过科技创新来实现产业结构的优化和经济增长方式的转型，加快从制造大国向创造强国转变。数字经济作为新的经济增长点，其核心在于通过数字化转型推动生产力的释放和效率的提升。作为一种新兴的经济形态，数字经济以数字化信息和通信技术为基础，通过互联网、大数据、云计算、人工智能等现代信息技术的创新应用，推动经济模式转变、提高生产效率、创造新的增长点。对城市发展而言，数字经济可通过推动产业升级、驱动创新发展、优化城市服务、促进环境保护、扩大开放交流及提高社会包容性，对城市经济高质量发展起到至关重要的赋能作用。

1.1 研究背景与意义

1.1.1 研究背景

（1）数字经济的兴起背景

"数字经济"这一概念最初在 20 世纪 90 年代被提出，并因经济学家唐·泰普斯科特（Don Tapscott）于 1996 年出版的著作《数字经济：网络智能时代的前景与风险》而广受关注。泰普斯科特在书中深入探讨了互联网技术如何根本性地改变商业操作、市场结构、工作模式和经济活动，揭示了数字化转型对传统经济模式的颠覆性影响。他预见到，在信息和通信技术迅猛发展的推动下，数字经济将促进新经济形态的产生，并在全球范围内重塑产业结构，催生一系列创新的商业模式与服务。泰普斯科特的这些观点不仅为理解数字经济提供了理论框架，也为研究互联网对经济和社会发展影响的学术讨论奠定了基础。

数字经济兴起的背景是全球信息化浪潮中逐渐孕育并加速发展的经济新形态，其背后的推动力量主要源于以互联网为核心的信息通信技术的革命性突破。这些技术的演进，特别是云计算、物联网、大数据分析、人工智能等前沿科技的融合与创新应用，不仅极大地推动了数据处理能力的提升和信息传输效率的革新，也显著降低了企业运营成本，增强了经济活动的动态性和可持续性。在经济全球化的宏观背景下，跨国界的资本流动和资源配置要求更高效率的市场响应机制，数字经济以其天然的无界性和即时性，正好满足了这一全球化时代的核心需求。市场主体对于个性化、定制化服务的追求不断提高，数字经济通过精准的数据分析和灵活的生产方式，为满足消费者多元化需求提供了可能。传统产业面临增长乏力的挑战，迫切需要通过技术创新和模式转变来寻找新的发展路径。数字经济作为创新驱动发展战略的重要组成部分，被视为推动产业结构优化升级、提升国家竞争力的关键领域。国家层面的政策导向和战略布局，以及私营部门对于数字基础设施建设和研发投入的加大，共同构筑了数字经济发展的支持体系。此外，随着社会进入信息时代，人们的生活方式和工作模式发生了根本性变革。消费者对于便捷、高效服务的需求日益旺盛，政府和企业为适应这一变化，纷纷采用数字技术来提升服务质量和效率，进而推动了数字经济在教育、医疗、金融等领域的广泛应用。同时，数字经济在提升政府治理能力、促进社会公平正义等方面展现出巨大潜能，为构建智慧城市、优化社会治理结构提供了创新方案。

总之，随着全球化和信息化时代的深入发展，数字技术已经成为推动经济社会发展的关键力量。在此背景下，数字经济作为一种新型的经济形态，通过数据资源的广泛应用和信息技术的深度融合，正日益成为城市经济高质量发展的重要驱动力。特别是在全球竞争日趋激烈的今天，数字经济对于提升城市的创新能力、优化产业结构、推动绿色发展、提高治理效能等方面具有不可替代的作用。因此，深入研究数字经济对城市经济高质量发展的赋能机制、效应及其路径，对于指导实践、推动城市可持续发展具有重要的现实意义。

（2）城市经济高质量发展的现实需求

改革开放 40 余年来，中国经济取得了显著成就，全面建成小康社会的目标已经实现。然而，在经济快速增长的同时，中国面临着生态环境问题、资源浪费、创新能力不足、产业链全球竞争力不强、生产要素流动与配置效率低下、国内需求潜力未充分释放等一系列挑战，这对中国经济的可持续发展造成重大影响。同时，国际环境压力骤增，如中美贸易摩擦和技术封锁、全球经济环境不确定性、国际产业链重构加快、外资流动性变化、地缘政治风险等。2021 年 6 月 8 日，美国通过的《2021 年美国创新和竞争法案》不仅加大了对高科技领域的研发投入，而且进一步限制了对中国核心产业的技术出口。中美贸易摩擦可能导致中国出口企业面临较大压力，同时美国对中国的技术封锁和出口限制，特别是在半导体、5G 通信等高科技领域，影响了中国企业的全球供应链地位和技术进步。英国脱欧、俄乌冲突、中东局势紧张等国际事件增加了全球经济的不确定性，这可能导致国际市场需求波动，影响中国的外贸出口。全球产业链正在经历重构，一些国家推行"去全球化"政策，鼓励本土生产，这可能会限制中国企业在全球产业链中的角色。

在这种复杂多变的国内外环境中，中国经济发展模式需要转型（蔡昉，2013），从依赖传统生产要素向推动高质量发展转变（李平 等，2017）。中央经济工作会议从 2015 年开始强调经济增长质量和效益，到 2018 年进一步明确实施高质量发展是未来经济工作的重要抓手。2017 年，习近平总书记在党的十九大报告中指出，进入新时代，中国经济已由高速增长阶段转向高质量发展阶段，正处在转变发展方式、优化经济结构、转换增长动力的攻关期。2022 年，党的二十大进一步提出："高质量发展是全面建设社会主义现代化国家的首要任务"。在此背景下，推动城市经济高质量发展成为一项必要举措。城市是国家经济发展的重要载体，城市经济的高质量发展不仅能够有效提升居民生活水平和城市综合竞争力，还可以促进区域均衡发展，推动形成强大的国内市场。同时，随着全球化趋势的深入和国际竞争的加剧，城市更需要提升创新能力、优化产业结构、加快新旧动能转换，以适应经济全球化的新要求，确保在激烈的国际竞争中保持优势。因此，加快推进城市经济高质量发展，不仅是实现经济持续健康发展的内在要求，也是提升国家整体竞争力、实现社会主义现代化强国梦想的关键步骤。

总的来说，在当前国内外形势的双重影响下，中国经济发展模式的转型已成为必然选择。高质量发展成为新时代中国经济发展的关键词和核心要求，特别是在城市层面，这种转型不仅是提升城市竞争力和居民生活质量的需要，也是实现可持续发展、构建现代化经济体系的重要途径。因此，加快城市经济高质量发展的步伐，对于推动中国经济实现更加平衡、协调、可持续的增长具有重大而深远的意义。

（3）数字经济与城市经济高质量发展的内在关联

数字经济是推动城市经济高质量发展的关键因素之一，它不仅能够推动城市经济结构的优化升级，还能够提高城市治理水平和居民生活质量，是实现城市可持续发展的重要途径。首先，数字经济实现创新驱动发展。数字经济以信息通信技术为核心，促进了信息资源的深度开发利用，推动了新技术、新业态和新模式的不断涌现。这些创新对于城市的产业升级、经济结构优化具有重要作用，有助于城市从传统产业向高技术和高附加值产业转型，实现高质量发展。其次，数字经济有利于优化产业结构。数字经济推动了传统产业的数字化转型，促进了先进制造业和现代服务业的融合发展，加快了新旧动能转换。城市通过发展数字经济，可以有效提升传统产业的智能化水平，优化产业结构，提高整体经济的质量和效益。再次，数字经济可以提升公共服务效能。数字技术在教育、医疗、交通等公共服务领域的应用，极大提升了服务效率和质量，改善了居民生活，促进了社会管理和服务的精细化、智能化。这为城市经济高质量发展提供了有力支撑。最后，数字经济推动可持续发展。数字经济有助于资源的高效配置和利用，通过智能技术减少资源浪费，促进环境保护，实现绿色发展。城市可通过发展数字经济来实现经济增长与环境保护的双赢。此外，数字经济是衡量一个城市现代化水平和综合竞争力的重要指标。通过数字化转型，城市可以在全球化竞争中占据更有利的位置，吸引国内外投资，促进经济持续健康发展。

同时，城市经济高质量发展为数字经济提供了基础。作为人口集聚、资本密集、信息交流的中心，城市为数字经济的持续创新和扩展奠定了必要的资源基础并提供了广阔的市场空间。在这一背景下，城市经济高质量发展所倡导的创新驱动理念，不仅促成了科技资源与资本的高效融合，进而激活了数字技术研究与开发的热情，而且通过推崇绿色生态的原则，为数字经济增长的长期可持续性提供了保障。此外，开放共享的精神促进了一种以协作互助为基础的数字生态系统的形成。进一步地，城市居民普遍展现出对新技术的高度接受度及较强的消费能力，为数字产品和服务的市场推广与应用提供了有力的支持。这不仅意味着城市为数字经济的增长提供了丰富的物质资源和深厚的文化土壤，而且还为数字经济的持续创新提供了强大的社会动力。城市的高质量发展，通过其对创新和技术的重视，绿色和可持续的发展目标，以及开放共享的文化环境，为数字经济的发展创造了有利条件，促进了数字经济与城市经济的相互增强与协调发展。因此，城市的高质量发展不仅在物质层面上通过提供必要的基础设施和资本投入，支持了数字经济的增长，而且在精神层面上，通过培育创新驱动、绿色可持续、开放共享的经济环境，为数字经济的创新和扩张注入了源源不断的动力。这种互利共生的关系突显了城市高质量发展与数字经济增长之间的内在联系，为进一步研究城市经济与数字经济的相互作用提供了有价值的视角。

1.1.2 研究意义

（1）理论意义

通过深入分析数字经济赋能城市经济高质量发展的作用机制和影响效应，丰富和完善了相关理论体系，为数字经济与城市发展研究提供了一种理论视角和分析框架。本书在已有研究的基础上，聚焦数字经济与城市经济高质量发展之间的关联效应。尽管目前相关文献已对这一议题有所涉猎，但从理论角度系统地剖析数字经济如何具体影响城市经济高质量发展的文献尚显不足。鉴于此，本书旨在深入挖掘两者的内在联系，通过对数字经济及城市经济高质量发展概念内涵的深刻理解，将数字经济的影响因素纳入研究范畴。本书试图揭示数字经济与城市经济高质量发展之间的相互作用机制，以期补充现有理论体系，为未来相关领域的研究提供参考，并为实际政策制定和实施提供理论依据。通过这一理论探索，本书不仅丰富了学术界对于数字经济影响力的认识，也为城市规划者和决策者在数字化转型过程中相关政策的制定提供了一定思路。

（2）实践意义

本书研究的实践意义在于，提出的理论框架及实证分析能够为政策制定者提供决策支持，有利于指导产业转型升级，优化城市规划设计。一方面，书中深入探讨的数字经济对城市经济高质量发展的作用机制，为政府在数字化政策制定过程中提供了科学的理论依据，增强了政策的针对性和有效性。另一方面，企业尤其是中小企业可依据分析结论，把握数字化转型的关键要素，促进自身发展战略与数字经济的同步进化。此外，有利于城市规划者借助本研究成果，更合理地布局数字基础设施，推进智慧城市建设，提升城市治理现代化水平。最后，本书对于数字经济与城市发展的深度融合政策路径的探索，有助于推动就业增长、公共服务改善及居民生活质量提升等社会目标的实现。因此，本书在促进理论研究和实践应用的双重维度上均具有一定价值。

1.2 研究内容与方法

1.2.1 研究内容

本书旨在探讨数字经济对城市经济高质量发展的赋能作用、互动机制、影响效应及政策路径的选择。研究对象为数字经济与城市经济高质量发展之间的互动关系，这一研究对象涵盖了如何通过数字经济推进城市经济的转型升级，实现高质量发展的目标。

本书从绪论篇、基础理论篇、作用机制篇、影响效应篇和政策路径篇等5个方面探讨了数字经济对城市经济高质量发展的赋能作用。具体内容如下：

第一部分绪论篇，为本书的第 1 章。绪论篇为本书奠定了基础，明确了研究的背景、目的、意义和研究方法。介绍了数字经济的兴起背景、当前的发展态势及面临的挑战，同时指出城市经济高质量发展的迫切需求。此外，本部分还界定了研究对象，概述了研究的主要内容和结构安排，为后续的深入探讨提供了框架和方向。

第二部分基础理论篇，为本书第 1 章的国内外研究综述部分及第 2 章。深入分析了数字经济与城市经济高质量发展的理论基础和概念框架。通过文献综述，阐述了数字经济的定义、特征及其对经济发展的影响。同时，探讨了城市经济高质量发展的概念、评价指标和实现路径，为理解两者之间的相互作用提供了理论支撑。

第三部分作用机制篇，为本书的第 3 章。本部分内容着重分析了数字经济对城市经济高质量发展的作用机制，从"创新、协调、绿色、开放、共享"的高质量发展特征的角度，解析数字经济与城市经济高质量发展之间的复杂关系，明确两者之间的互动机制。

第四部分影响效应篇，为本书的第 4 章和第 5 章。第 4 章通过构建评价模型和进行时空演化分析，展示了数字经济发展与城市经济高质量发展水平的关系，揭示了数字经济发展的空间分布特征及其变化趋势。第 5 章基于实证数据，深入分析了数字经济对城市经济高质量发展的直接和间接影响效应，以及数字经济发展的空间效应，提供了数字经济促进城市经济高质量发展的实证支持。

第五部分政策路径篇，为本书的第 6 章。政策路径篇基于前四部分的分析结果，提出了促进数字经济赋能城市经济高质量发展的政策建议。这些政策建议围绕优化政策与法规环境、建设与拓展数字基础设施、完善城市创新生态系统、推动产业数字化转型和促进区域经济协同发展等方面。本部分强调了政府在引导数字经济发展、提升城市经济高质量发展水平中的关键作用，提供了具体的策略和措施，旨在为决策者和相关利益方提供参考。

1.2.2 研究方法

文献法。通过广泛搜集并分析现有的相关文献，包括学术论文、报告、政策文件等，来构建研究的理论基础，了解数字经济与城市经济高质量发展领域的研究动态和前沿进展。

定量分析法。本书采用数学模型和统计技术来检验假设和推论，为研究提供了客观、量化的证据。首先，通过熵值法确定各指标在评价城市数字经济发展水平和城市经济高质量发展水平中的权重。该方法充分利用了数据自身的信息量，增加了评价结果的客观性。其次，构建空间计量模型。本书构建了空间滞后模型（SAR）、空间误差模型（SEM）和空间杜宾模型（SDM），以考察城市之间的空间关系及其对数字经济发展与城市高质量发展的影响。通过空间自相关检验，如莫兰指数，确定城市数字经济发展与高质量发展指标之间是否存在空间依赖性，为模型的建立提供依据。再次，运用估计方法对模型进行参数估计，并对模型估计结果进行解释，揭示数字经济对城市经济高质量发展的影响程度、方向和机制，特别是分析了数字经济发展对邻近城市经济发展的空间效应。最后，中介效应模型分析。利用中介效应模型进一步分析数字经济如何通过中介变量（如城市创新能力和产业结构升级）间接影响城市经济高质量发展，从而深化对影响机制的理解。

　　理论分析法。在本书中，通过广泛阅读相关的经济学、管理学及信息技术领域的文献，构建了数字经济赋能城市经济高质量发展的理论框架。这包括分析数字经济的定义、核心特征、发展趋势，以及城市经济高质量发展的内涵、指标和评价方法。进一步地，理论分析法被用来深入探讨数字经济与城市经济高质量发展之间的作用机制。通过理论分析，本书解释了数字经济对城市经济高质量发展的影响效应，包括直接促进经济增长和间接通过改善创新环境、促进产业升级等路径影响城市发展。理论分析法的应用还表现在对政策建议的提炼方面，基于理论框架和机制分析，本书进一步提出了一系列针对性的政策建议。

1.3　国内外研究综述

1.3.1　数字经济研究进展

（1）数字经济的内涵

　　自"数字经济"的概念（Tapscott，1996）被提出以来，国内外学者从不同的视角对其内涵进行解读和界定，但无法形成统一共识。随着信息技术、互联网及最新一代数字技术的持续发展与创新，数字经济的概念也经历了从狭义到广义的转变。美国商务部（DoC）于1998年的研究报告《浮现中的数字经济》中指出，随着数字技术的广泛应用和渗透，社会的生产方式正在经历转型，传统的工业经济正逐渐向数字经济过渡。随后DoC在1999年和2000年相继发布的《浮现中的数字经济Ⅱ》和《数字经济2000》系列报告中，明确指出："数字经济是信息技术生产行业、使用行业和电子商务的集合。"目前，国内外许多学者对数字经济的定义已不仅仅限于狭义上的信息通信技术（ICT）产业或电子商务，而是更广泛地将其视为一种以数字技术为基础的新兴经济活动或经济模式。

从对数字经济的内涵进行高度概括的角度，国家统计局在《数字经济及其核心产业统计分类（2021）》中指出，数字经济是以数据资源作为关键生产要素、以现代信息网络作为重要载体、以信息通信技术的有效使用作为效率提升和经济结构优化的重要推动力的一系列经济活动。G20 杭州峰会对数字经济的定义，即"数字经济是指以使用数字化的知识和信息作为关键生产要素、以现代信息网络作为重要载体、以信息通信技术的有效使用作为效率提升和经济结构优化的重要推动力的一系列经济活动"。该定义全面涵盖了数字经济的基础要素、技术属性、发展载体等，被学者们广泛使用（董有德等，2019；赵涛 等，2020；杨慧梅 等，2021）。基于测量数字经济的范围，有学者将信息技术和电子商务视为数字经济的一部分（Moulton，1999），认为数字经济完全依靠数字化技术，并促进了商品和服务的生产与交易（Kling et al.，1999）。Mesenbourg（2001）提出电子商务流程和基础设施是数字经济的重要方面。Eisenmann 等（2006）认为数字经济起源于传统商业与信息技术的结合。Barefoot 等（2018）则将数字经济分为数字媒体、电子商务和数字化基础设施 3 个部分。张鹏（2019）认为数字经济是信息通信技术推动下产生的平台组织，包括交易平台、数据平台等对资源重新优化配置下产生的经济系统。数字经济的构成除了包括基础设施和电子商务（英国统计局，2015；美国商务部，2019），还可以界定为数字产业化、产业数字化、数字化治理和数据价值化等方面（国家统计局，2021；中国信通院，2017）。

（2）数字经济的特征

数字经济作为一种新兴的经济形态，其发展经历了信息经济、互联网经济至今日的数字经济的演变过程。学术界普遍认同，数字经济是数字技术与信息化发展相结合的产物。随着以信息通信技术为核心的信息产业迅猛发展，信息技术日益深入到传统经济的运行和人们的日常生活中，由此孕育出了信息经济模式。关于数字经济的特性，学者们有不同见解。Tapscott（2015）提出数字经济有 12 个特征，包括知识驱动、数字化、虚拟化、分子化、集成互联、去中介化、聚合、创新、消费者参与生产、即时性、全球化和不一致性等。王姝楠和陈江生（2019）则指出数字经济在数据、数字基础设施、信息技术等方面有其明显的特征。陈晓红等（2022）认为数字经济的基本特征包括数据支撑、融合创新、开放共享等。钟敏（2021）从平台化、数据化和普惠化角度进行阐述。Kim 等（2018）认为数字经济有 8 个显著特征，包括去物化、去中介化、过度饱和、异质性、全球性和收益递增等。王伟玲等（2019）强调规模性、创新性和革命性是数字经济的显著特点。宋洋（2019）则从信息边际收益高、扩散性强和成本降低等方面进行分析。王琛伟（2022）提出数字经济具有不同于传统经济形态的突出特征，包括低成本与规模经济、融合性与平台化、易垄断性与易扩张性等 3 个方面。Zimmermann（2015）认为数字经济将根本性地影响经济系统和经济价值的创造方式，他主要从结构、流程、产品及基础设施和服务 4 个方面探讨了数字经济的特性。裴长洪等（2018）从一个全新的视角分析数字产业，提出了数字经济的独特特征。

可以看出，学者们对数字经济的特征有多方面的认识和阐述。数字经济是信息技术与传统经济深度融合的产物，特点包括数据驱动、技术融合创新、平台化、全球即时互联、去物化与去中介化，以及开放共享等，它通过这些特性推动了经济的规模性扩张、创新性发展和产业的革命性变革。

（3）数字经济的测度

不同国际组织采用了多种指标来衡量数字经济的发展水平。2018 年，联合国国际电信联盟（ITU）从信息通信技术的接入、使用和技能 3 个方面构建了信息通信技术发展指数。2016 年，世界经济论坛（WEF）则从环境、准备度、应用和影响 4 个维度来评估网络准备度指数，以此来反映数字经济的发展程度。2015 年，欧盟（EU）从宽带接入和互联网应用等方面建立了数字经济与社会指数。2014 年，经济合作与发展组织（OECD）则从创新能力和赋权社会等方面来衡量数字经济的发展水平。这些指标和维度共同构成了评价全球数字经济状态和进程的多元框架。

实证研究中，不少学者和机构通过构建多维度指标体系测度数字经济发展水平，其中一级指标包括数字基础设施、数字产业化、产业数字化、信息技术应用及数字治理等方面（盛斌 等，2022；王军 等，2021；杨慧梅 等，2021；葛和平 等，2021；宁朝山，2020）。具体地，陈福中（2020）在评估数字经济发展程度时使用了网络就绪度指数作为衡量工具。汤旖璆（2020）则通过智慧城市的建设进展来判断数字经济的成长情况。刘传明等（2020）和段博（2020）在测量数字经济发展水平时，采用了数字经济发展指数，该指数可通过"腾讯互联网＋"的大数据平台获取。李小忠（2021）则选用是否开展"宽带中国"战略试点项目作为衡量数字经济的间接指标。刘达禹等（2021）分别从数字建设、数字服务、数字素养和数字应用四个方面来评价数字经济的发展状况。

（4）数字经济的影响效应

从数字经济的影响效应来看，文献讨论集中在经济效率提升、产业结构优化和经济增长等方面。

首先，对经济效率的影响效应分析。数字经济的蓬勃发展通过促进资本积累率的提升（Acemoglu et al.，2020）和优化资本与劳动的配置效率（Hjort et al.，2019），引发了效率革命。这一过程不仅影响了生产效率和产品质量，还对社会总体的收入分配产生了深远影响（柏培文 等，2021）。此外，数字经济的扩张为新企业的创立提供了肥沃土壤（赵涛 等，2020），并且在金砖国家中，信息技术的广泛应用显著降低了碳排放，为脱碳进程贡献力量（Ulucak et al.，2020），推动了经济向绿色可持续发展的转型（Vidas-Bubanja，2014）。同时，也有学者从劳动者权益保护（柏培文 等，2021）和就业机会创造（何宗樾 等，2020）的角度审视数字经济带来的效率变革。Bloom 等（2012）的研究进一步证实了数字化在提高生产率和组织效率方面发挥了积极作用。部分学者还分析了数字经济对全要素生产率（TFP）的影响（杨慧梅 等，2021；邱子迅 等，2021；程文先 等，2021）。此外，杜传忠等（2021）研究表明数字经济与企业生产率之间存在"倒 U型"关系。梁琦等（2021）的实证研究发现，数字经济发展显著提升了城市生态效率。肖远飞等（2021）研究显示数字经济显著提高了中国工业的绿色生产效率，并可通过提高人力资本、优化产业结构和加快市场化进程来进一步提高这一效率。王开科等（2020）通过投入产出分析指出，数字经济能够有效改善生产效率。

其次，对产业结构的影响效应分析。数字经济的迅猛发展极大地推动了产业的转型与升级，与实体经济的深度融合亦不断加深。从研发投入强度（姚维瀚 等，2021）、资源配置（王凯，2021）等视角出发，学者们已经开始论证数字经济作为推动产业结构升级的新动力（陈晓东 等，2021）。部分学者认为数字经济对技术创新和产品创新存在溢出效应（徐辉 等，2021），并且技术创新本身也能促进数字经济的健康有序发展（张森 等，2020）。同时，信息技术产业对产业结构升级的促进作用也得到了认可（Lee et al.，

2009；Heo et al.，2019）。李治国等（2021）通过实证分析，揭示了数字经济不仅推动了产业结构的高级化，同时也促进了产业结构的合理化。陈小辉等（2020）的研究也证实了数字经济对中国产业结构升级的积极影响。范晓莉等（2021）的实证研究表明，数字经济对产业结构的转型升级具有显著的推动力。白雪洁等（2021）的研究亦发现，数字经济的发展显著促进了中国产业结构的转型。李晓钟等（2020）利用 2007—2016 年中国 30 个省份的面板数据进行的研究进一步证实，数字经济及其子系统对中国产业结构转型升级具有正面促进效应。陈维涛等（2024）采用双向固定效应模型分析了数字经济发展对产业结构升级的影响，认为数字经济的发展有助于地区就业结构优化升级。高岳林等（2023）研究发现，数字经济及 3 个分项指标对产业结构高级化和产业结构合理化具有显著的正向影响。

最后，对经济增长的影响效应分析。数字经济能够通过数字金融、数字技能等手段改善居民收入水平，尤其是农村低收入群体收入水平，从而实现包容性增长（Kapoor，2014；Bauer，2018；张勋 等，2019；牟天琦 等，2021）。Honohan（2004）的研究表明，数字经济是国家经济发展的一个重要推动力。Tranos 等（2020）进一步揭示了数字经济发展对生产力提升的积极影响，这一进步又进一步促进了经济发展。杨文溥（2021）的实证研究表明，数字经济与区域经济增长之间存在非线性关系。张少华等（2021）利用 2010—2019 年中国省级面板数据进行的研究指出，数字经济对区域经济增长具有促进作用，且在低分位数区域影响更为显著和强烈，而在高分位数区域影响则相对较小且显著性减弱。方福前等（2021）通过城市层面和中国家庭追踪调查（CFPS）数据的研究发现，数字经济发展显著提升了微观个体的经济收益总量及社会平均收入水平。张勋等（2019）的研究认为，数字经济是推动经济增长的关键因素。宁朝山（2020）的实证研究也支持这一观点，指出数字经济显著推动了经济的高质量发展。张腾等（2021）的研究结果同样显示，数字经济对中国经济高质量发展具有显著的正向影响，并且这一影响在中国东部和西部地区均显著。张蕴萍等（2021）利用 2008—2019 年中国 30 个省份数据进行的研究也证实了数字经济对经济高质量发展有着积极推动作用。

1.3.2　城市经济高质量发展研究进展

（1）关于经济高质量发展的理论梳理

经济增长理论从古典到现代不断演进，涵盖了多种解释经济增长动力与机制的模型。古典经济理论，如亚当·斯密（1776）所强调的分工、市场扩大与资本积累的作用，大卫·李嘉图（1817）关于土地边际收益递减和人口增长制约的观点，为经济增长的早期理解奠定了基础。新古典经济增长理论中，Solow（1956）揭示了资本积累、劳动力增长和技术进步对经济增长的贡献，特别是在长期视角下，技术进步成为关键因素；而 Ramsey（1928）则从消费者优化行为出发，分析了储蓄和消费偏好对增长的影响。内生增长理论进一步发展了这一领域，Romer（1986）认为技术进步是由经济体内部因素如市场结构和政策选择所驱动的内生变量，Lucas（1988）则强调人力资本积累对经济增长的重要性。此外，罗斯托（1960）的"经济增长阶段"理论提出了经济发展的分阶段模式，试图解释不同国家和地区经济发展的阶段性特征。这些理论构成了现代经济学对经济增长机制理解的框架，并为政策制定提供了理论依据。随后，学者将数量对经济增长贡献的研究转向经济高质量发展的探索。1977 年，苏联经济学家卡玛耶夫将经济增长质量定义为生产资料和消费品数量的增加、产品质量的提升及生产资料配置效率的提高。这一概念的提出，为后续研究奠定了基础。

随后，Barro（2002）在经济增长研究框架中加入了教育、健康和收入分配等因素，进一步阐释了经济增长质量与经济社会各个方面的广泛联系。Barro 的研究强调了经济增长不仅仅是 GDP 增速的提高，更包含了社会福利的整体提升。Boyle（2009）则强调了人与自然和谐共生及提升居民生活水平的重要性，认为这是经济高质量发展的核心。这一观点将环境可持续性和社会福利置于经济增长质量的核心位置。Nijaki 等（2012）提出健康的经济循环体系是衡量经济发展质量的重要标准，强调了经济活动在不损害环境资源的前提下循环利用资源的重要性。Alexandra（2016）指出，经济发展质量还应考虑国民受教育年限、预期寿命及就业环境等因素，这些都是衡量一个国家或地区经济发展综合水平的重要指标。最后，Mlachila 等（2017）明确指出，高质量的经济发展区别于传统的经济增长模式，它不仅关注经济增长率的提升，更侧重于社会居民福利水平的整体提高，包括教育、健康和收入分配等多个维度。

不难发现，经济增长质量的研究强调了从单一的数量扩张转向包括结构优化、效率提高、环境保护、社会福利等多方面综合考量的发展模式。这一转变体现了对经济发展内涵的深化理解，以及对实现全面可持续发展目标的追求。

在新时代背景下，中国城市不再单纯追求经济增长的速度和规模，而是更加注重经济增长的效率、优质、可持续性及对人民生活质量的提升。这一发展理念的核心是实现经济结构的优化升级、创新能力的提升、环境的可持续性及社会的全面进步。2017 年，党的十九大报告明确提出，我国经济已由高速增长阶段转向高质量发展阶段。这标志着中国经济发展进入一个新阶段，主要特征是要提升经济活力和科技创新能力，提高资源配置效率，全面推动经济的高质量发展。习近平总书记在同年的中央经济工作会议上进一步阐明："高质量发展，就是能够很好满足人民日益增长的美好生活需要的发展，是体现新发展理念的发展，是创新成为第一动力、协调成为内生特点、绿色成为普遍形态、开放成为必由之路、共享成为根本目的的发展。""经济高质量发展"理念相较于"经济发展质量"和"经济增长质量"，包含了更丰富的经济内涵，为我国推进经济高质量发展提供了行动纲领，确定了此后一段时期经济社会发展的方向和价值追求（程恩富，2016）。

（2）关于城市经济高质量发展内涵的研究

学界对于经济高质量发展内涵的看法存在争议，尚未达成统一共识。总的来说，包括以下讨论视角：

基于效率的解释。例如，经济高质量发展的目标可以通过发展的质量水平、效率程度、可持续性及公平性来反映，并且这一发展模式已成为新时代经济发展策略的核心方向和基本准则（洪银兴 等，2018），认为高质量发展的关键与核心是提升全要素生产率（蔡昉，2018；蔡跃洲 等，2021）或与全要素生产率高度相关（茹少峰 等，2022；刘志彪 等，2018），经济高质量发展是以效率、公平、可持续的方式实现的（张军扩 等，2019；金碚，2018）。

基于五大发展理念的解释。经济高质量发展包括创新、协调、绿色、开放、共享，以此为导向实现人民日益增长的美好生活需要、资源配置效率不断提升、生产要素投入不断减少、资源环境成本不断降低、社会效益与经济效益都逐渐攀升的可持续发展（王永昌 等，2019）。同时，经济高质量发展通过以人为核心的五大发展理念、五大发展理念、高质量政府和以人为核心的五大发展理念3个层面体现（陈云贤，2019）。田秋生（2018）则认为经济高质量发展是一种高层次形态，它可以实现经济跨越式发展。因此，经济高质量发展离不开五大发展理念这个重要原则，对经济高质量发展的核心内容做出要求（洪银兴，2019）。

以城市为分析对象的解释。Dennis 等（1975）提出城市竞争力是反映城市经济发展质量水平的核心变量，促进多维城市竞争力是提高中国城市经济高质量发展的重要举措（郝寿义 等，1998），且产业转型升级可以实现城市经济的高质量发展（波特，2003），但不能忽视非经济因素对城市经济高质量发展的重要影响（Zanakis et al.，2005）。在城市经济高质量发展过程中，人力资本与知识技术（Benneworth et al.，2007）、土地利用（Chorianopoulos et al.，2010）、创新驱动（任保平，2018）、产业创新（刘友金 等，2018）、社会生态（师博 等，2019）都发挥重要作用。

（3）关于城市经济高质量发展影响因素的探讨

城市经济实现高质量发展的影响因素较为复杂，涉及多个层面，诸多学者从多个角度进行了分析探讨。

全要素生产率方面。在推动经济高质量发展的研究中，学者们普遍认为全要素生产率的提升是核心动力。蔡昉（2018）、贺晓宇等（2018）、陈昌兵（2018）、郭新茹等（2021）均支持这一观点。

完善体系建设方面。张占斌等（2018）及张军扩（2018）提出，通过完善现代经济体系、宏观调控体系、政策协同体系和制度环境体系来推动高质量发展，并强调政府管控和引导的重要性。

创新能力提升方面。孙早等（2018）和上官绪明等（2020）强调，产业自主创新能力和科技创新能力对城市经济高质量发展至关重要。刘思明等（2019）除了强调科技创新，还检验了制度创新对高质量发展的正向影响。马茹等（2019）则认为科技人才对经济高质量发展的潜能仍有待释放。刘业进等（2023）对高校科技创新与城市经济高质量发展的时空格局演变进行探索，发现高校科技创新对城市经济高质量发展有显著促进效应。

产业专业化与集聚方面。方敏等（2019）指出产业的专业化集聚是促进经济高质量发展的一个关键因素。邓永波（2023）提出维护统一市场、推进要素流动的区域一体化政策是加速区域高质量发展的重点。郭新茹等（2021）发现，文化产业集聚对经济高质量发展的影响具有地域异质性，东、中、西三大地区的影响各不相同。李太平等（2021）指出，战略性新兴产业集聚显著促进了长江经济带的经济高质量发展。谢会强等（2021）提出，高技术产业集聚与经济高质量发展之间的关系是波浪型的，说明其影响是动态变化的。

交通基础设施方面。陆凤芝等（2020）的研究发现，交通基础设施特别是高铁的开通对城市经济高质量发展有显著促进作用。潘雅茹等（2020）指出基础设施投资能够通过优化产业结构、推动技术进步与优化资源配置为高质量发展赋能。

环境规则也被上官绪明等（2020）认为对城市经济高质量发展有重要影响。杨耀武等（2021）提出，在提高要素市场配置效率的同时，加强知识产权保护和提高人力资本的激励与福利体系也是实现经济高质量发展的重要策略。

这些研究共同突显了全要素生产率、体系建设、创新能力、产业专业化、基础设施、环境规则及知识产权保护等方面在推动经济高质量发展中的重要性。

（4）城市经济高质量发展的测度与评价体系

全要素生产率测度经济高质量发展水平。具体包括传统全要素生产率测算方法、绿色全要素生产率测算方法和包容性绿色全要素生产率指标等。贺晓宇等（2018）采用索罗余值法对中国经济高质量发展水平进行测算。蔺鹏等（2020）采用随机前沿分析法（Stochastic Frontier Analysis，SFA）进行测算。范合君等（2021）采用 Malmquist 指数法进行测算。这些方法主要关注资本和劳动的投入及经济增长的数量变化，但忽略了环境代价、要素投入的结构性、社会福利分配和创新发展等因素。因此，上官绪明等（2020）、刘建民等（2021）在全要素生产率测算框架中加入了环境因素，如废水排放量、二氧化硫排放量等，以绿色全要素生产率指标来衡量经济高质量发展水平，采用这种方法的还有卢丽文等（2017）、郑垂勇等（2018）。这种方法对传统全要素生产率进行了改进，增加了环境因素的考量，但仍未能全面覆盖经济高质量发展的内涵要求。李华等（2021）将绿色增长和包容性增长理念纳入统一框架中，创建了包含环境污染和社会不公同时作为非期望产出的包容性绿色全要素生产率指标，对经济高质量发展水平进行评价。这种方法更全面地考虑了经济、社会和环境因素，更接近经济高质量发展的内涵。然而，对于创新、开放、共享理念及要素投资的结构性问题，仍需要进一步的完善和深入研究。

经济高质量发展的评估是一个多方面的复合概念，仅仅依靠全要素生产率这类指标来衡量是不够全面的，解释力和可信性有限（任保平 等，2018）。因此，综合指数法来评价经济发展的质量水平已成为国内外研究机构和学者们较为普遍采用的方法。在学术界对于经济高质量发展的研究中，学者们普遍认同将新发展理念的 5 个维度——创新、协调、绿色、开放、共享——作为构建评价指标体系的基础（史丹 等，2019；欧进锋 等，2020）。这一理念框架强调了经济发展的质量和效益，而不仅仅是速度。在此基础上，胡晨沛等（2020）、吴志军等（2020）等学者提出，在新发展理念的基础上，还应当增加经济发展的维度，包括经济增长速度、效率和稳定性，从而从六大方面对经济高质量发展进行评价。刘家旗等（2021）进一步指出，经济高质量发展除了要考虑经济增长的质效和新发展理念的要求之外，还应该关注人民群众的主观感受，即民生满意度也是衡量经济高质量发展的重要方面。鉴于经济高质量发展过程中不可忽视的国际环境影响，刘亚雪等（2020）在前述研究基础上，还增加了稳定发展维度，以反映国际因素对经济高质量发展的影响。殷培伟等（2023）从经济运行供给侧的质量变革、效率变革、动力变革 3 个维度采用多维指标体系法，对国家中心城市经济高质量发展水平进行测度。

1.3.3　数字经济对城市经济高质量发展的影响

已有文献从不同视角探讨了数字经济对经济高质量发展的影响。具体地，万永坤等（2022）从新发展理念的角度出发，认为数字经济对经济高质量发展的正面作用主要体现在推动"创新、协调、绿色、开放、共享"等理念的实践。荆文君等（2019）、任保平等（2020）、张蕴萍等（2021）则从宏观到微观层面剖析了数字经济如何通过降低企业的生产与交易成本、实现规模与范围经济、资本深化，以及提升配置效率和全要素生产率来促进经济高质量发展。此外，宋洋（2019）从供给体系视角分析数字经济如何降低风险和提高经济运行效率。邝劲松等（2020）、师博（2020）则侧重于产业视角，认为数字经济通过推动数字产业化和产业数字化，扩张产业规模并赋能实体经济，进而促进经济高质量发展。白永秀等（2021）采用政治经济学视角，探讨了数字经济在生产、分配和交换过程中的作用及其对经济高质量发展的影响。另外，学者们通常采用指标体系法来衡量经济高质量发展，并检验数字经济的影响效应。宁朝山（2020）从效率、质量和动力变革3个方面衡量经济高质量发展，并发现数字经济水平每提升1%，经济高质量发展水平提升0.182%。张腾等（2021）则从6个维度衡量经济高质量发展，并发现尽管数字经济有推动作用，但可能对经济增长的稳定性和持续性有负面影响。杜文胜等（2023）研究发现数字经济能显著促进经济高质量发展。

在探究数字经济与城市经济高质量发展之间的关联性方面，赵涛等（2020）的研究揭示了数字经济对城市经济高质量发展产生积极影响，李琳（2023）、王涵等（2023）持有相同观点。汤旖璆（2020）的实证研究结果显示，智慧城市的建设对城市经济高质量发展起到了推动作用。鲁玉秀等（2021）利用2003—2018年中国284个地级城市的平衡面板数据进行分析，发现数字经济的发展不仅促进了当地城市的经济高质量发展，而且对邻近城市也产生了正面影响。李宗显等（2021）通过实证研究进一步确认了数字经济发展对城市经济高质量发展的推动作用。宋跃刚等（2022）认为数字经济显著提升了黄河流域城市经济高质量发展水平，并指出这种推动效应呈现出边际效应非线性递增的趋势。

1.3.4　文献的简要评述

本书从数字经济、城市经济高质量发展及数字经济与城市经济高质量发展关联性3个角度对已有文献进行梳理和归纳。首先，数字经济的研究是一个多维度、跨学科的领域，它包含了经济学、信息科学、管理科学等多个学科的知识。在探讨数字经济时，不仅需要理解其内涵和特征，还需要掌握如何测度其发展水平。数字经济是一个动态发展的领域，不断地随着技术进步和社会实践而演进。对其内涵、特征和测度方法的研究有助于更好地理解这一现象，并为政策制定、企业战略和个人发展提供指导。其次，城市经济高质量发展是指在城市化进程中,通过优化经济结构、提高全要素生产率、促进创新驱动、保障社会公平与环境可持续性,实现经济稳定增长与质量效益并重的发展模式。这一概念不仅综合了古典与现代经济增长理论的精髓,而且融入了新时代对创新、协调、绿色、开放、共享的发展要求,强调内生增长动力和人力资本积累的重要性,旨在推动城市经济向更加先进、合理和高效的方向发展。最后,数字经济与城市经济高质量发展紧密相连,它通过促进创新、提高效率、降低成本、推动产业升级和优化资源配置等途径,显著提升了城市经济的增长质量。研究表明,数字经济不仅直接推动了新发展理念下的经济活动,还通过智慧城市建设等方式,对城市经济的结构性改革和持续健康发展产生了深远影响。

虽然已有文献对于数字经济赋能城市经济高质量发展的有关研究取得了丰硕的成果,但存在进一步完善的空间。一方面,已有文献从多角度解释了数字经济的内涵,但尚未有统一明确的定义,可能导致研究范围和深度的不确定性。由于数字经济的多样性和复杂性,其发展水平的测度方法多种多样,包括综合指标法、发展指数法、比较研究法和实证分析法等,这些方法各有侧重,均在持续优化中以适应数字经济的快速演变。缺乏标准化的测度工具可能会影响对数字经济发展水平评估的客观性和准确性,进而影响研究结论的有效性和可操作性。另一方面,类似的问题在城市经济高质量发展方面的研究中同样存在。此外,已有文献对城市经济高质量发展的理论分析框架进行系统阐述不足,这意味着如何系统地理解和评价经济高质量发展缺乏充足的理论支撑。这种缺乏可能导致研究无法全面捕捉高质量发展的多维度特征,难以为政策制定提供清晰的理论指导。另外,依据已整理的文献,有关数字经济与城市经济高质量发展的关联性研究数量不多,当前学术界在该领域的探索仍处于初级阶段,且研究多集中在实证研究,理论深度挖掘不足。

总之,国内外学者对数字经济与城市经济高质量发展相关课题展开了广泛研究,且取得了丰富的研究成果,这是本书研究内容的重要基础,也为研究思路提供了重要借鉴。在此基础上,本书从机制、影响和路径角度研究数字经济赋能城市经济高质量发展,进一步深化和扩展了现有研究,是对已有文献的补充和完善。

1.4 研究创新点与挑战

1.4.1 研究创新点

本书研究的创新点体现在两个方面，一是研究视角的创新。本书从数字经济赋能城市经济高质量发展的角度进行研究，深入探讨数字经济与城市经济高质量发展之间的互动机制、影响效应与路径选择，提供了新的理论视角和实践框架，丰富了相关领域的研究内容。二是理论与实践相结合的创新。本书结合理论分析与实证研究，不仅系统梳理了数字经济与城市经济高质量发展的理论基础，还通过实证分析揭示了两者之间的作用机制与影响效应，展示了数字经济如何通过不同路径促进城市经济高质量发展，具有一定的创新性。

1.4.2 研究面临的挑战

在本书对数字经济赋能城市经济发展的研究中，遇到的挑战包括数据获取与处理的挑战、理论与实践融合的深度的挑战、政策路径的创新性与可行性的挑战。在实证研究中，获取全面、准确、更新的数据是一大挑战。对策包括建立更加广泛的数据收集网络，加强与政府部门、研究机构和企业的合作，利用大数据技术提高数据处理能力。此外，如何深入挖掘数字经济与城市经济高质量发展之间的内在联系，将理论研究与实践应用有效结合，是另一大挑战。对策是加强跨学科研究，促进经济学、管理学、信息科学等多学科的交叉融合，提高研究的实践指导性。最后，提出具有前瞻性、创新性且在实践中具有可行性的政策建议，是推动数字经济赋能城市经济高质量发展研究的关键。对策是加强与政府部门的沟通协作，密切关注政策动态与实践案例，结合国内外成功经验，提出切实可行的政策建议。

第 2 章　数字经济与城市经济高质量发展态势分析

数字技术的快速发展和广泛应用不断推动经济社会进步和变革。在这一过程中，数字经济以其独特的优势和潜力，成为推动城市经济高质量发展的新引擎。通过深入剖析数字经济的定义、特性及其在全球的发展现状，本书认为数字经济已成为现代经济体系不可分割的组成部分，在促进经济增长、产业升级及提升生产效率等方面发挥着重要作用。同时，本章将详细探讨城市经济高质量发展的概念和特征，并分析在数字化背景下城市发展的新机遇与所面临的挑战，指出数字经济通过激励创新、优化产业结构、提升公共服务效能等多种机制，为城市经济的高质量发展提供了强有力的支持。然而，伴随着数字经济的快速发展，城市发展亦面临数字鸿沟、数据安全和就业结构变化等一系列新的挑战。

2.1　数字经济概念与特征

2.1.1　数字经济的概念界定

自从 Don Tapscott 在 1996 年提出"数字经济"概念以来，这一概念经历了从狭义到广义的转变，其定义也随着信息技术的发展而不断演进。如前文所述，美国商务部 1998—2000 年的报告中，将数字经济定义为信息技术生产行业、使用行业和电子商务的集合。而在中国，国家统计局在《数字经济及其核心产业统计分类（2021）》中提供了一个更为全面的定义，认为数字经济是以数据资源为关键生产要素、现代信息网络为重要载体、信息通信技术有效使用为推动力的经济活动。不同学者对于数字经济内涵也有多重看法。总体来看，尽管对数字经济的定义存在多种观点，但共识在于它是基于数字技术，并且利用数据资源、现代信息网络和信息通信技术来提升效率、优化经济结构的新型经济形态。随着技术的发展，这一概念仍在不断演化。

本书接受大部分学者的看法，结合数字经济的时代特征和研究目标，界定数字经济的概念。本书认为，数字经济是指以数字化信息和知识作为关键生产要素，以现代信息网络为主要载体，以信息通信技术的创新和应用为核心驱动力，通过数字化转型促进生产力提升和经济结构优化，进而形成的一系列经济活动、商业模式和生态系统。它覆盖了从数字产品的生产、分销到消费的全过程，并包括通过数字技术实现的服务和流程的优化。在广义上，数字经济融合了传统行业的数字化转型和纯粹的数字产业，如云计算、大数据、人工智能、物联网等新兴技术领域，是现代经济发展的重要组成部分。在城市经济体系中，数字经济是以数据资源为关键生产要素，通过高速信息网络和先进信息通信技术的广泛应用，推动城市服务和管理智能化、产业转型升级和创新驱动发展，从而形成的一种新型经济模式。这种模式不仅包括以数字技术为核心的产业，还包括传统产业的数字化改造和升级，以及基于数字技术的新兴商业模式和服务形态。数字经济在提高城市经济效率、促进产业结构优化、增强城市综合竞争力等方面发挥着重要作用，是推动城市经济高质量发展的关键力量。

2.1.2 数字经济的发展特征

一般而言，数字经济具有高成长性、强扩散性、降成本性、无边界性等特征（鲁玉秀，2022），主要表现出边际收益随信息规模的提高而递增的特性（徐晓慧，2022）。在城市经济体系中，与传统经济模式相比，数字经济特征主要表现在如下方面。

（1）智能化基础设施

在中国城市经济的高质量发展进程中，先进的数字基础设施起到了至关重要的作用。例如，5G 网络作为新一代信息通信技术的代表，其高速度、大带宽、低时延的特性极大地提高了数据传输效率，为城市经济活动提供了实时、高效的信息交换平台。物联网技术则通过将各种信息传感设备和终端连接起来，实现了对城市基础设施的智能化管理，提升了城市管理的精细化水平。云计算平台则通过提供弹性可扩展的计算资源，支持了海量数据的存储、处理和分析，为城市经济决策提供了数据支持。这些数字基础设施构成了现代城市经济发展的数字骨架，不仅加快了信息流动，也促进了资源配置的优化和新兴产业的孕育，从而为中国城市经济的高质量发展奠定了坚实基础。

（2）产业数字化转型

在中国城市经济的高质量发展要求下，传统产业的数字化转型成为提升产业竞争力的关键举措。通过融合大数据、人工智能等前沿科技，传统产业能够实现生产过程的智能化，经营管理的精准化，以及服务模式的个性化。具体而言，大数据技术使企业能够准确把握市场需求和消费者行为，优化产品设计和生产计划；人工智能技术则通过算法优化和自动化控制，提高生产效率和质量管理水平；此外，数字化服务模式，如在线客服、虚拟试穿等创新应用，提升了消费者体验和满意度。这些转型升级不仅增强了产业链内部的协同效应，也提高了整个价值链在全球范围内的竞争力，为中国城市经济的高质量发展提供了有力支撑。

（3）创新驱动发展

数字经济作为一种新型的经济形态，其核心在于以信息技术和数字化转型为主要推动力，实现经济结构的优化升级和增长方式的创新。在中国城市进入高质量发展的进程中，这一特征表现得尤为明显。一方面，技术创新成为驱动力。随着云计算、大数据、人工智能、区块链等新兴技术的发展和应用，城市经济活动中的生产、分配、交换、消费等环节正在发生深刻变革。技术创新不断推动着新产品的研发和市场的扩展，如智能制造、智慧医疗、在线教育等领域的快速成长。另一方面，新业态和新模式层出不穷。以共享经济、平台经济为代表的新业态，重塑了资源配置的方式和产业链的结构。例如，共享出行服务改变了城市交通格局，电子商务平台则极大地促进了商品流通效率的提升和市场规模的扩张。另外，城市经济结构调整加速。数字经济推动了高端制造业和现代服务业的发展，促进了传统产业的数字化转型和升级，同时也催生了数据交易、云服务等新型产业。

（4）生态环境友好

在城市经济的高质量发展要求下，数字经济展现出显著的生态环境友好特征。这主要是因为数字技术的集成应用优化了资源配置，提高了资源利用效率，降低了生产和消费过程中的能源消耗和废弃物排放。例如，物联网、大数据和智能制造等技术的应用，实现了对生产流程的精细化管理，有效减少了原材料的浪费，并通过精确控制减轻了对环境的负担。此外，数字经济促进了循环经济的发展，通过加强产品的回收、再利用和资源的循环使用，延长了产品生命周期，减少了资源的消耗。同时，数字经济还加强了环境监测与管理能力，利用遥感、地理信息系统（GIS）等技术对环境变化进行实时监控和分析，提升了环境治理的科学性和有效性。总体来说，数字经济为实现经济增长与生态环境保护的协同发展提供了有力支撑。

（5）公共服务创新

数字经济的公共服务创新特征表现在明显地提升了城市管理和服务效率。具体地，智慧城市建设的推进，依托物联网、大数据、云计算等先进技术，实现了城市基础设施的智能化管理和服务的个性化供给，有效优化了城市公共资源配置。同时，电子政务平台的发展极大提高了政府服务的透明度与响应速度，简化了行政流程，降低了居民办事成本。教育信息化促进了优质教育资源的共享与均衡分配，满足了不同层次、不同需求的个性化学习。此外，数字经济还推动了文化娱乐服务的数字化转型，增强了城市文化软实力。在社会保障体系方面，大数据分析和人工智能技术的应用提高了社会保障精准度和效益。总之，数字经济在公共服务领域的创新不仅增强了城市服务功能，也为提升居民生活质量和城市可持续发展提供了有力支撑。

2.2　数字经济发展现状

2.2.1　全球数字经济发展现状

数字经济的崛起并非一蹴而就，而是伴随着数字技术的持续进步而逐步展开的历史过程。其渊源可溯至大约六七十年前，但是数字经济的快速扩张主要集中在过去20余年，这一时期的特点是互联网技术的突破和全球范围内的普及。互联网的广泛应用为信息的即时交换、电子商务的兴起及数字服务的创新提供了平台，从而极大地促进了数字经济的发展与繁荣。因此，数字经济的蓬勃发展是与互联网技术的普及和深化应用紧密相连的。

全球数字经济的发展现状体现为其在全球经济结构中所占比重的显著增

长，以及其对经济增长动力的重要贡献。具体地表现在数字经济的规模不断扩大，特别是在美国、中国、欧洲等主要经济体，其在 GDP 中的占比持续提升。此外，数字经济的蓬勃发展已经渗透至零售、金融、教育、医疗等多个传统行业，推动了这些行业的创新和转型。技术层面，云计算、大数据、人工智能、物联网和区块链等前沿技术的快速演进，为数字经济提供了坚实的技术基础和创新潜能。政策环境方面，多国政府通过制定和实施一系列支持政策，如税收优惠、资金支持和创新激励措施，以促进数字经济的健康发展。

根据美国商务部经济分析局披露的数据，2021 年美国数字经济的增加值已突破 2.4 万亿美元，相较于 10 年前增长逾 1 万亿美元。在美国 GDP 构成中，数字经济部门的贡献已超越金融保险业，仅次于制造业，成为第二大增加值部门。中国信息通信研究院发布的《全球数字经济白皮书（2022年）》数据表明，2021 年全球 47 个主要经济体的数字经济规模达 38.1 万亿美元，同比增长 15.5%，其中美国以 15.3 万亿美元的规模居全球首位，中国和德国分别以 7.1 万亿美元和 2.9 万亿美元排在其后。尽管不同国家和机构在衡量标准和统计口径上存在差异，导致数字经济指标各异，但数字经济增长速度超过总体经济增长的趋势已成共识。联合国贸易和发展会议 2019年报告亦显示，全球宽口径计算的数字经济增加值占 GDP 比重为 15.5%，其中美国占比达到 21.6%，中国则更高，占比达 30%。此外，全球数字化交付服务（可理解为数字贸易）从 2005 年的 1.2 万亿美元增至 2019 年的2.9 万亿美元，年均增长率达 6.51%，显著超越同期国际货物贸易和服务贸易的增速。自 2008 年全球金融危机以来，世界经济整体增长乏力，低速发展的局面在很大程度上得到了数字经济的有效支撑。由此可见，数字经济已成为推动世界经济增长的核心力量。

在当下阶段，数字经济发展水平在全球范围内呈现显著的地域差异性，以北半球的欧洲、美洲和亚洲为代表的地区相较于南半球的大洋洲与非洲，展现出更为先进的数字经济发展态势。展望未来，数字经济的发展趋向于全球化与区域化并存的复杂格局，人类社会与数字经济的深度融合将日益成为这一时代的突出特征。与此同时，不可忽视的是，随着数字经济的深入发展，发展不平衡导致的数字鸿沟问题日益凸显，这对全球数字治理体系提出了更高要求，迫切需要加强和完善。在此背景下，各国需审视自身国情，找准发展定位，充分发挥各自优势。例如，中国可通过突破关键核心技术，推动数字经济高质量发展。总体而言，尽管全球数字经济发展态势迅猛，但在其发展过程中亦面临着众多挑战。随着技术创新的不断推进，预期数字经济将在更大程度上促进全球经济的高质量增长。

2.2.2　中国数字经济发展现状

中国的数字经济发展迅速，已成为推动国家经济增长的重要力量。近年来，中国政府高度重视数字经济的发展，相继出台了一系列政策措施，如国务院在 2022 年出台的《"十四五"数字经济发展规划》，旨在促进数字技术与实体经济的深度融合，加快构建数字化、网络化、智能化的新型基础设施。总体上看，中国的数字经济呈现多元化发展趋势，电子商务、云计算、大数据、人工智能、物联网和区块链等新兴产业快速发展，已经成为新的经济增长点。同时，传统产业通过数字化改造升级，提高了生产效率和管理水平。另外，中国在某些关键领域取得了显著成就，如移动支付、电子商务等方面走在世界前列。在 5G 技术部署和应用方面，中国也展现出强大的国家意志和市场活力。

根据中国信息通信研究院 2023 年 4 月发布的《中国数字经济发展研究报告（2023 年）》，2022 年中国数字经济的规模扩大至 50.2 万亿元，以 10.3％的同比名义增长率显著超越了同期 GDP 的名义增速，这标志着数字经济已连续 11 年成为推动中国经济增长的关键引擎。数字经济对 GDP 的贡献率达到 41.5％，这一比重与第二产业在国民经济中的比重相当，凸显了数字经济在国民经济中的重要地位和作用。进一步分析显示，数字产业化和产业数字化是数字经济两个主要组成部分。其中，数字产业化指的是信息通信技术等数字技术产业本身的发展，规模达到 9.2 万亿元，占整体数字经济规模的 18.3％；产业数字化则指传统产业通过采用数字技术实现转型升级的过程，其规模高达 41 万亿元，占比达 81.7％。这种"二八"比例结构表明，尽管数字技术产业本身发展迅猛，但更广泛的产业数字化转型对于整体数字经济的贡献更为显著。这一数据反映了中国在推动数字技术与传统产业融合方面取得了显著成果，同时也暗示着未来经济增长潜力巨大。不过，这也要求社会各界共同努力，确保数字经济的健康、可持续发展，缩小数字鸿沟，并加强数字治理，以应对由此带来的挑战。

中国数字经济的发展还表现为数字技术与实体经济的深度融合、数字化技术在各个传统产业领域的推广，以及数字经济对实体经济的推动作用。数字经济和实体经济的融合发展为传统产业提供了新的增长动力，推动了产业升级和转型。尽管中国在数字经济方面取得了显著进展，但仍面临着数据安全、数据治理、数字鸿沟等问题。在数字经济的发展过程中，需要加强数据保护和隐私保护，完善相关法律和规范，同时推动数字经济的普惠性和可持续发展，缩小数字鸿沟，提升数字经济的包容性。

可以看出，目前中国的数字经济发展十分活跃且具有强大潜力。政府的政策支持和数字基础设施的建设为数字经济提供了良好的发展环境。随着技术的不断创新和消费者需求的增长，中国数字经济将继续保持快速增长并走在全球的前列。

2.3　城市经济高质量发展的概念与特征

2.3.1　城市经济高质量发展的内涵界定

经济高质量发展是一个复杂且多层次的概念，它不仅仅关注经济增长速度，更注重增长的方式和质量。依据第 1 章中对已有文献的综述，不同学者有不同的解释角度，形成了不同的看法。例如，从效率角度看，高质量发展的核心是提升全要素生产率，这一点得到了蔡昉等学者的认同。全要素生产率是衡量一个国家或地区生产效率的指标，它反映了在技术、管理、创新等方面的进步。全要素生产率提高，意味着以更少的资源投入可获得更多的经济产出，这是经济高质量发展的重要标志。经济高质量发展体现在创新、协调、绿色、开放、共享五大发展理念上，这五大理念强调了发展过程中对人民生活质量的关注、资源配置的效率、环境保护、对外开放及公平共享成果等方面。这些理念旨在推动经济向更加可持续和平衡的方向发展。

在城市经济体系中，已有文献将竞争力看作反映城市经济发展质量的核心变量。城市经济高质量发展不仅仅依赖产业转型升级，还需要考虑人力资本、知识技术、土地利用、创新驱动和社会生态等非经济因素。城市经济高质量发展是一个立足于可持续性原则的复合型发展范式，其核心在于通过产业结构的深度优化与技术创新能力的系统提升，推动经济活动向高附加值、低资源消耗转型。这一过程中，城市坚持绿色发展理念，实施环境友好型政策，以确保经济增长与生态环境的协调统一。同时，城市经济发展还必须着重社会公平与包容性，通过制度设计与政策导向来缩小收入差距，提升社会福祉，确保各社会成员均能享有公平的经济发展机会和成果。总体而言，城市经济高质量发展旨在实现经济效益、社会效益与环境效益的有机统一，促进城市在高效率、高质量和高可持续性 3 个维度上的均衡发展。

　　基于已有文献的研究成果，结合研究目标，本书将城市经济高质量发展界定为一种以"创新、协调、绿色、开放、共享"为核心理念的发展模式，其总体目标是提高生产效率、促进科技创新与产业升级，同时注重环境保护，并以满足人民日益增长的美好生活需要为导向。在这一发展模式下，城市应优化产业结构，提升资源利用效率，以科技进步为驱动力，通过推动新技术、新材料、新业态等创新手段，实现经济的提质增效。此外，城市经济高质量发展还强调绿色可持续路线，推行生态文明建设，保障环境质量，同时着眼于人民生活水平的全面提升，包括但不限于物质条件、教育、健康等方面。融合式发展策略则关注城乡一体化进程，通过农村振兴策略和区域经济平衡发展来促进整个社会的均衡发展。

2.3.2　城市经济高质量发展的特征分析

　　2017 年，习近平总书记在中央经济工作会议上指出："高质量发展，就是能够很好满足人民日益增长的美好生活需要的发展，是体现新发展理念的发展，是创新成为第一动力、协调成为内生特点、绿色成为普遍形态、开放成为必由之路、共享成为根本目的的发展。""创新、协调、绿色、开放、共享"成为高质量发展的核心理念，也是城市经济高质量发展的指导原则和本质特征。

　　（1）创新

　　创新是推动城市经济转型升级、实现可持续发展的第一动力和核心动力，也是城市经济高质量发展的本质特征之一。创新在城市经济高质量发展中发挥着多维度作用，不仅包括技术层面，还涉及管理、产业、制度、文化等多个领域，是实现经济转型升级和可持续发展的关键所在。具体表现在：

第一，技术创新。城市经济的高质量发展离不开技术创新的支撑。技术创新可以提高生产效率，降低能源消耗，促进产业升级，创造新的增长点。城市通过建设高科技园区、研发中心，鼓励企业增加研发投入，以及通过政策引导和资金支持等方式，加速技术创新的步伐。第二，管理创新。城市经济高质量发展还需要管理创新。这包括政府治理能力的现代化、企业管理模式的创新及公共服务的优化升级。通过管理创新，可以提高城市治理效率，促进资源配置的优化，增强城市整体竞争力。第三，产业创新。在产业层面，创新体现为新产业、新业态的孕育和成长。随着互联网、大数据、人工智能等新一代信息技术的发展，传统产业被赋予新的活力，同时也催生了一系列新兴产业。第四，制度创新。制度创新是城市经济高质量发展的基础性工程。这包括财税体制、金融体制、市场监管体制等方面的创新，以及更加开放和透明的政策环境的形成。制度创新为经济活动提供了稳定可预期的规则，降低了交易成本，提高了效率。

（2）协调

协调是一个多维度的概念，它涉及城市经济在高质量发展过程中不同方面和层面之间的和谐统一和相互支持，主要包括区域协调、产业协调、社会协调、政策协调等方面。区域协调即城市与周边地区的经济发展应实现良性互动，形成互补优势。通过完善区域协调机制，如城市群发展、都市圈建设等，可以促进资源共享、产业分工协作，推动区域经济一体化进程。产业协调要求城市经济的产业结构应合理布局，大力发展战略性新兴产业，同时对传统产业进行升级改造。通过产业链的延伸和优化，加强上下游产业的连接，增强产业集群效应，提升整体竞争力。社会协调表现在经济发展与社会发展应同步推进，保障和改善民生。城市应通过教育、医疗、社保等公共服务的优化，促进社会公平正义，提高居民生活质量，构建和谐社会。政策协调指城市经济的各项政策应相互配合、相互促进。政府在制定财税、金融、产业、人才等方面的政策时，需要考虑政策之间的协同效应，避免政策出台后相互冲突或削弱。

（3）绿色

绿色通常指的是可持续发展、环境友好和生态平衡的经济增长方式，是城市经济高质量发展的必由之路。它不仅关乎环境保护和生态文明建设，也是提升城市综合竞争力、实现可持续发展的关键要素。绿色的特征主要包括城市发展过程中的绿色产业、绿色技术、绿色生活、绿色基础设施等方面。绿色强调了新型产业的发展，如清洁能源、环境保护、节能减排技术等，这些产业的发展有助于推动城市经济结构的升级和转型，促进经济增长方式从传统的资源消耗型向资源节约型转变。应用绿色技术进行生产，不仅能降低能源和原材料的消耗，还能减少污染物排放，提高资源利用效率。这对于改善城市环境质量、提升城市竞争力具有重要意义。社会生活中提倡绿色、低碳的生活方式，鼓励居民进行节能减排和资源循环利用。城市层面可以通过公共政策引导，如垃圾分类、公共交通优先发展等，形成良好的绿色生活环境。城市经济发展需要相应的基础设施支撑，如交通、能源、水务等。建设绿色基础设施，如采用节能材料、推广智能电网和雨水收集系统等，有助于提高城市资源利用效率和适应气候变化。

（4）开放

开放是城市经济高质量发展的要求和特征，也是推动城市经济增长、提升城市竞争力的重要因素，为城市带来新的发展机遇，增强其内生增长动力和外部竞争力，是实现高质量发展的重要途径。具体而言，城市经济的高质量发展依赖全面深化的对外开放政策，该政策不仅能够促进外资流入和先进技术与管理经验的引进，加速本地产业的转型升级，还能提升城市的国际化水平，拓展其产品与服务的全球市场覆盖。此外，区域间的协作开放是通过构建一体化战略，如长江经济带和粤港澳大湾区，促进了资源高效配置与市场规模扩张，实现了区域内城市优势的互补与共享。与此同时，产业结构的开放导向鼓励了产业链各环节企业间的合作，实现了国内外市场与资源的有效对接。人才流动政策的开放性提高了城市对全球高端人才和智力资源的吸引力，为城市注入了经济发展的新活力。政策法规的开放改革降低了市场准入门槛，为企业提供了更加公平的竞争环境，激发了更多企业在城市中投资兴业的热情。这些开放策略共同构成了推动城市经济高质量发展的强大动力。

（5）共享

作为城市经济高质量发展的特征之一，共享不仅能够推动资源的有效分配和利用，还能够促进社会整体福祉的提升，是城市经济高质量发展中不可或缺的一环。共享的特征主要表现在共享经济模式、公共资源共享、数据信息共享、知识技能共享、产业链协同共享等方面。共享经济是一种新型经济模式,它通过互联网平台将闲置资源有效利用起来,如共享单车、共享汽车、短租房屋等。这些模式不仅满足了用户多样化、便捷化的需求,同时也促进了资源的高效利用和环境的可持续发展。城市公共资源,如图书馆、公园、体育设施等的共享使用,能够提高城市居民的生活质量,促进社会公平与包容性,这对于提升城市整体的吸引力和竞争力具有积极作用。此外,在数字化时代背景下,城市之间及城市内部的数据信息共享对于提高行政效率、优化商业决策和服务民生具有重要意义。例如,交通流量数据的共享可以帮助缓解城市交通拥堵问题,提高城市运行效率。知识技能共享是通过教育培训、学术交流等方式,促进知识技能的共享,可以加速创新成果的转化和应用,推动城市经济向知识密集型发展。在产业链中,上下游企业之间通过合作共享资源,如共同研发、生产配套等,可以降低成本、提高效率和响应市场变化的能力,增强产业链整体的竞争力。

2.4　城市经济高质量发展面临的挑战与机遇

当下,中国城市经济发展迎来了新的挑战与历史机遇。随着全球化、信息化的深入发展,以及中国经济进入新常态,城市经济的高质量发展已成为推动国家全面现代化的关键一环。在此背景下,中国城市经济高质量发展的内涵不仅仅是经济增长速度的加快,更重要的是经济结构的优化升级、发展动力的转换及发展方式的创新。因而,在机遇与挑战并存的复杂环境中,如何把握和利用这些机遇,应对和克服这些挑战,成为中国城市经济可持续发展的关键问题。

2.4.1　城市经济高质量发展面临的挑战

随着中国经济进入高质量发展阶段,城市作为经济增长的重要引擎,其发展模式亟待从高速增长转向高质量增长。这一转变不仅关乎经济结构的优化,更涉及创新体系的构建、环境保护的坚持、社会治理的完善及全球竞争力的提升。然而,在实现这一转型过程中,中国城市经济不可避免地遭遇了一系列深层次的挑战,如产业升级的艰巨性、资源环境的双重压力、区域发展的不平衡等。

(1) 产业升级的挑战

传统制造业，尽管曾经是中国经济快速增长的主要动力，但在全球价值链中的位置相对较低，且随着全球经济发展趋势和技术革新的推进，其所面临的成本压力、环境约束和国际竞争力下降等问题日益凸显。基于此，中国城市经济发展的逻辑必须转向更加注重科技创新和产业链条的高端化。这意味着必须通过技术进步和创新驱动，推动产业结构从以低成本劳动力为基础的传统制造业，向以知识和技术为核心竞争力的高技术产业转变。具体而言，这包括加大对研发的投入，促进产学研结合，以及构建创新生态系统，以提升产业链的技术含量和附加值。同时，提升产业链水平和价值链地位还需深化供给侧结构性改革，优化产业组织结构。这涉及淘汰落后产能、发展战略性新兴产业、推动服务业特别是现代服务业的发展等多方面的努力。此外，还需要通过政策引导和市场机制优化，激发企业创新活力和市场主体多元化，以及通过开放合作，积极参与国际分工和竞争，提升制造业在全球价值链中的地位。

(2) 环境污染与资源约束

在工业化的推进过程中，环境问题成为严峻的挑战，是制约中国城市经济高质量发展的一大瓶颈。伴随着传统工业化模式带来的高速经济增长，环境污染和生态破坏等问题逐渐显现，特别是对于那些以资源开采为主要经济支撑的城市，过度依赖自然资源不仅导致了生态环境的恶化，同时也面临着资源枯竭的风险，这种单一的经济结构已难以为继。因此，转变经济发展方式，实现绿色发展和循环经济成为当务之急。绿色发展是指在经济增长过程中最大限度地减少对环境的负面影响，注重生态保护，追求经济社会发展与环境保护的和谐共生。循环经济则是建立在"减量化、再利用、资源化"原则基础上的一种经济模式，它强调在生产、流通和消费等各个环节实现资源的高效利用和循环再利用。

(3) 城乡发展不均衡

城乡发展不均衡是城市经济实现高质量发展面临的又一重大挑战，该问题在经济、社会和基础设施等多个维度上表现突出。首先，经济层面的城乡差异显著，城市与农村的收入差距不断扩大，这不仅加剧了社会阶层的分化，同时也反映出资源配置的不均衡性和农村产业结构的相对落后。城市地区由于其产业多样性和经济活动的高度集中，能够吸引更多的资本和人才，而农村地区则因产业单一和缺乏有效的资本投入，难以形成自我增强的经济循环。其次，在基础设施建设方面，农村地区与城市之间存在明显差距，这种差距严重制约了农村地区的经济发展潜力和居民生活质量的提升。基础设施，如交通、通信和公共设施的不足，限制了信息和物流的流通效率，降低了农村地区参与区域乃至全球经济网络的能力。再次，公共服务供给的不足导致农村地区人力资本的流失。教育、医疗、文化等公共服务的不平等分配，使得农村地区难以吸引和留住高素质人才，这直接影响了农村地区自我发展和创新的能力。最后，社会保障体系在农村地区的薄弱导致了广泛的社会保障缺口。养老、医疗、失业等保障措施的不完善，不仅影响了农村居民的生活福祉和安全感，也影响了农民工等群体向城市流动后的社会融入。

（4）创新能力有待提高

在中国城市经济的高质量发展进程中，还面临着创新能力不足的挑战。尽管中国在研究与试验发展（R&D）领域的资金投入持续增加，为科技创新注入了强劲动力，从而为经济发展提供了新的增长点，但相较于发达国家而言，中国在核心技术的自主创新能力上还存在明显差距。这种差距主要表现在高技术产业中的关键共性技术、前沿引领技术及现代工程技术等方面。当前，中国在某些关键技术领域，如半导体、新材料、生物医药、航空航天等，仍然依赖进口，这在一定程度上制约了城市经济体系的自主性和可控性，同时也影响了其在全球产业链中的竞争力。

此外，中国在高端人才培养和吸引方面虽已取得一定成效，但与国际先进水平相比，仍需进一步完善。这不仅包括教育体系内部的优化，如提升高等教育质量、加强与国际教育机构的合作、推动学术界和产业界的互动交流，也涉及外部环境的改善。例如，构建更具吸引力的人才政策和职业发展平台，以促进国内外人才的流动与交流。

2.4.2　城市经济高质量发展的机遇

当下，中国城市经济正站在一个新的历史起点上，同样面临着前所未有的发展机遇。随着国家创新驱动发展战略的深入实施、新型城镇化进程的加快推进及全球经济治理体系的深刻变革，中国城市经济高质量发展的大门正在逐步打开。这一过程中，如何有效对接国际高标准市场体系、如何充分发挥科技创新的支撑作用、如何平衡区域发展与生态环保的关系，成为摆在各级政府和市场主体面前的重要课题。

（1）政策支持与改革开放

在新时代的背景下，中国政府坚定不移地将创新作为国家发展的主要驱动力，深入推进供给侧结构性改革。这一战略决策的核心目的在于通过产业结构的优化升级，提升经济发展的质量和效率，从而实现从要素驱动向创新驱动的转变。政府在政策层面采取了多项措施以落实这一战略决策。例如，通过减税降费政策，减轻企业税收和非税负担，改善企业经营环境；简政放权则旨在减少行政审批事项，降低市场准入门槛，激发市场主体活力；提高研发支出和鼓励科技创新的政策，则是为了增强国家的创新能力和持续竞争力。此外，中国政府进一步扩大对外开放。通过签订自由贸易协定，中国与其他国家和地区建立了更加紧密的经贸关系；降低外资准入门槛和建设自由贸易试验区等举措，则是为了吸引外资，推动国内产业的升级和国际市场的深度融合。这些政策不仅为城市经济的高质量发展提供了有力支持，也为城市在全球经济中的竞争与合作创造了更多机遇。在这一系列政策的推动下，中国城市发展面临着转型升级的重要机遇。城市作为经济发展的重要载体，其产业结构、创新能力、开放水平等都将直接影响到国家经济发展的质量和效率。因此，城市需要根据自身定位和优势，积极对接国家战略，通过产业转型升级、创新驱动发展等方式，提升自身竞争力，实现可持续发展。

（2）数字经济的崛起

随着信息技术的迅猛发展，数字经济已经成为推进城市经济转型升级的新动力源泉。在这一过程中，互联网、大数据、人工智能等前沿科技不断渗透到城市经济活动的各个层面，它们不仅重构了传统产业的商业模式和生产流程，提升了生产效率与服务质量，而且促成了一系列新兴产业、新型业态及创新模式的涌现。以共享经济和平台经济为代表的创新商业模式，为城市居民带来了更多的便利与高效服务。这些模式的出现不仅拓展了城市经济的边界，也为城市经济注入了新的动力。共享经济优化了资源配置，提高了资源利用效率；平台经济则通过降低交易成本，增强了市场活力和创新能力。数字经济推动了跨行业的融合与互动，加速了生产要素向数字化、智能化转移。它通过创新驱动促进了产业结构的优化升级，使城市经济结构向更高端、更智能化的方向发展。在这一过程中，数字技术，如云计算、物联网、区块链等成为支撑城市经济高质量发展的关键技术基础。

此外，数字经济还为城市经济带来了新的增长点。例如，大数据分析助力精准营销和智能决策；人工智能加速了工业自动化和服务行业的个性化发展；互联网平台则极大地促进了电子商务和在线服务业的繁荣。总之，在中国城市经济高质量发展的背景下，数字经济作为一种新型的经济形态，正在成为推动城市经济结构转型、创新模式探索与发展动力转换的关键力量。政府应继续深化改革开放，优化数字经济发展环境，鼓励创新创业，加强数字基础设施建设，以保障数字经济健康持续发展，并在全球经济中占据有利竞争地位。

（3）"一带一路"倡议

"一带一路"倡议作为中国新时代对外开放的重大举措，其核心宗旨在于促进包括陆上的"丝绸之路经济带"与海上的"21世纪海上丝绸之路"在内的基础设施互联互通、贸易畅通、资金融通及民心相通。在这一全球化的合作倡议中，中国城市承担了推进国际合作与交流的关键角色。从经济合作的角度来看，中国城市通过参与"一带一路"建设，不仅能够深化与沿线国家的经贸关系，还能够利用国际产能合作机会，拓展多元化的对外贸易渠道，吸引更多的外资流入。这种跨境的经济活动，不仅推动了城市经济的外向型发展，也为本土企业提供了国际市场的广阔平台，促进了产业结构的优化升级。从文化交流与人文互信的视角出发，中国城市作为"一带一路"文化交流的前沿阵地，通过举办国际论坛、展览、文化节等活动，加强了与沿线国家民众的相互理解和友好情感，为深化互利合作奠定了坚实的社会和文化基础。同时，城市在参与"一带一路"建设中，还必须着眼于提升自身的开放程度和综合竞争力。这包括推动本地产业向高端化、智能化转型升级，以及加强城市基础设施建设，提高城市治理水平，从而在全球经济格局中占据更加有利的地位，增强在区域乃至全球的影响力。"一带一路"倡议不仅为中国城市提供了一个深度融入全球经济体系、实现互利共赢的重要平台，也对城市自身发展模式和国际战略布局提出了新的要求和挑战。中国城市应积极把握"一带一路"倡议所提供的历史机遇，通过不断深化改革开放，推动形成全面开放新格局，为构建人类命运共同体贡献力量。

（4）城市群与都市圈发展

城市群与都市圈作为中国区域经济发展的新范式，其战略意义在于通过优化区域经济布局，促进城市间的功能互补、产业分工与协同发展，从而实现资源共享、优势互补和集聚效应的最大化。具体而言，京津冀、长三角、珠三角等城市群的构建与发展，体现了国家对于区域发展不平衡问题的战略调整和宏观治理。在政策层面，2015 年、2016 年国家相继出台《京津冀协同发展规划纲要》《长江经济带发展规划纲要》等区域发展战略规划，明确了城市群的功能定位、产业布局和发展目标。政府对这些区域给予特殊的政策支持，如财政转移支付、税收优惠政策、土地使用政策的调整等，以此激励区域内城市间建立更加紧密的经济联系和合作机制。城市群的发展不仅有助于缓解大城市所面临的"大城市病"问题，如交通拥堵、环境污染、住房紧张等，还能通过合理的区域内资源配置和高效的市场机制，提升整个区域的经济效益和综合竞争力。此外，城市群内部通过加强交通基础设施建设的互联互通，如高速铁路、高速公路、城际轨道交通的构建，显著提高了人流、物流、资金流和信息流的流动性，为区域内产业链的延伸、优化和价值链的提升提供了坚实基础。因此，城市群与都市圈的战略推进，不仅是区域经济发展的重要抓手，也是国家治理体系和治理能力现代化的重要体现。通过这一模式，可以实现区域内生产要素的高效配置、产业结构的优化升级及新型城镇化道路的探索与实践。

第3章 数字经济与城市经济高质量发展的互动机制

数字经济作为新时代经济发展的重要驱动力，正在与城市经济的高质量发展形成紧密的互动关系。随着信息技术的不断进步，尤其是互联网、大数据、人工智能等技术的广泛应用，数字经济已经渗透到城市经济的各个领域，从根本上改变了生产方式、生活方式和城市管理模式。在这一进程中，城市作为数字经济创新和应用的重要平台，其基础设施建设、产业结构调整、人才培养和政策环境等方面的优化升级，为数字经济的深入发展提供了坚实基础。反过来，数字经济的蓬勃发展又为城市经济注入了新的活力，推动了城市经济向更加智能、高效、绿色的方向转型。因此，探究数字经济与城市经济高质量发展之间的互动机制，不仅是理解当前经济发展趋势的关键，也是推动城市可持续发展战略的重要内容。本书将依据习近平总书记提出的"创新、协调、绿色、开放、共享"的高质量发展新理念，深入分析这一互动机制的内在逻辑与表现形式，以及如何通过政策引导和市场激励，进一步增强二者之间的协同效应。

3.1 数字经济与城市创新能力

数字经济的兴起，为城市提供了更为广阔的创新平台和更为丰富的创新资源。它通过优化资源配置，提高效率，打破了传统产业边界，促进了产业结构的升级换代。同时，数字经济还推动了知识共享和协同创新，通过网络化、平台化的方式，将城市各方面的创新主体紧密连接起来，形成了一个互联互通、协作高效的新型创新生态系统。在这样一个系统中，企业能够快速响应市场变化，持续创新产品和服务；科研机构能够与产业界深度融合，加速科技成果转化；政府能够利用大数据等技术提高治理水平，营造良好的创新环境。数字经济不仅仅是一种经济形态的变革，更是城市创新能力提升的催化剂。它正在引领城市进入一个全新的、智能的、高效的创新时代。

3.1.1　数字经济塑造城市创新环境

作为新时代的经济增长点，数字经济正在深刻地影响和重塑着城市的创新环境。它不仅催生了新的商业模式，也为城市的可持续发展注入了新的活力。在这个基于数据驱动、连接无界、智能互动的时代，城市创新环境的塑造已经不再局限于传统的物理空间，更多地转向了虚拟空间和数字平台。数字经济对城市创新环境的塑造是全方位的，它涉及经济、社会、文化等多个层面，其核心在于如何利用数字技术提升城市的智能化水平，实现资源的高效配置，推动城市可持续发展和居民生活品质的提升。

（1）数字基础设施建设对创新环境的支撑作用

随着数字经济的蓬勃发展，数字基础设施建设成为支撑城市创新环境的关键。它如同现代社会的"神经系统"，将数据的快速流动和高效处理作为提升城市智能化水平和创新能力的基石。无论是云计算中心的集群部署、宽带网络的深度覆盖，还是物联网的广泛应用，这些不可或缺的数字基础设施为城市带来了前所未有的变革。它们不仅极大地提高了信息处理能力，降低了交易成本，还促进了多领域技术的交叉融合和创新活动的蓬勃发展，为城市创新环境注入了持续动力，开辟了通往智慧城市和数字化生活的道路。

首先，5G技术在数字基础设施中起到关键作用并对城市创新活动产生推动力。5G网络作为一种先进的无线通信技术，具有高带宽、低延迟的特性，为城市创新活动提供了一个高速且稳定的数据传输环境。这种技术能够有效地支持复杂数据的实时传输和远程协作，从而显著提升研发效率。例如，5G网络可以对城市范围内无数传感器收集到的数据进行快速汇总和处理，这对于智慧城市中交通、能源管理等领域的创新尤为关键。

2023年8月28日，中国互联网络信息中心（CNNIC）在北京发布的第52次《中国互联网络发展状况统计报告》显示，截至2023年6月，我国网民规模达10.79亿人，互联网普及率达76.4%。我国域名总数为3024万个；IPv6活跃用户数达7.67亿人；移动电话基站总数达1129万个，其中累计建成开通5G基站293.7万个，占移动基站总数的26%；国内市场上监测到的活跃APP数量达260万款，进一步覆盖网民日常学习、工作、生活。这一数据基础为数字创新提供了广阔的用户基础和丰富的数据资源，反映了我国在加强网络基础设施建设，特别是下一代互联网技术方面的深入布局，这为物联网、云计算等前沿技术的应用创造了有利条件。尤其是 5G 技术的快速推广，以 293.7 万个 5G 基站建设为标志，极大提升了数据传输速度和网络响应能力，这对于促进城市中实时大数据分析、增强现实（AR）、虚拟现实（VR）等技术的应用具有重要意义。

其次，物联网新型基础设施建设助力城市智能化管理与服务创新。物联网技术通过将各种设备和传感器相互连接，构建了一个智能化和自动化的信息网络。在此基础上，城市创新活动可以依靠这个网络实现对城市运行状态的实时监控和管理，从而促进城市管理的智能化。这不仅提高了城市服务的效率，也为新型城市管理模式的探索提供了数据支持和实验平台。

2021 年，工业和信息化部等 8 部门印发了《物联网新型基础设施建设三年行动计划（2021—2023 年）》，提出突破关键核心技术、推动技术融合创新、构建协同创新机制等重点任务，培育多产业生态，协同多领域，推进物联网基础设施建设。到 2023 年底，在国内主要城市初步建成物联网新型基础设施，社会现代化治理、产业数字化转型和民生消费升级的基础更加稳固。具体发展目标体现为"五个一"，突破一批制约物联网发展的关键共性技术，培育一批示范带动作用强的物联网建设主体和运营主体，催生一批可复制、可推广、可持续的运营服务模式，导出一批赋能作用显著、综合效益优良的行业应用，构建一套健全完善的物联网标准和安全保障体系。此外，对物联网龙头企业培育数量、物联网连接数及标准制修订数量提出了量化指标。因此，我国在推动关键技术突破、创新运营模式、建设标准体系等方面取得了积极进展，这些措施有助于实现城市服务效率的提升和管理模式的创新。到 2023 年底，我国在主要城市的物联网基础设施建设取得了初步成果，为城市智能化管理和服务创新提供了坚实的技术支撑和数据基础。

最后，云计算为城市创新活动提供了弹性可扩展的计算资源。云计算，是与信息技术、软件和互联网等相关的一种服务，其核心是以互联网为中心，为用户提供快速且安全的服务与数据存储，让每一个使用互联网的客户都能使用网络上的庞大计算资源与数据中心。云计算的服务类型通常可分为 3 类，即基础设施即服务（IaaS）、平台即服务（PaaS）和软件即服务（SaaS）。通过云服务，企业和研究机构无须投资昂贵的硬件设施，即可按需获取计算能力和存储空间。这种服务模式极大地降低了创新活动的门槛和成本，特别是对于初创企业和中小企业而言，它们可以更加灵活地调整资源配置，响应市场变化。云计算还支持复杂的数据分析和模拟操作，这对于加快产品原型设计、测试和迭代至关重要。

2023年中国信息通信研究院发布的《云计算白皮书（2023年）》显示，2022年，全球云计算市场规模为4910亿美元，增速为19%。同年，我国云计算市场规模达4550亿元，同比增长40.91%，预计2025年我国云计算整体市场规模将超万亿元，凸显了快速增长的特征。云计算作为数字基础设施，是推动互联网、大数据、人工智能和实体经济深度融合的重要推手，有力支撑产业数字化转型。下一步需要强化基础设施建设，不断完善产业生态，赋能产业转型。

综上所述，数字基础设施的建设是数字经济发展的重要支撑，对塑造城市创新环境具有至关重要的作用。5G、物联网、云计算等关键技术的深度应用，不仅极大提高了城市信息处理和交易效率，还促进了技术融合与创新活动的活跃，推动了城市智能化和数字化转型。这些基础设施的建设和优化，为企业和个人提供了高效、便捷的数字服务平台，降低了创新门槛，缩短了创新周期，激发了创新活力。同时，数字基础设施的完善也为智慧城市管理、产业升级、民生改善提供了强有力的数据支撑和技术保障，进一步促进了社会经济的全面数字化转型。

（2）政策环境与法规支持对城市创新环境塑造的引导作用

城市不仅仅是人类居住的空间，更是创新和经济发展的重要引擎。政策环境与法规支持在这一过程中扮演着至关重要的角色。它们不仅为城市提供了创新活动的基础框架，还为创业者和企业提供了必要的指导和保障，形成了激励创新、促进科技进步和产业升级的重要力量。政策环境的优化和法规体系的完善，能够为城市创新提供动力，引导资源合理配置，促进公平竞争，保护知识产权，降低创新风险，这些都是推动城市可持续发展的关键因素。随着全球化和信息化时代的深入发展，政策与法规更需要与时俱进，适应新兴产业的发展需求，为城市创新环境的塑造提供更加有力的支持和引导。具体表现在以下几个方面。

首先，政策的制定与实施为创新活动提供了基本的激励机制，通过税收减免、财政资助、研发补贴等手段，显著降低了创新主体的成本负担，增强了其创新动力，进而激发了市场主体的创新活力和潜能。

其次，合理且前瞻性的法规制度能够确保知识产权得到有效保护，为技术创新和成果转化提供法律保障，从而促进技术市场的繁荣和公平竞争。此外，透明的市场准入政策和监管框架为新兴企业提供了公平竞争的市场环境，降低了市场垄断风险，保障了创新效率和创新质量。人才政策的优化与实施，通过吸引海内外高端人才和加大对人才培养的投入，为城市创新提供了源源不断的智力支持。基础设施的完善和高效配置为创新提供了物质基础和条件，特别是信息化基础设施建设，为数据驱动的创新模式提供了平台。

最后，国际合作与交流政策的推进，不仅拓宽了城市视野，还促进了全球创新资源的流动和优化配置，加速了城市创新体系的国际化进程。因此，政策环境与法规支持是构建城市创新生态系统、推动城市可持续发展不可或缺的重要因素。

我国许多城市非常重视创新环境的塑造，先后出台相关政策法规给予政策环境优化和法规支持。近年来，北京市先后出台《中共北京市委 北京市人民政府关于加快培育壮大新业态新模式促进北京经济高质量发展的若干意见》《北京市国民经济和社会发展第十四个五年规划和二〇三五年远景目标纲要》《北京市国土空间近期规划（2021 年—2025 年）》等文件，表明了政府对创新环境塑造的努力。这些政策和规划为科技创新提供了良好的土壤，为市民和企业提供了重要的引导。上海市人民政府也相应发布了多项政策来激发创新活力。例如，该市发布的《上海市建设具有全球影响力的科技创新中心"十四五"规划》《上海市服务业发展"十四五"规划》《上海市科技创新"十三五"规划》都充分体现了政府对创新环境塑造的重视。同样，深圳市政府也十分重视创新环境塑造。例如，《深圳市关于金融支持科技创新的实施意见》就提出了完善金融支持科技创新的体系，加大对科技型企业融资的支持力度，促进金融与科技深度融合。此外，《深圳经济特区科技创新条例》和《深圳市人民政府关于进一步鼓励和引导社会投资的若干意见》等也提供了相关的政策和法规支持。杭州市人民政府在推进创新环境塑造的过程中也制定了一系列相关政策。例如，《杭州市人民政府关于推进质量强市建设的实施意见》《杭州市国家营商环境创新试点实施方案》《杭州市人民政府办公厅关于加快建设知识产权强市的实施意见》都为杭州的创新环境塑造提供了清晰的政策指引和法规支持。除此之外，对于其他城市，也有相关政策来支持创新环境的塑造。例如，长春市司法局发布的《我市启动促进科技成果转化立法 助推科技成果落地》就针对创新环境塑造作出了相应的法规引导。

总结来看，各个城市通过制定不同的政策和法规来引导城市创新环境的塑造。这些政策法规不仅对企业的科技创新和发展提供了指导，也在城市的创新环境优化、经济结构升级、市民生活改善等方面起到了积极作用。

（3）人才培养与引进对城市创新环境塑造的关键作用

在全球化与信息化的双重驱动下，数字化转型已成为当代城市发展的必然趋势。在此背景下，人才作为推动城市创新发展的核心资本，其培养与引进策略对于城市创新环境的塑造具有决定性影响。人才的素质和能力直接决定了城市信息化基础设施建设的效率、数字经济的发展质量及创新生态系统的活力。学术界普遍认为，人才的培养不仅需着眼于信息技术知识体系的传授，更应强调跨学科能力的培育和创新思维的激发。与此同时，城市对于外来高端人才的吸引，不仅需要制定具有竞争力的人才政策，还应构建包容开放的文化环境和高效便捷的服务体系。这种双向推进机制，既促进了本土人才梯队的构建，又拓宽了城市创新网络的边界，从而在全球范围内提升了城市的创新能力和竞争优势。因此，人才的培养与引进是城市创新环境塑造中的关键因素。在数字经济时代，人才是推动城市创新的首要动力。

首先，人才竞争已成为地方发展的关键变量。众多城市在实现经济转型与升级的过程中，逐渐认识到传统的人才政策需从单一的需求导向转变为供给侧结构性改革，以增强企业在人才引进与培养方面的主体作用，并充分利用市场机制对资源进行有效配置。人才的引进与培养可塑造以政府引导、市场主导、企业为主体、社会协同、法治保障和制度支撑为特征的优势环境，对城市创新生态产生深远影响。

其次，人才是推动城市创新生态构建的核心要素。一个成熟的创新生态系统应包含政府的制度创新、高等院校和科研机构的基础研究与人才培养、企业的应用创新、中介机构的服务创新、金融机构的资金支持及用户的市场反馈等多方面。在此系统中，人才既是连接各个主体的纽带，也是驱动整个系统运转的动力源泉。

再次，人才引进与培养对于优化城市产业结构和服务体系具有显著作用。通过有目的地吸引与培育特定领域的专业人才，可以促进相关产业集群的形成与发展，进而推动城市经济结构的优化与升级。同时，完善的人才服务体系，如高质量的医疗、教育和交通设施，能够提升城市对人才的吸引力和留存率，形成稳定而高效的人才生态环境。

最后，人才对于增强城市研发投入和提升创新能力发挥着决定性作用。企业研发活动离不开高素质人才队伍的支撑，他们是科技创新和产业升级的主力军。城市为了吸引和保留这些人才，需要在科研基础设施和平台建设上进行充分投入，并通过这些人才的努力，不断提高城市整体的创新能力和竞争力。总之，数字专业人才的培养与引进是塑造具有竞争力城市创新环境的关键。通过激发数字专业人才的创新潜力和促进其在城市中的集聚与交流，可以有效地提升城市整体的创新能力和可持续发展能力。

（4）产业数字化转型对城市创新环境塑造的驱动作用

产业数字化转型已成为推动城市创新环境塑造的重要驱动力。数字化转型不仅改变了产业的生产方式和商业模式，而且通过促进信息流通、优化资源配置、提高生产效率，加速了城市经济结构的升级和新兴产业的孵化。这一过程中，大数据、云计算、物联网、人工智能等前沿技术被广泛应用，为城市创新提供了丰富土壤和强大动力。

产业数字化转型对城市创新环境塑造的驱动作用主要体现在以下几个方面：

第一，改变传统业态。数字化技术的融入，促使传统行业进行结构性变革，实现了从低附加值向高附加值转型。这种转型通过引入智能化生产、在线服务平台和电子商务等新模式，不仅提高了生产效率，还催生了新兴行业，如数字内容创制、大数据分析等。这些新行业和企业成为城市经济新的增长点，进而重塑城市产业结构和经济形态，提升城市的核心竞争力。

第二，提升城市治理水平。数字技术的应用提升了城市治理的智能化水平。例如，通过大数据分析优化交通管理、利用物联网技术改善城市基础设施运维、运用云计算提高公共服务效率等。这些技术的应用提高了政府决策的科学性和公共服务的精准度，有效响应了市民需求，推动了城市治理体系向更加高效、透明和公正的方向发展。

第三，构建智慧城市。在数字化转型的推动下，城市管理者通过整合信息资源、优化网络布局、创新服务模式等手段，推进智慧城市建设。智慧城市的构建不仅提升了居民生活质量，还促进了经济的可持续发展。例如，智慧交通系统能够减少交通拥堵，智能电网有助于提高能源利用效率，智慧医疗则改善了医疗服务质量。

第四，实现经济与环境的和谐发展。数字化技术对于推动绿色经济发展具有重要意义。通过精确数据监控和环境管理系统的应用，城市可以实现更高效的资源利用和更低的碳排放。同时，数字化转型也助力环保产业的创新发展，如通过大数据分析优化废物回收利用流程，利用云平台进行环境质量监控等。这些技术应用有助于实现环境保护与经济发展的协同进步。

3.1.2　数字技术提升城市创新能力

随着大数据、云计算、人工智能等先进技术的不断涌现和成熟，城市的经济结构、产业布局乃至管理方式都迎来了前所未有的变革。数字技术的应用不仅优化了资源配置，提高了生产效率，还在促进城市服务智能化、决策科学化方面发挥了重要作用，这些都为城市创新能力的提升奠定了坚实的基础。在中国，随着"新型城镇化"战略的深入实施和"智慧城市"建设的推进，数字技术已经成为城市转型发展中不可或缺的驱动力量。特别是在中国这样一个迅速发展且人口众多的国家，数字技术在提升城市创新能力方面扮演着至关重要的角色。它不仅推动了传统产业的数字化转型，也孕育了一批新兴的数字经济形态。从智慧医疗到在线教育，从电子商务到金融科技（Fin Tech），数字技术正日益成为城市创新生态系统中不可或缺的一部分。因此，在未来的城市发展蓝图中，深度融合数字技术与城市创新战略，将是推动经济高质量发展、构建现代化城市体系的关键所在。具体表现在以下几个方面。

（1）支持智慧城市建设

在数字化时代的浪潮中，数字技术已经成为推动我国智慧城市建设的关键力量。智慧城市作为一种新型的城市发展模式，其核心在于利用现代信息技术，实现城市管理的智能化、决策的科学化、服务的精细化和生活的品质化。数字技术在我国智慧城市建设中的应用涉及环境管理、公共安全、交通便利性、居民健康等多个领域，展现了广泛的应用价值。通过数字化转型，我国的城市管理水平和居民生活质量得到了显著提高，城市发展进入了一个新的时代。

首先，智慧城市建设依托互联网技术，构建起一个全方位、多层次、宽领域的信息网络平台。这个平台能够实现数据的无缝对接和资源的高效整合，为城市管理和服务提供强有力的信息支撑。通过互联网技术，各类信息资源得以汇聚，实现信息共享与业务协同，为城市管理决策提供了大数据支撑。

其次，大数据技术在智慧城市建设中发挥着至关重要的作用。通过对海量城市运行数据的采集、存储、分析和挖掘，可以揭示城市运行的规律性和趋势性，为城市规划和管理提供科学依据。大数据不仅能够优化城市资源配置，还能够预测和解决城市运行中可能出现的问题。另外，云计算作为一种强大的计算模式，为智慧城市提供了几乎无限的存储和计算资源。通过云计算平台，可以实现应用程序和服务的快速部署与扩展，大幅度提升了城市管理的响应速度和服务效率。物联网技术则是智慧城市感知"神经"的重要组成部分。通过安装在各个角落的传感器和智能设备，物联网实现了对城市各种状态的实时监测和管理，如交通流量监测、环境质量检测、公共安全监控等，确保了城市运行的有序和安全。

最后，人工智能技术则赋予了智慧城市自学习和自适应的能力。通过机器学习、深度学习等方法，人工智能不断提高城市管理系统的智能水平，使之能够更好地理解复杂情景、做出精准判断，并自动执行各项任务。

我国许多城市将数字技术应用于智慧城市建设。尤其是在 5G 技术的推广应用方面，上海已经走在全国前列，并在全球范围内处于领先地位。5G 网络的高速度、大带宽和低时延特性，为智慧城市的各项应用提供了强有力的技术支持，极大地推动了城市信息化建设的进程。早在 2010 年，上海就正式提出"创建面向未来的智慧城市"战略，标志着其智慧城市建设的序章正式开启。这一战略的实施，不仅是对城市传统管理和服务模式的一次深刻变革，也是上海融入全球化竞争、展现城市创新活力的重要举措。从政府层面来看，上海率先在全国提出建设智慧政府的构想，并已经取得显著成效。截至 2021 年，通过"一网通办"平台，已经整合接入事项 2341 个，涵盖 48 个部门的 179 个系统，实现了数据资源的集中管理和高效利用。这种模式不仅提高了政府服务效率，也增强了政府决策的数据驱动能力，为精细化、智能化管理提供了坚实基础。对于市民个体而言，智慧城市带来的变革体验更为直接和具体。通过移动互联网和各类智能终端设备，市民可以随时随地享受到便捷的政务服务、医疗服务和公共交通等城市生活服务。这种以人为本、服务至上的智慧城市建设模式，极大地提升了市民生活质量和城市吸引力。上海作为智慧城市建设的先行者，不仅在技术层面上取得了突破，在推进城市治理现代化、提升城市竞争力方面也展现出强大的引领效应。

可以看出，数字技术在我国智慧城市建设中扮演了极为重要的角色。它不仅极大地提升了城市运行和管理的效率与水平，还极大地改善了居民的生活质量，使得城市环境更加安全、便捷和宜居。未来，随着数字技术的不断进步和创新，智慧城市将展现出更加灵活、高效和智能的发展前景。

（2）推动产业数字化转型

习近平总书记明确指出，要把握数字化、网络化、智能化方向，推动制造业、服务业、农业等产业数字化，利用互联网新技术对传统产业进行全方位、全链条的改造，提高全要素生产率，发挥数字技术对经济发展的放大、叠加、倍增作用。产业数字化转型是产业发展的必然趋势和最优选择，即在现代信息技术的推动下，传统产业通过引入和应用数字技术，实现生产方式、企业管理、产品服务等方面的变革与升级。产业数字化涵盖了数字化设备的使用、工业互联网平台的构建、数据资源的整合与分析、智能化决策支持系统的开发等多个层面。

在产业数字化转型升级的过程中，数字技术扮演着核心和催化的角色。例如，物联网技术实现了物理世界与数字世界的无缝连接，为生产设备和产品赋予了互联网属性，使得实时数据的采集和远程监控成为可能；云计算提供了弹性可扩展的计算资源，支持企业快速响应市场变化，同时降低了信息技术基础设施的投资成本；大数据技术使得企业能够处理和分析前所未有规模的数据集，从而洞察市场趋势、优化运营效率并驱动创新；人工智能通过模仿人类认知功能，增强了数据分析的深度和广度，提高了决策的智能化水平；工业互联网作为产业数字化的重要基础设施，通过标准化、网络化、智能化手段，实现了设备与设备、人与设备之间的深度融合与协同工作；5G网络以其高速率、大容量、低延迟的特性，为上述数字技术的应用提供了高效可靠的通信保障。这些新一代数字技术为解决产业数字化转型中的核心问题提供了有效途径。它们不仅促进了物理世界与数字世界的深度融合，还打破了"数据孤岛"，促进了跨部门、跨行业的数据整合与共享。此外，这些技术加速了传统数据处理中心向云平台的迁移转化，极大地提升了数据处理能力和效率。在海量数据的处理与分析方面，这些技术使企业能够有效地从复杂多变的数据中提取有价值的信息，为企业决策提供数据支持，并推动业务模式和产业结构的创新发展。

在中国城市化进程深入发展的背景下，数字技术正日益渗透到城市生活的各个层面。例如，在生物科学领域，数字技术的进步促进了生物芯片产业的兴起；在医疗领域，数字化应用显著优化了就医流程和提升了就医体验；在能源领域，数字技术与能源的深度融合为优化能源消费结构、推进绿色发展提供了技术支持。在"数字中国"建设的大背景下，数字产业化作为经济高速增长的新引擎，而产业数字化则不断提高经济发展的质量与效率。数字化转型及信息化产业的发展，驱动着生产方式、生活模式及治理机制的革新，对我国经济结构、政治形态、科技进步等诸多方面产生了深远的影响。

（3）加速公共服务创新

大数据、云计算、人工智能等先进技术的应用，不仅极大地提高了公共服务的效率和质量，还深刻地改变了服务提供的方式和市民的生活方式。从智慧医疗到在线教育，从电子政务到智能交通，数字技术正如同织就一张无形的网络，将城市的每一个角落紧密相连，使得信息渠道更加畅通无阻、服务响应更加及时高效。城市公共服务创新显现出强大的生命力和广阔的发展空间，数字技术为构建更加智慧、便捷、高效的城市生活提供了坚实的技术支撑。也就是说，数字技术正在广泛融入城市公共服务，不断提升其效率，可以使得数字公共服务更加普惠均等。

第一，数字技术在就业公共服务中的应用。在数字经济时代背景下，就业公共服务领域的信息匹配机制经历了由静态到动态、由粗放到精准的转变。借助大数据分析技术，人力资源服务平台能够实时捕捉劳动力市场的供需动态，通过算法模型分析求职者的技能特征与职位要求的匹配度，从而实现个性化职位推荐。这种基于数据驱动的智能匹配方式，不仅提升了求职者与岗位间的对接效率，而且优化了企业的人才筛选流程，显著提高了招聘的成功率和效率。同时，随着数字技术的深入发展，人工智能、云计算、大数据分析等新兴行业迎来了飞速的增长，成为拉动就业市场的新引擎。这些领域对专业技术人才的需求量大，职位空缺多，为各类劳动力提供了广阔的就业空间和发展平台。新兴产业的兴起不仅拓宽了就业渠道，还促进了产业结构的优化升级，对促进就业和经济增长具有双重积极效应。

第二，数字技术在教育公共服务中的应用。在教育资源分配的均衡性方面，数字技术的应用实现了地域界限的突破，通过在线教育平台的广泛应用，优质教育资源得以跨越物理空间的限制，实现了向各个地区尤其是偏远地区的有效扩散。这种模式不仅在实质上缩小了城乡及区域间因教育资源差异而产生的教育鸿沟，也为促进教育公平提供了切实可行的技术手段。同时，人工智能技术在个性化教学领域的应用，标志着教育服务向更加精准化和个性化的方向发展。智能辅导系统通过收集学生的学习行为数据，运用机器学习算法对学生的学习习惯和能力水平进行分析，从而定制化提供符合个人学习特点的教学内容和学习计划。这种基于数据和算法的个性化教学模式，有效提升了教学的针对性和效率，增强了学生的学习体验和成效。可以看出，数字技术在教育领域中的应用，不仅推动了教育资源分配的均衡化，也促进了教学方式的创新，为实现教育公平和提升教育质量提供了有力支撑。

第三，数字技术在公共卫生服务中的应用。在当代医疗服务领域，数字技术的应用正日益成为推动医疗服务模式转型的关键力量。以"互联网＋医疗"为代表的远程医疗服务模式，通过构建线上问诊平台，使患者得以跨越地理限制，实时接入专业医生资源，获取远程诊断和治疗建议。特别是在公共卫生事件，如新型冠状病毒感染疫情暴发期间，远程医疗显著提高了医疗系统的响应能力和患者的就医安全性，缓解了传统面对面就医方式带来的感染风险和医疗资源分配压力。

此外，健康数据管理的数字化转型也在不断深化。电子健康档案和移动健康应用程序等工具的普及，为个人健康信息的收集、存储、分析和应用提供了技术支撑，实现了健康管理从被动治疗向主动预防的转变。通过对大量健康数据的挖掘和分析，可以更准确地进行疾病风险评估和健康干预，推动健康管理服务的智能化和精准化。

综合来看，数字技术在现代医疗服务中的应用，不仅极大地拓展了医疗服务的时空边界，提高了医疗服务的效率和质量，还为公众提供了更加个性化、便捷化的健康管理方案，对于构建高效、智能、人性化的医疗健康体系具有重要意义。

第四，数字技术在城市管理中的应用。一方面，如前文所述，数字技术对于智慧城市建设具有基础性作用。在智慧城市建设领域，物联网、大数据、云计算等现代信息技术的综合应用，正成为推动城市管理现代化的核心动力。通过这些技术对城市运行的多维度指标进行实时监测和数据分析，可以实现对城市基础设施、交通流量、能源消耗等关键信息的精确把控，从而优化城市资源配置，提高城市管理的自动化和智能化水平，进而提升居民的生活质量和城市的整体运行效率。另一方面，在促进可持续发展的实践中，数字技术的应用同样发挥着重要作用。环境监测和能源管理系统的智能化不仅提高了数据收集和处理的效率，也提升了对环境变化的响应速度和干预精度。通过对环境污染和能源利用等情况的实时监控与分析，可以有效地指导节能减排政策的制定和执行，从而支持城市的绿色发展战略，推动经济社会向可持续发展方向转型。

总体而言，数字技术在智慧城市建设和可持续发展中的应用，不仅优化了城市管理模式，提高了居民生活水平，还为城市的长远发展提供了科技支撑，是推动现代城市向更高效、更环保、更宜居方向发展的关键因素。

（4）优化数据驱动决策

数据驱动决策是一种决策模式，它依赖数据分析而非仅凭经验或直觉来做出决策。在这种模式下，通过收集大量相关数据，运用统计分析、数据挖掘、预测模型等方法对数据进行深入分析，以揭示模式、趋势和关联性，从而为决策提供支持和依据。在企业管理、市场营销、供应链优化、产品开发等多个领域，数据驱动决策已经成为提高效率、降低风险、增强竞争力的重要手段，对于城市经济高质量发展具有重要意义。

在数据驱动的决策优化领域，通过对城市运行过程中产生的海量数据进行深度挖掘与分析，可以揭示城市发展的内在规律和潜在问题，为城市规划与政策制定提供量化的、可靠的科学依据。此种方法论强调数据的收集、处理与分析过程的系统性和综合性，确保决策过程中能够考虑到各个相关因素和它们之间的相互作用。在实践中，这意味着城市管理者可以基于数据分析结果，进行更为精细化的资源配置，优化公共服务的供给，以及提前预测和解决潜在的城市问题。此外，数字技术不仅有助于收集和分析数据，还可以通过提供工具和平台，提高决策过程的自动化和智能化水平，从而提升数据驱动决策的效果和效率。例如，利用现代商业智能、人工智能、大数据等技术，可以更有效地收集和分析数据，提供清晰、明确、实时的视图，帮助决策者发现潜在的机会或风险，使决策过程更加精准和迅速。同时，数字技术也正在改变组织内部的工作模式。通过开放数据源，实现数据的全面共享，鼓励所有员工参与到数据驱动的决策中来。数字化转型所带来的数据洞察力和新的工作流程，进一步提高了企业的决策质量和业务运行效率。优化数据驱动的决策过程需要数字技术的全方位支持。这个过程从明确业务目标开始，到进行关键数据源的调查，收集和准备数据，审视和分析数据直至形成洞见。

在城市经济高质量发展的进程中，数据驱动的决策优化发挥着核心作用。通过运用大数据分析技术，可以对城市运行产生的庞大数据进行深入挖掘与分析，从而为城市规划和政策制定提供了坚实的科学基础。这种方法不仅提升了决策的精确度和响应度，也促进了决策过程向精细化、智能化转变。具体表现在，数据驱动的优化机制通过揭示经济活动的内在动态，支持产业升级和结构调整，实现经济向高知识和技术含量方向转型；通过精准分析资源使用情况，提升资源配置效率，增强经济运行的效能；同时，大数据分析为城市管理提供新视角和工具，助力政策制定者准确预测发展趋势和应对挑战，推动管理模式现代化；此外，对居民行为模式的深入分析还能够有效提升教育、医疗、交通等公共服务的质量，满足居民多元化需求。

3.1.3 城市创新能力推动数字经济发展

城市作为集聚人才、技术、资本和信息的节点，其创新活力直接影响着数字经济的构建与演进。在中国这样一个日益迈向网络信息化的国家，城市创新能力的培养和提升显得尤为重要。城市不仅是经济增长的引擎，更是数字化转型的前沿阵地。通过优化创新体系结构、加强科技研发、促进产业融合及打造智慧城市等措施，城市正在成为数字经济发展的重要推手。

（1）技术创新推动

城市创新能力是数字经济发展的重要驱动力，这种能力通常与城市中的科研机构、高等教育机构和企业的研发中心的集聚效应密切相关。城市聚集的研发机构和企业研究中心构成了技术创新的主要源泉。这些机构拥有高水平的研究人员和先进的研究设施，能够进行基础科学研究和应用技术开发。高等院校作为知识与人才的摇篮，不仅提供了理论探索平台，还培养了大量科技人才，这些人才是推动技术创新不可或缺的力量。技术创新不是孤立发生的事件，而是一个持续的动态过程。这个过程涵盖了从基础研究、应用研究到开发研究等多个阶段，每个阶段都需要充足的资金投入、政策支持和市场反馈。城市中的企业和机构通过不断的交流合作，形成了创新网络，这种网络结构加速了知识的扩散和技术的迭代。技术创新为数字经济提供了核心的技术支持。例如，云计算、大数据分析、人工智能等前沿技术的发展，直接推动了数字经济模式的创新，如共享经济、平台经济等新型商业模式。这些技术还促进了传统行业的数字化转型，提高了生产效率和服务质量。技术创新引领了新产品和服务的开发，催生了新业态。在数字经济中，新产品往往具有智能化、个性化的特点，而新服务则更加注重用户体验和数据驱动。同时，新业态，如电子商务、远程办公等正在改变传统的商业和工作模式。

因此，城市创新能力通过集聚高端人才、形成技术创新网络及提供先进的技术支持，为数字经济的发展提供了强大动力。这种能力不仅促进了新兴数字产业的发展，也为传统产业提供了转型升级的可能性。

（2）人才集聚效应

城市作为创新的策源地，其独特的人才集聚效应正在成为推动数字经济发展的核心动力。人才集聚效应不仅体现在高素质人才对城市的青睐和汇聚上，更在于这些人才能够通过互动与合作，形成知识共享和创新思想的孵化器。城市创新能力的发挥，离不开这些集聚人才的智慧火花和协同效应。他们通过创新网络的构建、创新资源的整合及创新环境的优化，共同推动数字经济的茁壮成长，为城市可持续发展注入源源不断的活力。在此背景下，理解和把握人才集聚效应的内在机制，对于优化城市创新战略、激发经济活力、明确未来发展方向具有重要作用。

第一，城市环境的独特性在于其能够吸引和集聚大量多样化的人才，这一特性对于数字经济的兴盛至关重要。城市中的高等教育机构、研究院所、企业孵化器等创新主体吸引了众多科研人员、技术开发者、市场营销专家及管理人才，这些人才群体构成了数字经济发展的基础。城市为这些人才提供了丰富的职业机会和发展平台，从而促进了人才的稳定和聚集。

第二，在城市人才高度集中的环境中，知识流动和更新的速度加快。人才之间的交流与合作通过形式多样的学术会议、工作坊、行业论坛等活动得以实现，这些互动活动不仅促进了学术界与产业界的对话，还有助于跨学科和跨行业知识的整合与创新。此外，城市内部丰富的文化娱乐活动和生活设施也满足了人才在生活上的需求，有利于培养创新思维和创意表达能力。

第三，城市环境中人才的多样性和创意碰撞对数字经济尤为重要。不同背景和专业领域的人才在城市中相遇，通过跨领域合作，激发出新的创意和解决方案，推动了数字产品和服务的创新。例如，在金融科技、智能制造、云计算、大数据分析等领域，多学科团队能够共同解决复杂问题，开发出满足市场需求的新技术和新应用。

第四，城市的政策环境和资金支持对于促进人才创新同样至关重要。政府的政策引导和财政投入可以为研究与开发活动提供稳定的支持，降低创新活动的风险。同时，风险投资和天使投资等私人资本也在城市中更加活跃，为初创企业提供了必要的资金支持，进一步激发了创新活力。

因此，城市为数字经济提供了一个充满活力、知识密集且高度互联互通的环境。通过优化人才结构、加强知识产权保护、提高资金投入效率及建立开放合作平台，可以最大限度地发挥城市创新能力，推动数字经济向更高层次发展。

（3）资本投入与风险承担

城市已成为金融创新和数字经济发展的重要舞台。得益于其成熟的金融市场和优越的投资环境，城市能够为追求突破的数字经济提供稳健的资本支持。风险投资的活跃注入、政府引导基金的策略投放，以及多元化的金融工具和灵活的机制构建，共同为创新型企业和项目注入了生命力。这些金融活动不仅降低了创新门槛，激发了社会各界对于科技创新和创业活动的热情，也为承担创新过程中的风险提供了坚实保障。

在数字经济的蓬勃发展过程中，城市金融市场的成熟度和投资环境的优越性成为关键支撑因素。具体而言，成熟的金融市场能够通过提供多样化的金融产品和服务，满足数字经济多层次、多方面的资本需求。这一点在风险投资的活跃参与中表现得尤为明显。风险投资作为一种高风险、高收益的投资方式，为初创企业和创新项目提供了成长的"营养土壤"，使其在缺乏抵押和信用记录的情况下也能获得资金支持，从而克服了传统金融机构在信贷审查上的限制。同时，政府引导基金作为公共财政手段之一，通过与私人资本合作的方式，引导和放大社会资本对创新型企业的投入。这种模式不仅可以降低私人投资者的风险感知，还能通过撬动更多的社会资本参与，形成合力，共同推进科技创新和产业升级。此外，这些金融工具和机制还能有效降低市场交易成本，提高资源配置效率，促进知识产权和技术成果转化。通过优化投资结构，增强金融市场对创新活动的包容性和适应性，城市能够为数字经济的健康发展营造一个良好的外部环境。

总体来说，成熟的城市金融市场和投资环境不仅为数字经济提供了稳定的资本来源，还通过风险分散机制减轻了单一投资者的风险负担，增强了社会对于创新和创业活动的整体承受能力和支持度。这种金融支持与风险管理相结合的模式，是推动数字经济持续健康发展的重要保障。

（4）政策环境优化

政策环境的优化是推动城市创新能力和数字经济发展的关键力量。城市创新能力的提升，不仅需要科技进步和人才支撑，更离不开政府在政策制定、市场监管、基础设施建设等方面的引导和优化。优质的政策环境能够为创新主体提供稳定的预期、清晰的方向和充足的资源，从而激发企业创新活力，加速科技成果转化，推动数字技术在各行各业的广泛应用。这一过程中，城市经济结构得以优化，产业升级加速，数字经济才能成为推动经济增长的新引擎。具体表现在以下几个方面。

第一，创新驱动发展战略的实施。政策环境的优化通过制定和实施创新驱动发展战略，为科技研发提供政策导向和资金支持，促进产学研用相结合，形成创新链条。这种模式下，政府的角色更多地体现在搭建平台、提供资源、制定标准和规范，以及创造公平竞争的市场环境，从而推动城市创新系统的高效运转和技术创新的快速迭代。

第二，数字基础设施的完善。数字基础设施是数字经济发展的物质基础。政策环境的优化应当包括对高速宽带网络、数据中心、智能传感器等关键数字基础设施的投资和建设。这些基础设施的完善能够有效降低信息传输成本，提高数据处理能力，为大数据分析、云计算服务等数字经济形态提供强有力的支持。

第三，人才培养和引进机制。如前文所述，人才是推动城市创新和数字经济发展的首要资源。优化政策环境应当包括制订多元化人才培养计划和人才引进策略，旨在通过高等教育体系、职业培训项目和国际人才交流合作，构建与数字经济发展相适应的人才培养和引进体系，确保城市创新活动和数字经济发展的人才需求得到满足。

第四，营商环境的改善。优化政策环境还应着力于改善营商环境，通过简化行政审批流程、降低企业运营成本、优化税收政策等措施，增强市场主体活力。优良的营商环境能够吸引更多投资者投入到数字经济领域，促进经济结构的优化升级。

第五，法律法规的完善。随着数字经济的发展，新兴业态和模式不断涌现，传统法律法规可能不再适应新的经济形态和交易方式。因此，优化政策环境还需包括对法律法规体系的持续审视和更新，确保其能够及时响应技术变革带来的挑战，保护知识产权、个人隐私，同时维护市场秩序和公平竞争。

3.2　数字经济与城市经济协调发展

毋庸置疑，数字经济已经成为当代城市经济发展的重要驱动力量。它通过深化信息技术的集成应用、推动产业转型升级，以及优化经济结构，显著提升了城市经济的协调发展能力。面对全球经济一体化和信息化时代的挑战与机遇，如何利用数字经济的动能，促进城市经济的内在协同与外在联动，实现经济效率与社会公平的双赢，成为城市发展战略规划中不可忽视的重点议题。构筑一个互联互通、智慧高效的数字经济体系，对于提升城市综合竞争力、推动高质量发展具有至关重要的作用。

3.2.1 数字经济发展提升城市经济协调发展能力

随着互联网、大数据、人工智能等信息技术的飞速发展，数字经济正深刻地影响着传统产业的转型升级，促进着生产方式和经济结构的根本性变革。特别是对于城市经济而言，数字经济不仅提升了产业智能化水平，还在优化资源配置、激发创新活力、推动公共服务改革等方面展现出巨大潜力。在我国，面对区域发展不协调和城乡发展不均衡的挑战，数字经济的蓬勃发展为缩小地区差距、实现协调发展提供了新的思路和手段。通过深入分析数字经济如何作用于城市经济的各个维度，可以更好地把握这一时代趋势，进而制定出更为精准有效的政策措施，促进城市经济全面而协调的发展。

（1）促进区域经济协调发展

我国区域经济发展不协调、不平衡的现象长期存在，是学界关注的区域经济发展核心问题之一，主要表现在东部与中西部的发展差距上。东部地区凭借其得天独厚的地理优势、较早的改革开放起步及紧密的国际交流，积累了雄厚的经济发展基础和较为完善的产业体系，形成了较高的资源配置效率和经济发展水平。东部地区拥有集聚效应显著的先进制造业和服务业，吸引了大量的国内外资本、技术和人才，成为我国经济最为活跃和开放的地区之一。相较之下，中西部地区虽然自然资源丰富，但由于历史上工业化和城市化水平相对滞后，加之基础设施建设、产业结构升级和人力资本积累等方面的短板更为突出，其在整体经济实力上与东部地区存在明显差距。虽然近年来中西部地区通过实施西部大开发战略等一系列政策措施，经济增长速度较快，但由于起点较低，总量上仍难以与东部地区相抗衡。另外，东北地区作为我国老工业基地，曾是国家工业和农业生产的重要基地。然而，随着市场经济的深入发展和全球产业结构的调整，东北地区的传统优势产业面临转型升级的压力。加之体制机制障碍、创新能力不足、产业结构单一等问题，该地区在经济总量和增长速度上均呈现出滞后态势。特别是与东部地区相比，其经济发展差距不仅未能有效缩小，反而呈现出扩大趋势。

数字经济的兴起，凭借其天然的地理无关性，为缩小区域发展差距开辟了新路径。这种经济形态能够有效克服传统基础设施条件的限制，特别是为中西部和东北地区这些历史上因交通地理条件受限的区域，提供了一种创新的发展契机，有利于促进我国区域经济的协调发展。具体来说，在电子商务领域，线上市场平台的建设使得中西部和东北地区的本土产品能够直接进入全国乃至全球市场，实现了商品流通的时空跨越。这不仅有效提升了这些地区产品的市场竞争力和品牌影响力，还促进了当地产业链的延伸和经济结构的转型升级。远程教育方面，数字技术的应用极大地补偿了教育资源分布的不均衡性。通过网络教学平台和在线课程资源，优质教育资源得以跨越物理距离，惠及更广泛的地区。这不仅提升了边远地区的教育品质，也有助于整体社会人力资本水平的提升。在远程医疗服务领域，数字经济推动了医疗信息化系统的构建和完善。远程医疗咨询和在线诊疗服务，有效缩小了城乡、区域间医疗服务水平的差距，提高了基层医疗服务能力，并对提升公共卫生水平产生了积极影响。因此，数字经济通过促进信息流动和资源共享，为传统发展较慢的地区提供了跨越发展障碍的新途径。这不仅加快了中西部和东北地区社会经济的现代化步伐，也为实现我国区域经济协调发展的宏伟目标奠定了坚实的基础。

（2）带动城乡均衡发展

我国城乡发展不均衡是指由于城乡"二元"结构带来的城乡经济发展失衡，主要体现在公共基础设施建设、知识和信息的获取、物质条件禀赋及精神文明建设等方面存在较大差异（任保平 等，2018）。在探讨城乡发展不均衡问题时，必须认识到由于长期形成的"二元"结构，城乡之间在公共基础设施建设、知识信息获取、物质条件及精神文明建设等方面存在显著差异。首先，城市地区因经济发展水平较高，公共基础设施如交通网络、供水供电系统及医疗教育资源相对完善，而农村地区在这些基础服务的可得性和质量上则大为逊色。其次，信息获取能力的差距也不容忽视，城市居民因接触到现代化的信息传播手段而拥有更广泛的知识获取渠道，相比之下，农村地区在信息基础设施和教育资源方面的短缺，严重制约了当地居民的知识普及和教育水平提升。再次，在物质生活条件方面，城市居民普遍享受较高的收入和更优质的生活服务，而农村居民则面临选择有限和条件较差的局面。最后，在精神文明建设层面，城市因其文化多元性和开放性而在精神文明建设上呈现出更为多样和先进的特点，与之形成鲜明对比的是，农村地区在这一领域的发展则显得相对滞后。因此，为了缩小城乡发展差距，必须系统性地解决上述结构性问题，通过综合性策略促进城乡一体化进程。

数字经济不仅为农村地区带来了新的发展机遇，而且通过提升农村地区的信息化水平、改变传统产业结构、优化公共资源配置、激发创新创业活力及推动城乡融合发展等多重路径，成为缩小城乡发展差距、实现社会均衡发展的关键力量。首先，数字经济推动了信息通信技术在农村地区的广泛应用，极大提升了农村的信息化水平，缩小了城乡数字鸿沟。这一进程通过优化网络基础设施，使得农村居民能够更快捷地接入互联网，获取各类信息资源，提高了其知识水平和技术能力，为农村经济的多元化发展奠定了基础。其次，数字技术的融入使得传统农业向智慧农业转变成为可能，通过精准农业管理、大数据分析等现代技术手段，提升了农业生产的效率和质量。数字平台，如电子商务进一步拓宽了农产品的市场渠道，改善了农产品的销售模式，不仅增加了农民的直接收入，还促进了农村地区产业结构的升级和经济模式的转型。再次，数字经济还在提升农村公共服务方面发挥了重要作用。通过信息化手段，教育资源和医疗资源得以跨越地理限制，实现了向农村地区的延伸。远程教育让农村学生能够接受更优质的教育资源，远程医疗让农村居民能够享受到城市医院的专业服务。这些改善不仅提高了农村居民的生活质量，也有助于缩小城乡在教育和健康服务方面的差距。最后，数字经济还促进了社会治理和文化服务的创新。通过将智慧城市建设项目延伸至农村地区，可以提高农村地区的治理效率和居民参与度，推动乡村治理体系和治理能力现代化。同时，数字文化平台也为农村居民提供了更加丰富多彩的文化生活方式，促进了农村精神文明建设。因此，数字经济在促进城乡均衡发展中发挥着不可或缺的作用，它通过整合资源、优化配置和提高效率，有助于缩小城乡差距，有力推动了城市与乡村的协调均衡发展。

（3）推动产业转型升级

中国城市经济的快速发展及其产业结构的逐步优化，标志着国家现代化进程中的重要进展。然而，在这一过程中亦显现出一些需引起关注的问题。首先，区域发展不均衡问题十分显著，它主要体现在地域差异、省际差异及城乡差异这三个维度上。具体来说，某些地区的产业集中度过高，造成了对单一产业的过度依赖，这可能导致当该产业遭遇不利情况时，整个地区经济的稳定性受到威胁。其次，产业升级缓慢也是一个不容忽视的问题。在某些城市，传统产业尤其是制造业面临的挑战较大，由于生产模式和技术相对落后，产业升级步伐不及预期。最后，产业结构单一化亦是一个问题。在一些大都市区，消费型服务业与制造业之间存在不平衡，这种结构性偏斜可能会对城市的长期发展和经济结构转型产生阻碍。也就是说，中国城市经济发展面临着区域不均衡、产业升级缓慢及产业结构单一等挑战，需要尽可能地缩小收入差距，加速城乡地区生产要素流动，推动区域间产业协同，配合财政转移支付政策，实现区域经济发展差距的逐步收敛。

数字经济作为一种新型的经济形态，通过信息技术和网络技术的融合应用，显著改变了传统的产业结构和经济增长模式。在推动城市产业结构升级和提升城市经济协调发展能力方面，数字经济发挥着重要作用。第一，从产业结构升级的角度来看，数字经济通过促进信息化与工业化深度融合，引发了产业链的重构。一方面，它加速了传统行业的数字化转型，提高了产业效率和产品附加值；另一方面，它催生了大量新兴产业，如云计算、大数据、人工智能等，这些产业在推动经济增长的同时，也优化了产业结构，增强了产业的创新性和竞争力。第二，在提升城市经济协调发展能力方面，数字经济通过构建一个全新的数字化生态系统，促进了城市内部不同产业间的互联互通和资源共享。例如，智慧城市建设中的智能交通、智能医疗等应用，提高了城市管理效率和居民生活质量。同时，数字经济还有助于缩小城市间发展差距，通过电子商务等模式促进了偏远地区与外部市场的对接，推动了地区经济的均衡发展。第三，数字经济也为城市可持续发展提供了可能。它通过优化资源配置、减少能源消耗、降低环境污染等方式，支持了绿色发展理念。这不仅有助于提高城市整体的经济效率，而且有助于实现经济发展与环境保护的双赢。

（4）提升城市资源配置效率

资源配置效率在经济学领域被广泛认为是影响经济高质量发展的关键因素。这一观点得到了经济学理论的长期研究和实证分析的支持。有效的资源配置意味着在生产和分配过程中，能够将有限的资源，如劳动力、资本、技术和土地等以最合理的方式组合，从而产出最大化的经济回报。优化资源配置能够提升资源的利用效率，这不仅可以从现有的生产要素中挖掘出更高的效益，还能通过改善资源组合和提高资源的流动性，增强经济体对外部冲击的适应能力和缓冲能力。数字经济通过其内在的信息化特征和外延的技术应用，在降低信息不对称性、加快市场反应速度、降低交易成本、提升资源利用率、激发创新驱动效应及提高政策环境适应性等多个方面显著提高了城市资源配置效率。

在数字经济的背景下，信息资源的广泛共享显著降低了市场主体间的信息不对称性，缓解了传统经济学中所强调的市场失灵问题。数字技术，如大数据分析、云计算的应用，实现了信息的实时收集、处理与传递，极大提升了市场透明度，优化了资源配置的有效性。同时，数字经济通过提高市场信息流通速度，加快了市场对变化的响应，供需双方能够在更短的时间内完成资源匹配，显著减少了搜索成本和交易时间，从而提升了整体经济效率。此外，新制度经济学认为交易成本是影响资源配置效率的核心因素。数字经济环境下，线上交易平台和电子支付系统等技术手段有效降低了沟通、协调和执行过程中的成本，进而提高了资源配置效率。数字经济还促进了资源利用的精细化管理，物联网技术在城市基础设施的智能监控和管理中的应用，优化了能源分配和使用，减少了资源浪费。数字经济的创新驱动效应也不容忽视。它激发了创新活动，催生了新业态、新模式。创新不仅仅体现在技术进步上，更重要的是它改变了资源配置的方式，促进了资源向更高效率、更高附加值领域的流动。在政策环境适应性方面，政府需制定与数字经济相适应的政策，促进数字技术与传统行业的深度融合。通过政策引导与监管创新，为资源配置效率提升提供制度上的保障。总之，数字经济不仅改善了资源配置的效率，也为城市经济实现高质量发展带来了全方位的正面影响。

3.2.2　城市经济协调发展推动数字经济发展

数字经济的快速发展为城市经济注入了新动能，其在促进区域经济一体化、缩小城乡发展差距、推动产业结构的高级化及提高资源配置效率等方面的作用尤为显著。反过来，城市经济的协调发展为数字经济提供了坚实的基础。例如，完善的城市基础设施建设为数字经济的运行提供了必要的物理空间和技术支撑；政策层面的支持为数字经济企业提供了良好的营商环境和市场准入便利；城市经济发展所形成的多元化生态系统为数字经济创新提供了丰富的营养土壤；城市品牌的影响力和辐射效应也为数字经济产品和服务提供了更广阔的市场空间。因此，城市经济协调发展与数字经济成长之间形成了相互促进、共同提升的良性循环。

（1）基础设施建设

党的十八大以来，我国高度重视数字经济的发展，将其上升为国家战略。2022年，国务院发布了《"十四五"数字经济发展规划》，为推动数字经济发展注入了强劲动力。党的二十大进一步对加快建设数字中国做出了重要部署,全面推动我国数字经济发展。在数字基础设施方面,统筹谋划新型基础设施建设布局,推动高速泛在、天地一体、云网融合、智能敏捷、绿色低碳、安全可控的智能化综合性数字基础设施建设。2022 年,国务院发布的《关于数字经济发展情况的报告》显示,2012—2021 年,我国在信息基础设施建设方面实现快速发展和显著进步。光缆线路长度显著增加,从1479 万千米增长至 5481 万千米,表明了中国在扩展固定宽带网络覆盖范围和提升网络传输能力方面做出了巨大努力。这一扩张不仅增强了国内数据通信的基础能力,也为数字经济的发展提供了必要的物理支撑。同时,5G 基站的大规模建设和开通,达到 196.8 万个,显示出中国在推动新一代移动通信技术商用化方面的领先地位。5G 技术的广泛部署,将为高速、大容量的数据传输提供保障,这对于物联网、工业互联网、远程医疗等领域将是一次革命性的推进。它不仅能够显著提升用户体验,还将推动智慧城市、自动驾驶等创新业务模式的发展。网络基础设施向 IPv6 的演进升级,以及 IPv6 活跃用户数达到 6.97 亿,标志着中国在全球互联网协议(IP)地址资源的转型升级上取得了实质性进展。总体来说,中国在过去 10 年中,在信息基础设施建设方面取得了飞跃性的成就,这些成就为数字经济的快速发展提供了坚实基础,并将进一步促进社会经济形态向数字化、网络化、智能化转型。

在城市经济协调发展的宏观战略中,将信息基础设施建设作为优先发展的重点领域,是促进数字经济快速增长的重要策略。在国家的整体布局下,各城市反应积极,展现出了系统性的战略规划与执行能力,不断加快数字基础设施建设,取得了跨越式发展。完备的基础设施是数字经济蓬勃发展的物理支撑,特别是信息基础设施的完善对于数字经济具有至关重要的影响。在城市经济协调发展的战略规划中,对于高速宽带网络、数据中心、云计算平台等关键信息基础设施的系统投资,不仅极大提升了数据处理与传输的效率,降低了企业的运营成本,同时也为大数据分析、互联网金融、电子商务等数字经济的核心领域提供了坚实的技术基础。此外,智能化基础设施,如智能交通系统(ITS)、智慧城市管理平台的构建,加速了信息资源整合与新型服务模式创新,这些都为数字经济深层次发展提供了可靠保障。

总之,城市基础设施建设为数字经济提供了不可或缺的物理空间与技术基础,其中数据中心、宽带网络和云计算平台等关键设施不仅构成了数据存储与处理的物理载体,也是信息高速流通与安全保障的技术保障。这些设施的高效整合与运作，进一步促进了城市管理智能化水平的提升，为数字经济的创新发展提供了动能，同时也吸引了相关企业和人才的集聚，形成了新的经济增长点。在数字化转型的大背景下，城市基础设施建设不仅满足了数字经济运行的物理和技术需求，也是实现城市可持续发展战略、推动经济结构优化升级的关键因素。

（2）政策环境优化

政策环境的优化不仅是数字经济蓬勃发展的外部保障，也是城市转型升级的内在要求。政策环境通过激发创新活力、提供资金支持、完善法律法规等途径，为数字经济的健康发展提供动力，相关政策措施在具体实施过程中对数字技术革新和产业发展所产生的深远影响，不仅推动了新一代信息技术与传统产业的深度融合，还加速了数字经济模式在更广泛领域的应用，进一步推动了城市经济向高质量发展阶段迈进。

在城市经济协调发展的背景下，政策环境的优化成为推进数字经济发展的关键外部条件。地方政府通过制定与实施一系列政策措施，如税收优惠政策、资金支持计划及法律法规的完善与创新，来构建有利于数字技术创新和产业发展的环境。税收优惠政策能够直接减轻数字企业的财务负担，激发市场活力和创新动力；而资金支持计划则通过提供必要的财政支援，降低了数字基础设施建设和运营的经济门槛，加速了技术研发和应用推广的进程。此外，完善的法律法规体系为数字经济的健康运行提供了规范和保障，确保了知识产权的保护、数据安全的管理及交易行为的公平性，从而营造了一个稳定透明的商业环境。这些政策环境的优化举措，在宏观和微观层面上共同作用，不仅提升了城市数字经济整体的竞争力，也为企业提供了丰富的创新资源和广阔的市场空间。

可见，政策环境的优化是推动数字经济发展的重要因素。政府通过制定相关政策，以构建有利的制度环境，为数字经济的发展提供良好的环境和条件。2022年，国务院印发的《"十四五"数字经济发展规划》是我国数字经济发展的重要政策。该规划强调，数字经济是新一轮科技革命和产业变革的重要引擎和领先领域，是我国抓住新一轮科技革命和产业变革新机遇的战略选择。该规划提出，坚持创新引领、融合发展，以数字化发展为导向，充分发挥我国海量数据、广阔市场空间和丰富应用场景的优势，充分释放数据要素价值，激活数据要素潜能，推动数据技术产品、应用范式、商业模式和体制机制协同创新，健全协同监管规则制度，强化反垄断和防止资本无序扩张，推动平台经济规范健康持续发展。为落实国家政策，推动地方数字经济发展，各城市也纷纷出台了自己的数字经济发展规划。例如，浙江省杭州市发布了《杭州市数字经济发展"十四五"规划》，贵州省发布了《31 省市数字经济"十四五"规划路线图》，每个省市的具体规划都体现了各地对于数字经济发展的高度重视。通过对政策环境的深度优化，能够为我国数字经济的蓬勃发展提供坚实的支撑，不仅能够为企业营造一个更加稳定、公平的发展生态，而且能够有效地激发社会各界的创新活力，从而为数字经济注入源源不断的动力。在城市经济协调发展的大背景下，政策环境的优化与城市经济的协同增长相结合，通过推动数字基础设施建设、优化数字服务体系、加强数字人才培养等措施，进一步深化数字经济与城市经济的融合，推进城市经济结构的优化升级，最终实现全面数字化转型与长远发展目标。

（3）多元化生态系统

城市经济高质量发展进程中形成的多元化生态系统不仅在物质资源上为数字经济提供了支持，同时在知识、技术、政策、社会资本及文化层面上，也为数字经济创新提供了丰富而有力的营养土壤。

第一，经济多元化与创新能力的正相关性。经济学理论表明，经济体的多元化程度与其创新能力之间存在正相关关系。城市作为经济活动的集聚地，其产业结构越是多元，越能促进知识的交叉融合和技术的迭代创新，从而为数字经济提供更广阔的发展空间和更多样化的创新机会。

第二，城市集聚效应与资源配置效率。根据城市经济学的集聚效应理论，城市能够通过集聚人才、资本、信息等资源，提高资源配置的效率和效益。这种集聚效应不仅能够降低交易成本，还能够通过规模经济和范围经济促进产业的协同发展，为数字经济的创新活动提供了良好的外部环境。

第三，社会资本与创新网络。社会资本理论强调了信任、规范和网络等社会关系对经济行为的影响。在城市经济体中，企业、研究机构和政府之间形成的稳定而高效的创新网络，可以促进知识共享和协作研发，加速数字技术的传播和应用，从而推动数字经济的快速发展。

第四，政策环境对创新活动的激励作用。根据制度经济学的观点，完善的法律法规和政策环境是创新活动得以顺利进行的基础。城市政府通过出台一系列支持数字经济发展的政策措施，如知识产权保护、税收优惠、金融支持等，可以有效激励企业和个人进行数字技术的研发和商业化运用。

第五，城市文化多样性与创意产生。文化多样性是城市特有的社会特征之一。根据创意产业理论，文化多样性能够激发个人和组织的创意思维，促进新观念和新模式的产生。在此背景下，数字经济领域内部分基于内容和文化创意的产业，如数字媒体、在线娱乐等，能够在这样的生态环境中获得更为丰富的发展资源和更大的市场潜力。

总之，城市经济的多元化生态系统通过促进产业结构多样化、增强集聚效应、丰富社会资本和优化政策环境，为数字经济的创新提供了坚实基础。这种生态系统不仅集聚了人才、资本和信息，降低了交易成本，还通过构建高效的创新网络和提供制度支持，加速了知识的交流与技术的演进，从而为数字经济的发展注入了活力。

（4）城市品牌效应

城市品牌作为一种综合性的软实力，不仅能够提升城市的整体形象，还能在促进城市经济协调发展中扮演重要角色。尤其是在数字经济时代，城市品牌的影响力和辐射效应对于数字产品和服务市场的拓展具有不可忽视的作用。一是城市品牌与经济整合。强有力的城市品牌可以促进城市内部不同经济部门之间的整合，通过提升整个城市的形象，增强各产业之间的联动效应。这种整合有利于形成统一的市场策略，为数字经济产品和服务创造出一致的市场推广环境，提高整体市场效率。二是城市品牌与区域协同。城市品牌的辐射效应能够超越城市本身，影响周边地区，通过区域协同推动更广阔地域范围内的经济活动。这种辐射作用不仅扩大了数字经济产品和服务的市场规模，还可以促进区域内资源的优化配置和产业的互补发展。三是城市品牌与创新生态构建。一个有影响力的城市品牌往往代表着强大的创新能力和先进的产业结构。这样的城市能够吸引高技术企业和人才，形成以创新为核心的产业生态系统，为数字经济产品和服务提供创新的理念、技术和人才支持。四是城市品牌与政策导向。城市品牌建设与政策制定密切相关，一个清晰的政策导向可以加强城市品牌建设，反过来，一个强势的城市品牌也能够吸引政府制定更为有利于数字经济发展的政策。这种政策环境对于数字经济产品和服务的市场拓展至关重要。

另外，城市品牌影响力和辐射效应不仅可以分别推动数字经济的发展，同时它们还可以相互影响，共同促进城市的数字经济发展。城市品牌的影响力将吸引更多的资源和人才汇集到城市，形成数字经济的发展高地，进一步提升城市的辐射效应，从而形成一个良性的发展循环，推动城市数字经济的持续发展。总之，城市品牌不仅是城市经济协调发展的结果，同时也是推动力量。它通过塑造城市形象、促进区域整合、构建创新生态和引导政策制定等途径，为数字经济产品和服务提供了更广阔的市场空间和更有力的发展动能。

3.2.3　数字经济与城市空间发展双向互动

数字经济作为一种新兴的经济形态，正在通过改变人们的生活和工作方式，促使城市空间结构向更加灵活、多功能和智能化的方向发展。与此同时，城市作为人类文明的聚集地，其空间结构和发展模式也在数字经济的影响下发生着深刻变化。数字经济与城市空间发展之间的双向互动，不仅体现在技术推动城市形态的演进，更表现在城市空间变化对数字经济模式的反作用和塑造。随着数字经济的蓬勃发展，尤其是电子商务和远程工作等形态的普及，城市居民的生活和工作模式经历了根本性的转变。这一转变不仅改变了个体的行为模式，更在宏观层面上重塑了城市空间结构和功能布局。

具体地，首先，在数字经济的推动下，电子商务的便捷性使得传统的零售业态遭遇挑战，线上购物成为主流，导致实体商业空间的功能发生转型。商业区域不再单一地依赖零售业态，而是逐渐向综合服务区域转变，集成了休闲、娱乐、文化等多种功能。这种转型促进了城市空间向更加复合型、多元化的方向发展。其次，远程工作的兴起减少了对传统办公空间的依赖，改变了办公地点的固定性。居民可能不再需要长距离通勤，从而对住宅区域提出了新的要求，即住宅区需要整合更多工作和生活功能。因此，住宅区与商业区之间的界限变得模糊，功能上也趋于一体化。再次，数字经济还促进了城市中心与郊区功能的重新分配。高科技企业和创新型企业往往倾向于在交通便利、环境优越的地区设立办公地点，这使得城市郊区也能吸引人才和投资，带动周边区域经济的发展。最后，从城市规划和管理的角度来看，数字经济对城市空间结构的影响要求政策制定者和规划者重新审视现有的城市发展模式。他们需要考虑如何通过规划来适应数字经济带来的新需求。例如，增加公共空间和绿地以适应居民在家工作时对于休闲和社交的需求，或者是调整交通规划以减少通勤压力并优化能源使用。总之，数字经济与城市空间发展之间存在着密切且复杂的互动关系。这种互动既是挑战也是机遇，它要求在继续享受数字化带来便利的同时，也需对城市空间进行合理规划和灵活调整。

3.3 数字经济与城市绿色高效发展

在经济高质量发展进程中，数字经济与城市经济绿色高效发展的关系日益紧密。例如，智慧城市建设利用物联网、云计算和大数据等技术提升城市管理效率，绿色能源管理通过智能电网实现能源优化配置。数字经济还通过改善交通流量管理减少拥堵和污染，以及利用环境监测技术实时掌握生态变化，进一步保护和改善城市环境。这些创新应用不仅提高了城市运行的智能化水平，推动城市绿色高效发展。同时，城市绿色高效的发展能推动数字经济的发展。绿色高效发展要求在城市规划、建设和管理等各个方面都要注重环境保护和资源节约，实现经济社会发展与环境保护的和谐统一。城市绿色高效发展可以通过构建智慧城市、发展绿色基础设施、提供政策支持、加强数字技能教育和促进产业融合等多种方式，为数字经济提供坚实基础，推动其创新和可持续发展。

3.3.1 数字经济推动城市绿色发展

数字经济通过整合智能化、网络化和数据化的手段，为城市可持续发展注入了创新动力，提供了强大的技术支持。它通过优化信息流和资源配置，显著提高了城市运营的效率和效益，从而推动了城市绿色高效发展的进程。

数字经济在改善城市交通管理系统方面发挥了积极作用，通过智能交通系统的实施，有效缓解了交通拥堵，减少了由此产生的碳排放和环境污染。在数字经济的推动下，城市交通管理系统经历了智能化的重大转型。通过实施智能交通系统，城市管理者能够利用实时数据分析、云计算和物联网技术优化交通流量，实现动态交通调度。这种高级的交通管理不仅显著缓解了城市交通拥堵现象，还通过减少车辆等待和行驶时间，降低了汽车尾气排放，从而减轻了对城市空气质量的负面影响。此外，智能交通系统的应用还提高了能源利用效率，减少了化石燃料的消耗，进一步促进了城市的低碳发展。在这一过程中，数字经济作为催化剂，不仅提升了城市交通系统的整体运行效率，还对推动城市绿色发展目标发挥了重要作用。

同时，数字技术的发展能够提高政府监管能力，促进城市绿色发展。例如，通过利用大数据、云计算和遥感技术，气象机构能够对空气质量、河流水质和生态环境进行即时监控（Hampton et al.，2013；Shin et al.，2015）。这是因为，数字经济的兴起为城市生态环境监测提供了新的技术手段。通过采用高精度传感器、遥感技术及大数据分析等先进技术，实现了对城市环境质量的全方位、多维度、实时监测。这种监测方式能够及时捕捉到空气质量、水质状况、噪音水平及温室气体排放等环境变量的变化，为环境管理部门提供了快速响应和决策的数据支持。进一步地，数字经济推动了环境信息的透明化和公众参与度的提升，使得环境保护工作不再是政府单向的行为，而是社会各界共同参与的过程。通过智能化的数据处理和互联网平台，公众可以实时获取环境信息，提高了社会对环境问题的认识和关注度，促进了公众环保意识的形成和提高。另外，数字经济还为城市环境保护和生态文明建设提供了新的管理工具和方法。例如，通过数据驱动的城市规划，可以优化城市绿地系统布局，提高城市生态系统的服务功能和抵御自然灾害的能力。通过智能化的资源管理，可以提高能源和水资源的利用效率，减少资源浪费。总之，数字经济通过先进的环境监测技术，为城市环境管理提供了精准、高效的手段，不仅增强了城市应对环境问题的能力，也为构建生态文明城市提供了科学依据和技术支撑。

此外，数字经济的发展还促进了产业结构的优化升级，通过高新技术产业的引领，推动了传统产业的绿色转型，为城市可持续发展提供了坚实的产业支撑。数字经济的蓬勃发展，引领了产业结构的战略性重塑和升级。在高新技术产业的驱动下，传统产业被赋予了新的生命力，实现了向绿色、低碳、循环经济的转型。这一转型不仅体现在生产过程和产品本身更加注重环境保护和资源节约，而且还体现在企业经营理念和市场发展策略上的深刻变革。具体而言，数字经济通过推广智能制造、云计算、大数据分析等技术，优化了资源配置，提升了能源利用效率，降低了生产过程中的能耗和排放。同时，数字化转型还促使企业加强研发投入，创新商业模式，推出更多绿色产品和服务，满足市场对可持续商品和服务的增长需求。数字经济加速了新兴产业的成长，如清洁能源、环保技术和绿色金融等领域，这些产业的发展不仅为城市提供了新的经济增长点，也为传统产业提供了转型升级的方向和空间。通过这种跨产业的融合与创新，数字经济为城市可持续发展构建了多元化、高质量的产业支撑体系。

3.3.2 绿色发展需求激发数字技术革新

随着全球气候变化和环境退化问题的日益凸显，绿色发展已经成为国际社会的共识和行动目标。城市作为人类活动的集中地，其可持续发展面临着巨大挑战。在这一背景下，数字技术的创新和应用被寄予厚望，它们不仅有望为城市绿色发展提供强有力的技术支撑，同时也在促进经济结构的转型升级中发挥着至关重要的作用。因此，城市绿色发展的需求正成为推动数字技术创新的重要动力。

（1）提高资源利用效率需要数字技术创新

在城市绿色发展目标下，物联网、大数据分析等前沿数字技术的应用已成为推动城市关键基础设施智能化管理的重要途径。具体地，物联网技术通过部署传感器网络，实现对城市能源流动的实时监测和控制。例如，在智能电网系统中，通过精准数据采集和实时监控，能够有效预测电力需求和供应状况，进而优化电力分配策略，减少输配电环节的能量损耗，提高电网的运行效率和可靠性。同时，智能电网还能促进可再生能源的集成利用，通过调节和平衡各种能源供给，支持绿色低碳发展。在水资源管理方面，智能水务系统利用物联网技术监控水质和水量，以及通过实时数据分析预测水需求模式，从而实现对供水和排水系统的精细化管理。这种系统可以及时发现管网漏损问题，减少非收益水比例，确保水资源的高效利用和可持续供应。大数据分析技术则在整合和挖掘众多环境监测数据方面发挥着关键作用。通过对大规模数据集进行分析，可以揭示城市能源消耗、水资源流动、交通流量等方面的模式和趋势，为城市管理决策提供科学依据，推动资源利用的最优化。

因此，物联网和大数据分析等数字技术的创新应用为城市基础设施的智能化管理提供了可能，这不仅有助于降低资源消耗和环境足迹，而且为城市可持续发展战略的实施奠定了坚实的技术基础。

（2）优化城市管理和提升公共服务质量需要数字技术创新

随着物联网、大数据、云计算和人工智能等前沿技术的不断发展与应用，城市的面貌正在被重新塑造。这些技术的集成应用，不仅极大地提高了城市管理的智能化水平，也显著提升了公共服务的效率和质量。数字技术的创新已成为提高公共服务质量和优化城市管理的关键因素。这一领域的技术创新主要涵盖了智能信息处理、云计算、物联网、大数据分析等方面。

具体地，首先，智能信息处理技术可以实现对城市管理中海量数据的快速处理与响应。例如，利用人工智能算法可以对居民提出的各类服务请求进行自动分类和优先级排序，从而提高政府部门处理公共服务问题的效率和准确性。其次，云计算平台为城市管理提供了强大的数据存储和计算能力。通过云平台，可以实现跨部门、跨地区的数据共享与集成，支持复杂的数据分析应用，为决策提供科学依据，同时也降低了信息技术基础设施的建设和维护成本。再次，物联网技术在城市管理中的应用使得实时监控成为可能。通过在城市关键节点部署传感器，可以实时收集交通流量、空气质量、垃圾桶满溢情况等信息，这些信息经过分析后可用于指导交通调度、环境保护和城市卫生等工作。最后，大数据分析技术能够挖掘和分析城市运行中产生的大量数据，揭示其中的规律和趋势。例如，通过对公共交通使用数据的分析，可以优化公交线路和班次安排，提升公共交通系统的服务质量。总之，数字技术创新为城市管理提供了高效、智能、精准的解决方案，不仅提升了公共服务质量，也推动了城市管理向更加科学化、精细化的方向发展。智能交通系统可通过实时数据分析，有效缓解交通拥堵，减少汽车尾气排放；智慧城市平台集成多种服务功能，提升城市居民生活质量的同时，也有助于环境保护。

（3）推动新型环保产业发展需要数字技术创新

在环境保护的大背景下，新型环保产业的发展成为人们关注的焦点。数字技术的创新，特别是物联网、大数据、云计算和人工智能等技术的融合应用，对于推动新型环保产业的发展具有至关重要的作用。具体地，物联网技术能够通过传感器网络实现对环境污染源的实时监控和跟踪，为环境污染的精准防控提供数据支持。通过物联网设备收集的海量数据，结合大数据分析技术，可以对污染模式进行深入分析，预测环境风险，从而指导环境治理策略的制定和实施。云计算平台为环保产业提供了强大的数据存储、处理和分析能力。通过云平台，环保企业可以实现数据资源的高效管理和计算资源的弹性伸缩，支持复杂的环境模拟和分析应用，提高环保解决方案的开发和部署效率。人工智能技术在新型环保产业中的应用则表现为智能决策支持和自动化控制。利用机器学习和深度学习算法，可以从历史环境数据中学习规律，优化废物处理、能源管理等环保工作流程，提升环保设备的智能化水平和操作效率。因此，数字技术创新为新型环保产业提供了强有力的技术支撑，这不仅助力于环境污染的有效治理，也推动了环保产业向更加智能化、高效化的方向发展。通过这些技术的深入应用，新型环保产业将能够更好地应对环境保护的挑战，实现城市经济绿色发展。

（4）促进绿色经济模式形成需要数字技术创新

绿色经济模式是在经济发展过程中，注重资源高效利用和环境保护，力求实现经济增长与生态环境可持续性的一种经济发展方式。这一模式强调经济系统与生态系统之间的和谐共生，倡导低碳、循环、低污染的生产和消费模式。绿色经济模式的核心目标在于改变传统的"高投入、高消耗、高排放"的经济增长方式，转而追求"减量化、再利用、资源化"的发展路径。在促进绿色经济模式形成的过程中，数字技术创新发挥着关键作用。

首先，通过数字技术创新可以提高资源利用效率。数字技术，尤其是物联网技术，能够对资源消耗进行实时监控和管理。例如，在水资源管理中，通过安装传感器收集用水数据，利用大数据分析技术对用水模式进行分析，可以实现对水资源的精确调配和节约。此外，智能制造系统通过对生产过程的精确控制，能够减少原材料浪费，提升能源和材料的利用率。

其次，通过数字技术创新可以优化能源结构。数字技术可以有效地整合各类能源系统，提升可再生能源的利用比例。例如，通过智能电网技术，可以实现风能、太阳能等可再生能源与传统化石能源的有机结合，确保电网稳定性的同时提高清洁能源的利用效率。此外，数字技术还可以通过预测算法优化能源供应链，减少因供需不匹配造成的能源浪费。

再次，通过数字技术创新可以促进环境友好型行业发展。数字技术在环境友好型行业的应用日益广泛。例如，在建筑行业中，通过建筑信息模型（BIM）技术可以在设计阶段就评估建筑的环境影响，实现绿色建筑设计。在交通领域，智能交通系统通过优化交通流量和路线选择，减少交通拥堵和汽车尾气排放，促进绿色出行。

最后，利用数字技术可以加强环境监管。数字技术在环境监管中的应用极大提升了监管效率和精确性。例如，利用遥感技术和卫星监测可以对大范围区域进行环境质量监测，及时发现并处理污染事件。人工智能算法可以对环境数据进行深度学习，预测潜在的环境风险，为政策制定者提供决策支持。

因此，绿色经济模式的形成离不开数字技术创新，数字技术创新不仅可以优化资源配置、提高能效，还可以支持环境友好型产业发展，并增强环境保护的有效性。

3.3.3　数字经济加速城市经济高效增长

在数字化时代背景下，互联网、大数据与人工智能等先进技术的融合与创新应用，正引领数字经济成为城市经济高效发展的催化剂。这些技术革新不仅颠覆了传统的生产与消费模式，实现了生产流程的自动化与智能化，提升了产品质量与生产效率，同时也极大地丰富了消费市场的多样性与便捷性。在城市管理层面，数字技术的深度整合优化了信息流通机制与资源配置效率，加速了智慧城市建设步伐，从而显著提高了城市运行效率与市民生活质量。

（1）改变传统生产与消费模式

与传统经济发展模式下对能源、资本等要素资源投入的依赖程度较高不同，作为一种新兴的经济范式，数字技术的演进正拓宽企业生产的潜在界限，它通过改变传统经济模式中的规模经济、范围经济及长尾效应的限制，不仅提升了企业的生产效率，而且显著减少了经济增长对资源和环境要素的依赖性（邓荣荣 等，2022）。在生产领域，制造业的数字化转型已经通过集成智能制造系统实现了生产流程的自动化和智能化，这一过程不仅显著提高了生产效率与产品质量，同时也实现了生产成本的有效降低。智能制造系统利用先进的信息通信技术、人工智能算法及机器学习等手段，优化生产调度，实现设备的最优运行状态，从而达到减少物料浪费、提升资源利用率的目的。此外，智能制造还通过精确的数据分析，促进产品设计的迭代升级，提升产品质量与市场竞争力。

在消费端，电子商务平台的发展使得商品和服务的在线交易变得日益普遍，这不仅为消费者带来了更为便捷和个性化的购物体验，还为企业开辟了新的市场空间和销售渠道。电子商务平台通过数据挖掘技术对消费者行为进行分析，能够提供个性化推荐，满足消费者多元化和个性化的需求。同时，这些平台通过网络营销和社交媒体的整合，拓展了企业的品牌影响力，增强了市场渗透力和客户忠诚度。此外，电子商务还通过降低交易成本和时间成本，提高了整个供应链的效率，促进了全球市场的融合与发展。

可以看出，数字化转型在制造业领域通过智能化升级，不仅提高了生产效率和产品质量，同时也降低了生产成本，为企业可持续发展提供了技术支持。在消费端，电子商务平台的兴起不仅改变了消费者的购物习惯，提供了更加个性化的服务，而且为企业拓展了新的市场和销售渠道，增强了企业的市场适应性和竞争力。这些变化共同推动了经济活动的效率提升和范围扩展，促进了城市经济高效发展。

（2）催生新产业和新业态

数字化转型与传统行业的深度融合，孕育了商业模式和产业形态的创新变革，催生了一批新兴产业。这些新兴领域通常以技术驱动为核心，利用互联网、大数据、云计算和人工智能等现代信息技术，重塑了生产、分销和消费等经济活动的全链条。这些产业往往具备低排放和低能耗的特点，不仅促进了对高污染、高耗能行业的优化升级，还加速了战略性新兴产业的快速发展（裴长洪 等，2018；刘鹏程 等，2020），有效推动了地区经济高效发展。

在新产业方面，如智能制造、生物信息技术、新能源技术等领域，不仅推动了科技创新，也为传统产业提供了转型升级的动力和方向。这些产业往往具有高技术含量、高增值潜力，并且更加注重可持续发展，符合绿色低碳的发展趋势。在新业态方面，电子商务、在线教育、远程医疗和共享经济等模式的出现，打破了时间和空间的限制，极大地提升了服务的便捷性和效率。例如，共享经济利用闲置资源，实现了资源的最大化利用；平台经济则通过构建开放的平台生态系统，促进了各类资源的高效对接和流转。

可以看到，电子商务、在线教育、远程医疗等新兴服务模式的出现，不仅极大地拓展了服务的可及性和便捷性，还在很大程度上提高了服务效率和质量。例如，电子商务通过数字化平台将供应链管理和客户关系管理进行有效整合，实现了从生产者到消费者的直接连接，降低了交易成本，提高了交易效率；在线教育利用互联网技术打破了时间和空间的限制，使得优质教育资源得以广泛传播与共享；远程医疗通过高速网络实现了医疗资源的远程诊断和治疗，为偏远地区居民提供了更为便捷的医疗服务。此外，共享经济和平台经济作为新经济形态，在促进资源优化配置和提升经济活动效率方面起到了关键作用。共享经济通过打造基于互联网的共享平台，有效地利用了闲置资源，满足了多样化的消费需求，同时减少了资源浪费；平台经济则通过构建一个多边市场框架，连接了各类市场参与者，降低了信息不对称问题，提升了市场透明度。

（3）加速知识传播和城市创新速度

随着互联网和移动通信技术的快速发展，信息传播的时空壁垒被有效突破。研究报告、学术论文、专利技术等可以通过网络平台实现快速发布和传播，极大地缩短了知识从产生到应用的周期，这对于加速科技成果转化具有重要作用。信息技术促进了跨地域、跨学科、跨行业的协同创新。通过在线协作工具和虚拟实验室，研究人员能够实现远程合作，共同参与科研项目，推动复杂问题的解决和新技术的开发。另外，开放获取（Open Access）运动和各种在线开源平台的兴起，促进了知识的自由流动和普及。这种共享文化降低了获取知识的门槛，为广大研究者提供了平等获取和利用知识资源的机会，有助于推动全球科研水平的整体提升。信息技术通过集成和优化全球知识资源，为新技术的研发提供了强大动力。同时，企业可以利用这些技术进行市场调研、产品设计、生产流程优化等，促进产业结构的优化升级和经济增长模式的转变。

数字经济作为推动城市经济高效发展的重要力量，其核心在于信息技术的创新应用和普及，这一过程中，知识传播的加速与协同创新的促进对城市经济的转型升级具有深远影响。一方面，数字经济通过网络平台、大数据、云计算等信息技术，极大地提高了知识传播的效率。城市中的企业和研究机构能够实时获取全球范围内的最新研究成果、市场动态和技术进展，这种快速的信息流通加速了新技术的应用和新产品的开发，从而推动了产业结构的优化和产业链的升级。另一方面，数字经济促进了全球范围内的协同创新。通过互联网和各种在线协作工具，不同地区、不同领域的研究人员和企业可以跨越时空限制，共同参与到项目研发和问题解决中。这种跨界协作不仅提高了创新效率，还拓宽了创新视野，有助于形成更多元化的创新生态系统。除此之外，知识共享机制的建立，在数字经济背景下尤为显著。开源软件、开放科学等概念的推广，降低了知识获取成本，使得小型企业和个人创业者也能够站在巨人的肩膀上进行创新。这种开放的知识环境为城市经济带来了活力，激发了更多创意和商业模式的产生。

（4）数字技术提高城市管理效率

数字技术的迅猛发展引发了城市管理模式的变革，不仅仅是工具的升级换代，更是城市管理智慧化、精细化的重要推手。通过大数据分析、云计算、物联网等技术的应用，城市管理者能够实现对复杂城市系统的高效监控与调控，从而提高决策的科学性和服务的个性化水平。这种由数字技术驱动的管理效率提升，不仅优化了城市资源配置，降低了运营成本，还极大地提高了市民的生活质量，使得城市成为更加智能、绿色、宜居的空间。

首先，信息流通机制的优化。在数字技术的推动下，城市管理者能够通过高速的数据传输和处理能力，实现实时信息的收集、分析与共享。例如，利用大数据分析技术，城市管理者可以快速地对交通流量、能耗模式、公共安全等多个方面的信息进行实时监控和预测，从而实现对城市运行状态的精准把控。这种信息的即时性和透明性极大地提升了政府决策的响应速度和公共服务的质量。

其次，资源配置效率的提升。数字化技术，如云计算和物联网，为城市资源配置的智能化提供了可能。通过智能化管理系统，城市能够实现对电力、水资源、交通等城市基础设施的优化配置，并及时调整策略以应对突发事件，最大限度地提高资源利用效率，并降低运营成本。

再次，智慧城市建设步伐的加速。数字技术使得各类传感器、监控设备及执行机构得以广泛部署至城市各个角落，形成一个覆盖全城的智能感知网络。结合先进的数据分析平台，这一网络不仅能够实现对城市运行状况的全面感知，还能够提供基于数据驱动的决策支持，从而使得城市管理更加精细化、动态化。

最后，城市运行效率与市民生活质量的显著提升。数字技术在提高城市运行效率的同时，也极大地改善了市民的生活质量。例如，通过智能交通系统减少交通拥堵，通过电子政务平台提供更加便捷的政务服务，以及通过数字医疗系统提高医疗服务质量等。这些改进直接反映在市民的日常生活中，不仅节约了个人时间成本，也提升了居住环境和生活便利性。通过以上分析可以看出，数字技术在城市管理中的深度整合不仅优化了信息流通机制和资源配置效率，而且加速了智慧城市建设步伐，这些都有力地推动了城市运行效率的提高和市民生活质量的增进。

3.3.4　城市经济高效发展助力数字经济升级

随着信息通信技术的成熟与广泛渗透，城市经济与数字经济之间已经形成了一种互促互融的关系。一方面，数字经济作为推进城市经济高效率增长的关键动力，在促进资源优化配置、激发创新活力及提高生产效率等方面发挥着日益凸显的作用。另一方面，城市作为经济活动的密集区域，其发展的高效率不仅使自身成为经济增长的有力推动器，同时也为数字经济的演进提供了重要支撑。城市经济的高效运行，为数字经济提供了坚实的基础设施、多元化的应用场景及广阔的市场空间，从而为数字经济注入持续的创新动力与活力。此外，城市经济在产业结构优化、创新能力提升及服务功能增强方面的不断进步，进一步促进了数字经济的持续升级与深化。具体表现为：

第一，市场需求激励。随着城市经济的高速增长，各行各业尤其是金融、零售、教育和医疗等服务型行业，面临着数字化转型的迫切需求。金融科技的崛起便是一个典型案例，它通过引入创新的技术手段，如区块链、大数据分析等，重塑了传统的银行业务流程，并显著提升了金融服务的普及度和操作效率。同时，城市居民对于服务的个性化和便捷性需求日益增长，这促使企业必须投入更多的数字技术资源以把握市场脉搏。例如，企业通过深度学习和消费者行为分析来提供定制化推荐服务，不仅增强了消费者的购物体验，也提升了企业的市场竞争力。由此可见，城市经济的蓬勃发展为数字化提供了肥沃土壤，而数字技术的深度应用又反过来推动了经济结构的优化和服务质量的提升，形成了一个良性循环的发展模式。

第二，资本集聚与投资扩张。城市经济的繁荣创造了一种优越的融资生态系统，吸引了大量投资者和风险资本的关注，对那些处于起步阶段的数字经济企业尤其重要。这种资本集聚不仅为这些企业提供了必要的启动资金，还极大地缩短了技术研发周期，催生了一系列创新的商业模式。同时，资本的流入也优化了整体的投资环境，为各类创新思维和创业行为提供了肥沃土壤，促进了数字经济领域内创新项目的萌芽和成长。例如，在共享经济和云计算服务领域，众多初创企业得以迅速成长，成为行业新星。这样的环境不仅促进了技术和服务模式的创新，也为城市经济带来了新的增长点，进而推动了城市经济结构的优化和转型升级。

第三，人才集中效应。在高效增长的城市经济中，优质的教育资源成为吸引和培养专业人才的重要因素。这些城市往往拥有一流的大学和研究机构，为数字经济的发展提供了坚实的人才基础。专业人才的集聚不仅直接推动了数字技术的研发和应用，也是数字经济创新发展不可或缺的支撑。同时，多元化的城市环境促使不同领域的专家学者和技术人员在交流中碰撞思想火花，激发跨界合作的无限可能。金融科技、智能制造、生物科技等新兴领域，往往需要跨学科的知识融合与协同创新，而这种多元化人才的交流合作为数字经济的跨界创新提供了丰富土壤。例如，计算机科学家与金融分析师的合作便可能孕育出下一代金融科技解决方案，而数据科学家与医疗专家的联手则可能推动个性化医疗服务的发展。因此，城市经济的高效增长通过优化人才培养和吸引机制，进一步促进了知识共享与创新合作，为数字经济的深入发展注入了活力。这种人才集中效应不仅加速了数字经济内部的技术迭代和模式创新，也为传统产业的数字化转型提供了强大动力和智力支持，从而推动整个城市经济向更加智能、高效、可持续的方向发展。

第四，基础设施的完善升级。随着城市经济的快速增长，基础设施的完善与升级成为支撑数字经济发展的关键因素。特别是新一代通信技术，如5G 的广泛部署，极大地提升了城市的网络通信能力。5G 技术的特点在于高速度和低延迟，这为数字经济的各个领域，如云计算、物联网、远程服务等，提供了强有力的网络支持。更快的数据传输速率和更短的响应时间使得实时数据处理和远程控制成为可能，从而推动了智慧城市和工业 4.0 等概念的实际落地。与此同时，城市经济发展对数据处理能力的需求日益增长，这促进了数据中心建设的快速扩张和技术升级。数据中心作为数字经济的核心基础设施之一，其建设不仅涉及物理空间的扩张，更包括了对能效比、计算能力、存储容量及安全性能等方面的技术提升。高效能的数据中心能够更好地满足大数据分析、云服务、人工智能等方面的需求，为城市经济提供强大的数据支撑。通信网络的升级及数据中心建设的扩张和技术进步，共同构成了数字经济发展的基础支柱。这些基础设施的完善不仅直接加强了城市内部信息流动和处理能力，也为城市与外部世界的连接提供了更加稳定和高效的通道，从而为数字经济的全面发展创造了有利条件。

3.4 数字经济与城市开放水平

城市开放水平直接影响着数字经济的发展空间与深度。反过来，数字经济的兴起和壮大也在不断塑造城市的对外开放格局，两者之间形成了一种相互促进、共生共荣的关系。一方面，城市开放水平的提升，为数字经济的跨境交易、资本流动、人才交流和技术创新提供了肥沃土壤。另一方面，数字经济的发展也要求城市政策更加开放、基础设施更加完善、市场环境更加自由，进一步推动城市向外界敞开大门。在全球化和数字化双重趋势的推动下，城市开放水平与数字经济之间的互动关系日益紧密，它们相辅相成，共同塑造着未来城市的竞争力和可持续发展能力。

3.4.1　数字经济发展提高城市开放水平

随着互联网、大数据、人工智能等数字技术的广泛应用，数字经济正以前所未有的速度和规模拓展，它通过促进信息自由流动、降低交易成本、提升经济效率，为城市带来了新的国际化发展机遇。因此，城市开放水平的提升不仅是数字经济发展的结果，更是其扩张的动力。在这一过程中，城市政策的制定、基础设施的建设、人才战略的实施等方面均需与数字经济的发展相适应，共同推动城市向更高水平的开放迈进。

（1）推动政策环境开放

数字经济的发展要求有一个开放的市场环境，促使城市政府制定更为宽松的市场准入政策、贸易政策和数据政策，以吸引外资和跨国公司的投资。

首先，开放的市场环境能够为数字经济提供充足的"养分"。具体来说，一个宽松的市场准入政策可以降低企业尤其是外资企业和跨国公司进入市场的门槛，从而激发市场活力，增加市场主体多样性，推动产业结构优化升级。例如，放宽对外资在电子商务、云计算等数字经济领域的限制，可以吸引更多的全球资源和先进管理经验，促进本地市场竞争与合作，加速技术创新和知识转移。

其次，贸易政策的开放，则是数字经济融入全球市场的"通行证"。开放的贸易政策意味着降低或取消对跨境电子交易的关税壁垒、简化通关流程、建立国际电子支付系统等，这些措施能够有效降低跨境交易成本，提高交易效率，使得城市成为国际贸易网络中不可或缺的节点。

最后，数据政策的宽松是数字经济发展的"生命线"。数据作为数字经济的原材料，其流动性直接关系到数字经济的活力。因此，城市政府需要通过制定合理的数据管理法规来平衡数据流通与个人隐私保护之间的关系。例如，推行数据分类保护制度，既保障了用户隐私安全，又确保了数据在符合法律法规前提下的自由流动。这样既可以吸引依赖数据驱动的外资和跨国公司投资，又能确保社会公众利益和网络安全。

可见，数字经济的繁荣发展离不开一个开放和包容的市场环境。城市政府通过制定开放的市场准入政策、贸易政策和数据政策，不仅能够吸引外资和跨国公司投资，还能够促进本地企业的竞争力提升和产业创新，从而在全球数字经济版图中占据有利位置。

（2）促进基础设施建设

为了适应数字经济的蓬勃发展，城市必须对其信息通信技术基础设施进行全面升级。这包括但不限于宽带网络的覆盖扩展、数据中心的建设强化、云计算能力的提升及移动互联网服务的优化。这些基础设施的建设和升级，是确保数字信息高效流通、数据处理能力强大及网络服务稳定可靠的关键因素。

一方面，高速宽带网络是数字经济发展的重要支撑，其传输速度和网络覆盖范围直接影响到数字服务的可用性和用户体验。城市通过投资升级光纤网络、推广 5G 应用等措施，可以显著提升网络服务质量，为数字经济活动提供坚实的基础。另一方面，数据中心作为数字经济的核心设施，承担着数据存储、处理和分析的重要任务。城市通过建设高标准的数据中心，不仅能够保障数据的安全和隐私，还能提高数据处理效率，促进大数据、人工智能等技术的应用和发展。此外，云计算作为一种服务模式，能够为企业提供灵活的计算资源，降低信息技术成本，加速新产品和服务的上市速度。城市发展云计算服务，可以吸引更多企业采用先进技术，推动经济创新和转型。

因此，信息通信技术基础设施的建设和升级是城市对外开放程度提升的关键。这不仅有助于吸引外资和跨国公司投资，还能促进国际合作与交流，进一步融入全球数字经济体系，最终提高城市的整体竞争力和影响力。

（3）吸引和培养国际人才

数字经济的迅猛发展对高技能数字人才提出了更高的需求，这一需求的增长反过来又推动了城市政府调整和优化人才引进政策，以期吸引全球优秀人才，为本地数字经济发展提供智力支持和创新动力。

开放的国际人才引进政策可以通过提供优惠的税收政策、便利的签证手续、高质量的生活和工作环境等措施，吸引海外人才到本地工作和生活。这些高技能人才不仅能够直接参与到本地的数字经济活动中，还能够通过其国际视野和经验促进本地企业的国际化进程，增强城市在全球数字经济中的竞争力。与国际教育和研究机构的合作，是城市培养本地数字人才的重要途径。通过建立合作关系，城市不仅可以吸引国际顶尖学术机构的资源和专业知识，还可以通过交流项目、联合研究等方式，提升本地教育机构在数字技术领域的教学和研究水平，为本地学生提供国际化的教育环境，培养符合数字经济需求的高素质人才。

数字经济时代对高技能人才的渴求促使城市政府不断开放和创新人才政

策，通过国际合作拓宽人才培养渠道，建立起一个既能吸引全球人才又能培养本地人才的良性循环体系，为数字经济的可持续发展提供坚实的人力资源保障。

（4）加速产业国际化进程

数字经济的兴起与发展，为传统产业的国际化进程带来了革命性的影响。通过电子商务、云计算、大数据分析等数字技术的应用，本地企业得以突破传统的地理和物理限制，以更低的成本、更高的效率直接进入国际市场。数字经济的发展通过加速产业国际化进程，在多个层面扩大了城市的开放水平。

具体而言，数字技术的普及降低了企业，尤其是中小型企业进入国际市场的边际成本和门槛。电子商务平台等数字化手段使得本地企业能够轻松接入全球市场，促进了产业全球化布局和结构优化。这为城市经济的开放性注入了新动力，促使城市经济与全球经济更紧密的融合。云计算、大数据分析和人工智能等前沿技术的应用，极大提高了企业对国际市场动态的响应速度和决策效率。这些技术提供了有效的信息处理和资源配置能力，使城市商业活动更具敏捷性和竞争力，增强了城市在国际市场中的参与度和影响力。再者，为适应数字经济的发展，城市政策制定者推出了一系列开放型经济政策，旨在吸引全球人才、资本和技术流入。这些政策包括数据治理、知识产权保护、跨境电子商务法规等，不仅提升了城市的法治环境，也增强了城市对外界资源的吸引力。此外，城市之间的互联互通也因数字经济而得到加强。城市通过建立国际合作伙伴关系、参与国际项目、共建跨国创新网络等途径，共享资源、信息和技术，进一步提升了城市的开放程度和国际竞争力。数字经济还促进了城市文化的多元化。通过数字平台的文化交流和传播，城市居民能够接触到更加多元的文化内容，增进了对外界文化的理解和包容性，这也是城市开放水平提升的一个重要方面。总之，数字经济不仅推动了传统产业的转型升级和国际化步伐，而且通过政策创新、国际合作网络的构建及文化交流的促进，有效地拓宽了城市的开放范围和深度。

3.4.2　城市深度开放加速数字经济发展

城市对外开放的广度与深度在很大程度上决定了数字经济的发展。城市开放策略的实施，通过提供广阔的市场前景和多样化的资源配置，为数字经济的扩张奠定了坚实基础。具体而言，开放政策吸引了跨国投资，促进了资本、技术及人才的自由流动，这些都是数字经济发展不可或缺的要素。同时，技术创新作为数字经济发展的核心推动力，其在开放型城市环境中更易于获得充足的研发投入和市场验证机会，加速了产业结构的优化升级。此外，城市深度开放还促进了政策环境与法规体系的完善，为数字经济提供了规范化的运营框架，从而确保了其健康、有序的增长。

（1）城市开放政策加速数字经济发展

城市的开放政策通过吸引跨国投资，以及促进资本、技术和人才的自由流动，构建了一个有利于数字经济快速发展的生态环境。这不仅为数字经济的创新和成长提供了必要的资源，也促进了全球范围内知识和技术的共享与传播，从而加速了数字经济的整体发展。城市的开放政策通过构建稳定、透明且有利于商业的环境，包括实施税收优惠、确保法律保障、加强知识产权保护和提供投资激励措施，来有效吸引了跨国投资。这种投资不仅直接增加了就业机会，还间接提高了国内企业的竞争力与创新能力，同时也对本地供应链产生了积极的影响。进一步地，资本市场的开放为外国投资者和国际金融机构提供了参与的机会，从而为数字经济的多元化项目提供了必要的资金支持。资本的自由流动不仅对高风险、高回报的数字技术创新项目至关重要，而且对于维持和促进健康的创业生态至关重要。此外，开放政策还加速了全球知识和技术的共享，促进了新技术的引入和在本地的应用，从而为数字经济的增长提供了强有力的技术支持。城市通过合作研究、企业间的技术转移及国际交流计划，进一步促进了技术的流动和创新。城市的移民政策在吸引全球数字技术和创业方面的专业人才方面发挥了重要作用。人才的自由流动不仅促进了知识和经验的传播，还提升了本地劳动力的技能水平，并通过国际合作为创新创造了机会。综上所述，城市的开放政策通过吸引跨国投资、促进资本和技术的流动及吸纳国际人才，为数字经济的快速发展提供了坚实的基础和广阔的前景。

（2）城市深度开放的技术创新推动数字经济发展

在深度开放的城市环境中，技术创新由于获得了充足的研发投入和广泛的市场验证机会，加速了产业结构的优化升级，进而为数字经济的发展提供了坚实的基础和动力。这种环境不仅支持了技术的快速发展和迭代，还促进了经济的多元化和可持续发展。

具体表现在 3 个方面：一是研发投入的充足性。在深度开放的城市环境中，研发投入的充足性得到了显著的增强，这主要得益于政府与私人部门对技术创新的重视和投资。例如，政府通过提供财政补贴、税收优惠和研发资金的方式，直接支持了技术研发的各个阶段。此外，政府还通过制定政策激励私人投资进入创新领域，为技术研发提供了更广泛的资金渠道。这种资金的流入不仅加速了新技术的开发，也促进了现有技术的升级和完善。进一步地，开放型城市中跨行业、跨部门甚至跨国界的合作为技术研发提供了多元化的资源和视角，从而丰富了创新过程，增加了研发活动的深度和广度。二是市场验证机会的增加。城市的深度开放为技术创新提供了丰富的市场验证机会。由于这些城市的经济和文化多样性，新技术能够在不同的市场细分和消费群体中得到广泛测试和应用。这种多样性不仅验证了技术的实用性，也为其进一步的改进提供了关键的反馈。深度开放的城市经济活跃性和技术敏感性使得新技术能够快速地得到市场的响应，形成快速的反馈循环。这种迅速的市场反馈对于技术创新至关重要，它不仅帮助企业及时调整和优化其产品，还有助于识别市场的新需求和趋势，从而为持续的创新活动提供方向。三是产业结构的优化升级。技术创新在深度开放城市环境中加速了产业结构的优化升级。这些城市通常成为高新技术产业的集聚中心，技术创新在这里不断推动相关产业的发展和升级。新技术的应用和普及促进了经济结构向更高附加值和知识密集型方向的转变。此外，技术创新还通过产业链的延伸和相关服务业的发展，增强了城市经济的整体活力和竞争力。随着技术不断进步，旧有产业得到改造和提升，新兴产业得到培育和发展，从而形成了更加健康、多元化的产业生态，有利于经济的长期可持续发展。

（3）完善的法律法规规范数字经济发展

城市的深度开放促进了政策环境和法规体系的不断完善，这为数字经济提供了规范化的运营框架。这样的框架不仅保证了数字经济的健康、有序增长，还为企业提供了稳定的发展环境，为消费者保障了权益，从而促进了整个数字经济生态的可持续发展。

在城市深度开放的背景下，政策环境的完善与法规体系的健全对于数字经济的规范化运营和健康增长具有决定性影响。政策环境的完善体现在制度创新和政策透明度的提升。具有较高开放水平的城市通常在政策制定上展现出更高的灵活性和创新性，以适应数字经济的快速变化。这包括为新兴技术和商业模式制定监管框架、确保企业经营的法律指导及优化市场准入策略。同时，提高政策的透明度和预见性，降低企业运营风险，并通过公私合作机制共同制定和完善政策，确保政策的有效性与市场需求相符合。进一步而言，法规体系的完善对数字经济同样至关重要。随着数字经济的发展，尤其在数据保护、消费者权益和知识产权等方面，城市需要不断更新和完善其法律体系，以适应新兴技术和商业模式所带来的挑战。此外，考虑到全球化的背景，城市在完善法规体系时还需考虑国际法律的兼容性和协调性，特别是在数据流动和网络安全等方面。法规的有效实施同样至关重要，因此开放型城市需要建立健全的执法机制和确保司法独立性，以保障法律的严格执行和公正裁决。

3.5　数字经济与城市普惠共享

普惠共享要求在城市发展过程中，各种资源和福利能够公平地被社会各个群体所共享。数字经济的兴起不仅重塑了商业模式，创新了服务方式，还对城市的社会结构和经济布局产生了深远的影响。城市作为人口密集和经济活动集中的地区，面临着将数字经济的成果实现普惠共享的挑战。这种挑战不仅涉及技术的普及，还包括如何通过数字化手段提升城市管理的效率和公平性，以及如何确保所有市民都能从数字化红利中获益。值得关注的是，数字经济发展与城市的普惠共享相互作用，可以通过普及高质量的数字基础设施、提升数字技能教育水平、创新服务模式和建立有效的政策支持等方式，提高城市内部的经济和社会包容性。

3.5.1　数字服务普惠化

数字服务普惠化即通过数字技术手段，使公共服务和商业服务的覆盖面更广、使用更便捷，从而使全社会更多阶层都能获得高质量、高效率的公共和商业服务，享受数字化红利。这需要政府推动公共服务数字化、企业推动商业服务数字化，同时缩小不同社会群体之间的数字鸿沟，增加弱势群体获得数字服务的机会。数字服务普惠化的终极目标是实现服务的平等化，使所有民众都能通过数字手段提升生活质量与效率。随着互联网、移动通信和大数据技术的飞速发展，数字服务不仅极大地丰富了我们的生活，还在重塑着经济结构和社会生态。显然，数字服务的普惠化已成为连接技术创新与社会进步的关键桥梁。然而，如何确保这些数字服务能够普及每一个社会成员，无论他们的地理位置、经济状况或社会背景如何，是一个巨大的挑战。数字服务的普惠化关乎于技术的广泛接受度，更是实现社会全面发展和减少不平等的关键。可以通过政策法规保障、基础设施建设促进、数字技能教育强化、技术创新提升等方面共同推动构建一个更加包容和普惠的数字化城市。

（1）政策法规保障数字服务普惠化的平等性

在当下的数字时代，政府面临着构建数字环境的重要挑战。这个环境不仅要促进技术的创新和发展，还要确保这些技术的成果能够普惠全体民众，特别是最边缘化和弱势的群体。为此，政府需要采取一系列有力的政策和法规措施，以支持数字普惠，并确保新兴技术，如人工智能和物联网的发展是负责任和以人为本的。这些措施不仅对于促进数字技术的健康发展至关重要，而且对于确保技术进步与社会福祉的同步提升也发挥着不可或缺的作用。

首先，政府通过制定的开放数据政策促进了信息的透明度和可访问性。这种政策要求政府机构公开其持有的数据，使其能够被公众、研究人员和企业自由使用。开放数据的实践不仅增强了政府的透明度和问责制，还为创新提供了基础，因为这些数据可以被用来发展新的服务和应用。

其次，政府在支持新兴技术，如人工智能和物联网的发展方面也扮演着重要角色。许多城市的政府通过提供资金支持、激励研发和减税等措施来鼓励技术的研究和商业化。此外，政府还通过建立合作伙伴关系，将这些技术应用于公共服务的改善，从而提高效率和质量。例如，人工智能用于改善城市交通系统，而物联网技术可以用于智能城市基础设施，从而提升城市管理的智能化水平。

最后，相关数字技术的发展和应用坚持以人为本原则，起到了维护公共利益的重要作用。政府制定相关的伦理指导原则和监管框架，确保技术的应用没有侵犯个人隐私，也没有导致数据滥用，同时考虑到技术对社会的广泛影响，如就业和社会公正。政府相关政策在促进技术创新的同时，确保这些创新服务于公众利益，特别保护了那些可能受到数字化负面影响的脆弱群体。

总之，通过这些政策的实施，政府不仅为数字创新创造一个健康的发展环境，还确保技术的发展成果惠及所有市民，包括最边缘化和弱势的群体。这样的政策框架有助于构建一个既充满活力又具包容性的数字社会，其中技术的进步与社会福祉的提升相辅相成。

（2）基础设施建设促进数字服务普惠化的包容性

随着数字化转型的加速，城市政府面临着确保所有市民均能平等获得数字服务的挑战。这一挑战的核心在于如何有效地构建和升级基础网络设施，以促进数字普惠。基础设施建设，特别是网络基础设施的发展，是实现这一目标的关键。基础设施建设不仅关乎物理连接的普及，更关乎促进社会包容性和经济机会的均等化。

在国家积极倡导推动数字经济发展的背景下，各城市大力投入数字基础设施建设，取得了积极进展和成效，从多方面支撑数字服务普及化。具体表现在以下方面：一是信息通信基础设施建设。城市宽带网络、光纤到户、5G等新一代信息基础设施的广泛部署，极大丰富了网络接入容量，为各类数字应用提供了高速、低延迟、大带宽的通信技术支撑。这减少了服务使用的网络限制，有助于数字服务向更广泛的用户群进行扩散。二是数据中心基础设施建设。城市核心区域和边缘区域大规模、高密度的数据中心设施，为海量数据的存储、计算、分析和应用提供了硬件基础。数据中心的部署密度和处理能力，影响着新兴数字服务的响应速度和质量体验，是实现数字服务规模化的关键基础设施。三是智慧城市感知平台建设。物联网传感器、视频监控、RFID等大规模城市数据采集平台的建立，使城市运行系统的实时数据能够被有效采集、汇聚和处理，为交通、公共安全、政务服务等多个领域的智能化应用提供了数据支撑。这些应用直接面向公众提供服务，提升了服务效率和便利性。四是公共服务系统数字化转型。医疗、交通、教育、政务等城市公共服务领域通过数字化改造，构建智能服务平台，实现了服务模式和流程的重构优化。这不仅提升了公共服务的响应速度、便捷性、精准性，也使服务端和需求端通过数字化手段更好地匹配和交互，推动了公共服务向社会深层次渗透。五是公众数字能力培养。面向城市不同年龄段、社会群体开展定制化的数字技能培训，提高他们安全、有效使用数字终端和数字服务的技能，消除数字鸿沟，促进数字服务向每个社会角落的渗透。

此外，充足且高质量的网络服务是缩小数字鸿沟、提升市民数字素养和促进数字经济发展的关键。因此，为了实现这些目标，城市政府需要确保网络服务的可负担性和可靠性，同时考虑到包容性设计，使得所有市民，无论其经济状况或居住地如何，都能够从数字时代的便利中受益。

（3）技术创新提高数字服务普惠化的实用性

人工智能、大数据、云计算等新技术的不断涌现，让我们见证了数字服务从简单的在线交互发展到能够提供个性化、高效和普遍可访问的解决方案。技术创新不仅推动了数字服务功能的增强和用户体验的优化，而且极大地拓展了服务的覆盖范围和深度，使其更加实用、普及和包容。

技术创新在提升数字服务的普遍可及性和整体质量方面发挥着核心作用，这一点在数字化快速发展的当代社会尤为重要。首先，技术创新应着重于开发用户友好、易于使用的数字服务界面和应用程序。这种以用户为中心的设计理念不仅简化了技术的使用过程，也使得广泛的用户群体，包括技术使用能力较弱的个体，能够轻松地接入和利用这些服务。进一步地，创新还应包括开发低成本、高效能的数字技术解决方案。通过降低技术的成本门槛，可以确保更广泛的社会群体能够负担得起并使用这些技术。同时，高效能的技术解决方案意味着更低的运行成本和更高的性能，从而提高了服务的可持续性和实用性。此外，技术创新还应考虑到多样化和定制化的需求。不同的用户群体和社会部分可能有着不同的需求和偏好，因此，创新过程中需要考虑到这些差异性，提供适应性强、可定制的解决方案。例如，为特殊教育需求的用户群体开发专门的辅助技术。

技术创新不仅应关注产品和服务的功能性提升，还应深入考虑用户体验、成本效益和社会包容性。通过这样的全面创新方法，可以确保数字服务的普及不仅是技术上的可能，也是社会层面的实际成果。

3.5.2　数字技能普及化

数字技能普及化是在全社会范围内提高人们对数字技术的理解和应用能力的过程。这不仅包括基本的计算机操作和互联网使用技能，还包括，如数据分析、编程、网络安全意识和数字媒体运用等更高级的技能。数字技能普及化的目的是确保所有人群，不论年龄、教育背景和经济状况如何，都能有效地利用数字技术，从而能够积极参与到日益数字化的世界中。数字技能在现代数字社会中被认为是公民必须具备的一系列核心能力，涵盖了信息获取、内容创作、技术使用、批判性评估、有效交互、数据分享、创新思维、安全保障及伦理道德等方面。全民数字素养与技能也是评估数字经济对城市普惠共享特征反映的重要标准。提升各年龄段公民的数字素养是顺应数字时代要求、提升国民整体素质、促进人的全面发展的战略性任务。因此，增强数字素养与技能的普及和深化不仅有助于缩小数字鸿沟，推动网络强国战略的实施，也是促进社会共同富裕、实现全民共享数字化成果的重要手段。

（1）普及数字技能的作用

一方面，数字技能普及显著提升了公民的生活质量。具备数字技能的个体能更高效地执行日常任务，如在线购物、数字支付及访问电子政务服务，这不仅提高了生活的效率和便利性，也加强了个人在数字环境中的自主性和安全感。另一方面，在职业层面，随着经济向数字化方向转型，数字技能变得日益重要。这些技能的范围从基本的计算机操作扩展到更为复杂的能力，如数据分析和编程。在此过程中，公民的数字技能水平直接影响到他们在劳动市场上的竞争力和职业发展潜力。因此，提高公民的数字技能不仅关乎个体的职业成功，也与国家的经济竞争力和创新能力紧密相关。从更宏观的视角看，数字技能普及化对于推动整体社会经济的发展至关重要。一个具备高水平数字技能的劳动力能够更好地适应快速变化的技术环境，从而提升国家或地区的全球竞争力。这种能力的提升是吸引投资、激发创新和促进经济增长的关键因素。此外，数字技能的普及化也是实现社会公平和减少不平等的有效途径。确保所有社会群体，尤其是经济和社会弱势群体，都能够获取必要的数字技能培训和资源，可以有效地缩小数字鸿沟，让每个人都有机会在数字经济中发挥作用，实现自我提升。总结而言，数字技能的普及化是构建一个更加包容、高效和有竞争力的社会的基石。这一目标的实现需要政府、教育机构和私营部门的紧密合作，通过提供全面的培训资源、优化教育课程和鼓励终身学习，共同推动社会向这一方向发展。这种跨部门的协同合作不仅提高了公民的数字技能，也促进了社会整体的数字化转型和可持续发展。

（2）我国普及数字技能的政策举措

在我国积极推动数字经济发展的进程中，数字技能教育作为重要一环，在学校和社区逐步展开，并且对成年人的数字技能培训也取得了重大进展。

首先，学校的数字技能教育。对于学校的数字技能教育，我国已经做出了相应的措施。例如，《义务教育课程方案和课程标准（2022年版）》特别强调数字化，同时将"信息科技"从"综合实践活动"中独立出来，设为统一开设的独立课程，体现了国家对数字教育的高度重视。此外，学校积极建设包含数字教育的综合性教育和教学资源库，利用大数据和云计算等先进技术保证城乡义务教育学校获得一致且完整的教育资源。这种做法不仅优化了资源分配，促进了教育公平，也通过技术赋能校园基础设施和教学设备，实现了城乡学校物质资源和应用系统的互联互通，提高了资源利用效率。这一举措体现了教育资源管理的现代化，有助于满足师生的实际需求，同时推动了教育质量的全面提升，展现了教育在数字化时代的均衡发展和创新。

其次，社区中的数字技能教育。在社区中，一般会通过开展公开课程、讲座、宣传，及时传授并普及数字技能。举例来说，苏州市为了满足新时代的需求，发布了 10 条举措，以加快数字技能人才队伍的建设，社区作为教育和培训的重要场所，自然扮演着重要的角色。2022 年，中央网信办等 14 部门联合举办"2022 年全民数字素养与技能提升月"活动，围绕"数字赋能、全民共享"主题，在全国范围内组织开展数字技能进社区、数字教育大讲堂、数字助老助残志愿活动等各类主题活动 2.6 万场，直接参与人次超过 2000 万人次，覆盖人数 4 亿人以上，开放各类数字资源 22.2 万个，为全民数字素养与技能提升工作打下了良好的社会基础。在重庆，公众可以在"礼嘉智慧公园"中体验并学习如何使用 AR、VR 和其他新兴技术产品。"湘农科教云"作为助农 APP，更是在湖南全省农村实现全覆盖，为提高农民的数字化技能提供了有效的平台。

最后，老年人的数字技能培训。老年人数字技能的提升是推动其融入数字社会、缩小数字鸿沟的重要措施之一。2021 年，中央网络安全和信息化委员会发布《提升全民数字素养与技能行动纲要》，其中提出针对老年人进行数字技能培训的多项举措，帮助老年人适应现代化数字生活。一是推动适老化数字产品和服务的开发，确保这些技术能够符合老年人的使用特点，并降低其操作难度。二是保障老年人在高频使用的公共服务场景中依然可以选择人工服务，防止其受到强制性数字化操作的困扰。三是依托老年大学、社区服务中心等机构，通过体验课程、技能培训和应用示范等多种方式，开展广泛的数字技能培训，以增强老年人对智能设备、数字支付等的掌握。与此同时，社会各界力量，尤其是志愿者组织和企业，要积极参与到老年人数字技能提升的支持与推广中，形成社会共治的良好氛围。这些举措共同确保老年人在数字化社会中实现平等参与和便利生活。

综上所述，我国采取多项措施手段提升公众，尤其是年轻一代的数字技能，可以确保他们不仅能够有效地使用现有的数字服务，还能参与到未来数字服务的创新和发展中。这一教育策略不仅提高了个体的数字适应能力，也促进了整个社会对数字技术的普及和接受度。

3.5.3　政策和监管保障城市普惠共享

政策和监管相辅相成，共同构成了城市普惠共享的基础。政策在于制定和推动实施那些能够支持普惠共享的措施，这些措施旨在减少社会不平等，提供平等的机会给所有市民，特别是低收入和弱势群体。监管机制的作用在于确保这些政策得以有效执行，并监督普惠共享原则在市场和社会中的实际应用。政策和监管相辅相成，共同构成了城市普惠共享的基础，二者的结合不仅促进了经济和社会的包容性增长，也增强了城市的可持续发展能力，实现城市普惠共享。具体在数字经济的背景下，普惠共享的框架要求政策制定不仅关注传统的资源分配和服务提供，还需特别关注数字技术的普及和利用，以确保社会的每个成员，尤其是低收入和弱势群体，能够从数字化带来的变革中受益。

（1）政策性引导推进城市普惠共享

支持普惠共享的政策措施可以提供平等的机会给所有市民，尤其是低收入和弱势群体，政策制定在普惠共享的框架下十分重要，它不仅塑造了资源分配的基本准则，还确保了所有市民能够公平地访问和享受社会资源和服务。这些政策的设计和实施是为了缩小社会经济差距，促进城市经济包容性发展。

近年来，各城市积极采取多项措施落实国家数字经济发展战略，不断完善数字基础设施，加快培育新业态新模式，推进数字产业化和产业数字化，取得积极成效，为实现城市普惠共享起到了重要作用。首先，数字基础设施的可及性和质量不断提升。中央和地方政府积极投资全面且高效的数字通信技术，尤其是在偏远地区，确保全体市民能够享受到高速互联网服务。这一措施为平等的数字访问提供了基础，有助于消除信息不对称，推动普惠共享。其次，市民数字素养进一步提高。各级政府通过公共教育体系和成人教育项目，为市民提供必要的数字技能培训，特别是针对低收入和弱势群体，以确保所有人群都能有效地利用数字技术，参与到数字经济中。再次，鼓励和支持数字创新是实现普惠共享的重要策略。通过财政激励、税收优惠和研发资助等手段，支持企业和研究机构开发面向低收入群体和解决社会问题的数字技术和服务。这种支持不仅促进了创新，还确保了技术发展的普惠性。在数字经济中，数据安全和隐私保护至关重要。政府需要制定强有力的法律和规章，保护个人数据免受滥用和侵犯，以增强公众对数字服务的信任。最后，数字服务的普惠性对于提升公共服务效率和减少社会不平等至关重要。例如，在电子政务、在线教育和电子医疗中，所有市民都可高效访问其有关资源，同等地享受服务。上述政策措施共同构成了一个全面的框架，以确保数字经济的增长既促进经济发展和技术创新，也确保所有市民，特别是传统经济体系中可能被边缘化的群体，能够平等地受益。这种方法有助于构建更加包容、公平且具有韧性的社会经济结构，实现城市普惠共享。

（2）监管机制保障城市普惠共享

政府监管机制在保障城市普惠共享方面的职责不仅是监督和制约，更是引导和激励。它需要在促进创新和保护公共利益之间找到平衡点，确保数字经济健康发展的同时，让每个市民都能分享到这一发展的成果。这涉及数据保护、市场竞争规范、普惠金融服务、数字素养提升等多个方面，需要政府、企业、监管机构及社会各界的共同努力和智慧。我国为了实现城市普惠共享，采取了一系列的监管机制，包括数字普惠金融监管、公共服务监管、城市规划监管和金融消费者权益保护监管等。这些监管机制的实施，有助于加强对相关领域的监管，保障城市普惠共享的实现。同时，监管机构还不断提高监管的科技水平，采取智能监管和数字化监管手段，推动监管工作的效能提升。

中国政府对普惠金融和公共服务的监管展现了高度重视和系统性策略的部署。以《推进普惠金融发展规划（2016—2020 年）》及 2023 年出台的《国务院关于推进普惠金融高质量发展的实施意见》为例，这些政策框架的主旨在于强化对数字普惠金融领域的监管，维护金融市场的正常秩序，保护消费者的合法权益，并有效打击非法金融活动。同时，中国政府对公共服务领域的监管也在不断加强。例如，《关于深入推进审批服务便民化的指导意见》中，政府明确指出需要加大城市公共服务的监管力度，提升服务质量，并满足人民群众多样化的需求。此外，类似于《关于全面推进上海城市数字化转型的意见》《上海城市数字化转型标准化建设实施方案》等政策，通过促进数字技术在公共服务领域的应用，进一步提升了城市公共服务的普惠性和便利性。在城市规划领域，政府同样展现了其对于城市发展和规划工作的关注。以《北京市城市总体规划（2016 年—2035 年）》为例，该规划明确了北京市未来发展的方向和目标，并强化了规划与监管的结合。国家发展改革委发布的相关文件进一步规范了城市规划的审批程序，确保城市规划的有效实施，为城市实现普惠共享的目标奠定了基础。最后，在金融消费者权益保护方面，监管机构，如国家金融监督管理总局等加强了对金融消费者权益的保护。监管机构要求金融机构建立健全数字化、智能化的风险管理体系，提高信息安全防护水平，从而保障金融交易的安全性。总体而言，这些政策和监管措施体现了中国政府在数字经济背景下，为实现城市普惠共享而做出的综合性和系统性努力。这些举措将有助于优化城市环境，提升公共服务质量，促进经济社会的可持续发展。但仍需要进一步加强监管机制的落实，以推动城市普惠共享事业取得更加显著的成效。

（3）政策与监管协同

政策和监管在实现城市普惠共享中扮演着关键且互补的角色。政策为普惠共享提供战略方向和框架，通过制定目标、原则和提供财政激励等方式，鼓励和引导公私部门投入资源。监管则确保这些政策得以有效执行，通过制定和执行标准、进行合规监督和市场行为监控，保障普惠共享的质量、公平性和可持续性。二者的协同作用确保了普惠共享不仅是政策上的承诺，而且是实践中的现实，从而有效推动了城市资源和服务的普及和平等分配。

具体而言，在实现城市普惠共享的进程中，政策制定和监管执行是两个密切相关且互为补充的要素。政策的制定为普惠共享设定了战略方向和操作框架，它通过明确目标、阐述原则，并通过财政激励等手段，促进了公私部门资源的有效投入与配置。这些政策不仅定义了普惠共享的目标和预期成果，还提供了具体的行动指南和资源分配原则，从而为各利益相关方提供了明确的行动指导和行为准则。同时，监管机制的作用在于确保这些政策得以有效实施。这主要通过制定和执行一系列标准和规定、进行合规性监督，以及对市场行为进行持续监控来实现。监管机构通过这些措施，可以保障普惠共享计划的质量、公平性和可持续性。此外，监管机制还负责识别和解决实施过程中可能出现的问题，如潜在的市场失灵、资源配置不均等问题，从而确保政策目标的实现。政策和监管的协同作用是实现城市普惠共享的关键。政策提供了指导和动力，而监管确保了这些指导和动力得以转化为实际的行动和成效。这种双轮驱动机制不仅在理论上确保了普惠共享的可能性，而且在实践中推动了城市资源和服务的广泛普及和平等分配。最终，这有助于构建一个更加包容、公平且高效的城市社会经济环境，实现真正意义上的城市普惠共享。

第 4 章　城市数字经济和高质量发展水平测度及时空演化

城市数字经济的蓬勃发展不仅重塑了传统产业结构，也催生了新的经济增长点，其发展水平和趋势已经成为衡量一个城市综合竞争力的关键指标。因此，准确测度城市数字经济的发展水平，分析其在时间和空间上的演化特征，并将其与城市经济的高质量发展水平有效结合，对于理解和把握城市发展新动态具有重要意义。本章将借鉴赵涛等（2020）的研究方法，构建一套全面评价城市数字经济水平的指标体系，运用定量分析方法对城市数字经济的整体发展水平进行客观评估。同时，结合 GIS 空间分析技术和时间序列分析方法，深入探讨城市数字经济在不同时间节点的演进趋势及在空间分布上的异质性，揭示其动态演化过程及区域发展不均衡现象。进一步地，本章依据"创新、协调、绿色、开放、共享"的高质量发展理念，构建城市经济高质量发展的评价指标体系，以多角度反映城市经济发展的质量和水平，同时分析城市经济高质量发展的时间演变趋势与空间分异特征。

4.1　指标体系构建

4.1.1　城市数字经济综合发展水平评价指标体系

在现有的学术研究领域内，关于城市数字经济发展水平的量化测度研究相对较少。早期的研究多集中在国家层面进行探讨，如康铁祥（2008）和 Knickrehm（2016）的研究，他们从宏观经济的角度分析了数字经济发展的国家差异。随后，学者们的研究视角开始向地区层面转移，如许宪春等（2020）及刘军等（2020）的研究，则将焦点对准了省级尺度，提供了区域数字经济发展水平的评估框架。近年来，随着城市作为经济增长和创新活动核心节点的作用日益凸显，学术界开始逐步深入探讨城市层面的数字经济发展。赵涛等（2020）及张少华（2023）的研究，通过构建更为精细化的评价指标体系，为城市数字经济发展水平的测度提供了实证分析基础。

在借鉴赵涛（2020）研究方法的基础上，结合数据可获取性的实际情况，本书选取了288个地级市作为研究样本，构建了包含互联网发展和数字金融发展两个方面的综合评价指标体系，以此来衡量各城市数字经济的发展水平。参考刘军等（2020）的研究框架，将互联网发展视为评估数字经济的核心要素，并在此基础上融入数字交易的相关指标。

在互联网发展方面，本书的研究吸纳黄慧群等（2019）的研究方法，选取互联网普及率、相关行业从业人员比例、互联网相关产出和移动电话普及率4个关键指标来构建评价体系。首先，互联网普及率采用每百人互联网用户数进行衡量。它反映了每百人中拥有宽带互联网接入服务的用户数量，是衡量信息通信技术发展水平和网络基础设施普及率的重要指标之一。这个数值越高，表明该地区互联网宽带接入的普及率越高，居民获取信息和使用网络服务的能力也越强。该指标的计算方法是将特定时间点地区内的宽带互联网接入用户总数除以该地区同期总人口数，再乘以100。其次，相关行业从业人员比例采用计算机服务和软件从业人员占比来衡量，用计算机服务和软件从业人员在城镇单位从业人员中的占比表示。该比例是衡量该行业在城镇职业结构中的重要性及其经济贡献的关键指标，通过计算从事计算机服务和软件业务的人员总数与城镇单位总从业人员数的比值，并将其转化为百分比形式来表示，反映了计算机服务和软件业在吸纳城镇劳动力方面的能力，以及在促进城镇就业和经济发展中的作用。随着数字化转型的加速，这一指标的增长可视为信息技术行业对于城镇经济结构转型和就业质量提升的积极影响。再次，互联网相关产出用人均电信业务总量反映。人均电信业务总量是衡量地区电信业务普及程度和市场活跃度的关键指标，它是通过将一定时期内的电信业务产出总和除以该时期的人口总数来计算得出。该指标包含了语音、短信、数据等多个维度的电信服务量，能够反映出电信服务在居民生活中的普及率和使用频次。人均电信业务总量的动态变化是电信运营商市场策略制定、政府信息通信技术政策拟定及社会经济发展水平评估的重要参考数据。随着技术的进步和社会经济的持续发展，该指标往往显示出逐年上升的趋势，这也体现了信息通信技术在现代社会中不断增强的渗透力和重要性。

最后，移动电话普及率采用每百人移动电话用户数衡量。这是一个反映移动通信普及率的统计指标，它是通过计算特定地区内拥有移动电话服务的用户总数与该地区总人口数的比值并乘以 100 得出。该指标能够直观地展现移动通信技术在该地区的渗透程度，同时也是衡量该地区通信基础设施发展水平、居民生活质量及信息化程度的重要参数。随着移动通信技术的不断进步和智能移动设备的广泛应用，每百人移动电话用户数上升趋势明显，这不仅反映了移动通信服务在日常生活中的核心作用，也揭示了社会经济发展与科技创新的紧密联系。

在数字金融发展方面，本书选取了中国数字普惠金融指数作为评价指标，该指数是由北京大学数字金融研究中心与蚂蚁科技集团研究院组成的课题组共同编制（郭峰 等，2020），能够综合反映数字金融服务的普及程度和质量。普惠金融可以定义为能有效和全方位地为社会所有阶层和群体提供服务的金融体系，其初衷意在强调通过金融基础设施的不断完善，提高金融服务的可得性，进而以较低成本向社会各界人士，尤其是欠发达地区和社会低收入者提供较为便捷的金融服务。数字普惠金融指数依托的数据源自官方，确保了结果的真实性与可靠性。课题组基于数字金融覆盖广度、数字金融使用深度和普惠金融数字化程度等 3 个关键维度，系统构建了一套包含 33 个具体指标的数字普惠金融指标体系。课题组基于该指标体系，并借鉴现有文献中常用的"层次分析"指数编制方法，最终编制了中国 31 个省（自治区、直辖市）、337 个地级以上城市（地区、自治州、盟等），以及约 2800 个县（县级市、旗、市辖区等）3 个层级的"北京大学数字普惠金融指数"。

具体指标体系见表 4-1。

表 4-1　中国城市数字经济综合发展水平评价指标体系

一级指标	二级指标	三级指标	计量单位	指标属性
互联网发展	互联网普及率	每百人互联网用户数	户	＋
	相关行业从业人员比例	计算机服务和软件从业人员占比		＋
	互联网相关产出	人均电信业务总量	元	＋
	移动电话普及率	每百人移动电话用户数	户	＋

续表

一级指标	二级指标	三级指标	计量单位	指标属性
数字金融发展	数字金融普惠发展	中国数字惠普金融指数		＋

4.1.2　城市经济高质量发展评价指标体系

在探索和评估城市经济高质量发展的过程中，学术界对经济高质量发展的内涵理解存在差异，这导致了对其测度方法的多样性。目前，主流的测度方法主要分为两类：单一效率指标法和综合指数法。单一效率指标法聚焦于某一关键经济指标来评估经济发展的质量。例如，韩英等（2022）采用全要素生产率作为衡量经济发展质量的核心指标。这种方法的优点在于其简洁性和直观性，易于理解和应用。然而，它也有局限性，即无法全面反映经济发展的多维度特征。相较之下，综合指数法通过构建多维度的评价指标体系，提供了一种更为全面的测度方式。例如，李金昌等（2019）研究所示，这种方法涵盖了经济发展的多个方面，能够更全面地反映经济发展的质量。这种方法通常包括多个一级指标和更为细化的二级、三级指标，使得评价体系更加细致和全面。

本书基于前文论述的数字经济推动城市经济高质量发展的理论框架，从"创新、协调、绿色、开放、共享"的高质量发展理念出发，综合考虑了影响城市经济高质量发展的关键因素。具体而言，本书借鉴刘佳等（2024）、张少华（2023）等的研究思路，并考虑城市数据的可获得性和实际需要，选择了创新能力、协调发展、绿色高效、开放水平和普惠共享作为一级指标，进一步细分为12个二级指标和21个三级指标，以此构建了一个多维度的城市经济高质量发展评价指标体系。这种体系的设计旨在全面捕捉城市经济发展的各个关键方面，包括但不限于技术创新、经济和社会协调性、环境可持续性、对外开放程度及发展成果的普惠性。

（1）创新能力

作为一级指标的"创新能力"，它是衡量一个地区科技和教育领域投入效果及其创新成果的重要维度，反映了该城市在推动经济社会发展中的创新驱动能力。在二级指标层面，聚焦于"科教投入"和"专利水平"这两个关键领域。其中,"科教投入"指标通过考察科技投入与教育投入占财政支出的比例,揭示了政府对科技创新和教育体系的重视程度及其资源配置策略。具体到三级指标,科技投入与财政支出比例和教育投入与财政支出比例提供了量化这一投入的具体数值,从而能够精确评估科教领域的资金支持情况。另外,"专利水平"作为衡量创新成果的二级指标,通过专利获得量这个三级指标进行量化,直接反映了创新成果的输出水平。专利数量作为创新活动的重要成果,不仅体现了技术创新的能力,也是衡量一个地区创新生态健康与否的关键指标。

(2)协调发展

"协调发展"作为一级指标,是评价城市经济综合发展水平的重要维度。它主要聚焦于衡量城市经济在金融稳定性、社会福祉、产业多元化等方面的平衡和协调性。本书在"协调发展"这个一级指标下设立了"金融发展""人民生活""产业结构"3个二级指标,并进一步细化为具体的三级指标,以实现对城市协调发展状况的全面评估。在"金融发展"这一二级指标下,通过分析金融存款余额与金融贷款余额的比例,可以评估城市金融市场的流动性和信贷活动的健康度,从而揭示金融体系对经济发展的支撑作用。"人民生活"作为第二个二级指标,通过单位人均收入和非房地产投资与固定资产投资比重,反映了居民经济福利水平和城市投资结构的均衡性,从而评估社会经济福祉和可持续发展能力。最后,"产业结构"这一二级指标通过第三产业比重的分析,展示了服务业在城市总经济中的重要性,反映了经济结构的现代化和服务化水平。

(3)绿色高效

"绿色高效"作为核心的一级指标,反映城市在实现经济发展与环境保护平衡方面的能力。这一指标旨在衡量城市在推动经济增长的同时有效实现资源利用和环境可持续性的能力。为了深入评估"绿色高效",进一步将其细分为"三废排放"和"污物处理"两个关键的二级指标,每个二级指标下再包含了具体的三级指标,以实现对城市环境管理和资源利用效率的全面评价。在"三废排放"这个二级指标下,通过对工业废水、二氧化硫、烟(粉)尘排放量与工业产值的比较,旨在评估城市工业生产过程中的污染控制效率和环境负担。这些三级指标能够精确揭示工业活动对水资源和空气质量的影响,是衡量城市工业生产环境友好度的重要参数。另外,"污物处理"二级指标关注城市在废物处理和资源回收方面的能力。具体来说,一般工业固体废物综合利用率、污水处理厂集中处理率、生活垃圾无害化处理率这些三级指标共同构成了评估城市废物管理和资源循环利用效率的维度。这些指标不仅反映了城市环境管理的现状，也是评价城市可持续发展能力的关键因素。

（4）开放水平

"开放水平"作为一级指标，扮演着评估城市在全球化背景下的经济开放程度及其在国际市场中的参与度和影响力的关键角色。这一指标旨在综合衡量城市对外资的吸引力、利用效率及外资企业在地方经济中的作用和贡献，反映了城市的开放程度。为了深入评估这一维度，进一步将"开放水平"细分为"外资概况"和"外企概况"两个二级指标，并在每个二级指标下设定了具体的三级指标。在"外资概况"这个二级指标下，通过分析外资利用情况，旨在揭示城市吸引外资的能力和外资在城市经济发展中的作用。此外，"外企概况"作为另一个二级指标，通过关注外资企业的总产值和数量，评估外资企业对地方经济的贡献度及其在城市经济结构中的重要性。

（5）普惠共享

在城市经济高质量发展的评价体系中，"普惠共享"衡量城市在推动社会福祉和实现经济成果共享方面的表现。这一指标聚焦于评估城市发展成果的普惠性和社会资源分配的公平性，是衡量城市综合发展水平的重要维度，包括"社会福利""消费水平"和"政府负担"3个二级指标，并在每个二级指标下明确了具体的三级指标，从而实现对城市普惠共享水平的全面评价。其中，"社会福利"这个二级指标通过分析医师数与人口比、在岗职工工资和城市绿化率等三级指标，提供了对城市在医疗资源可获得性、劳动力市场收入分配和居住环境质量等方面的综合评估。这些指标共同揭示了城市在提供基本社会服务和促进居民生活质量方面的能力。"消费水平"二级指标，通过衡量社会零售品消费与 GDP 的比例，反映了居民的消费能力和生活水平，是评估城市居民经济福祉的关键指标。"政府负担"二级指标则侧重于评估政府在财政收支中的角色，通过分析财政支出与财政收入的比例，揭示了政府在社会服务和公共项目上的投入情况，是反映政府支持经济社会发展程度的重要指标。

具体指标体系见表 4-2。

表 4-2　中国城市经济高质量发展评价指标体系

一级指标	二级指标	三级指标	计量单位	指标属性
创新能力	科教投入	科技投入/财政支出		±
		教育投入/财政支出		±
	专利水平	专利获得量	个	＋
协调发展	金融发展	金融存款余额/金融贷款余额		±
	人民生活	单位人均收入	元	＋
		非房地产投资/固定资产投资		±
	产业结构	第三产业比重		＋
绿色高效	三废排放	工业废水排放量/工业产值	吨/万元	－
		工业二氧化硫排放量/工业产值	吨/万元	－
		工业烟（粉）尘排放量/工业产值	吨/万元	－
	污物处理	一般工业固体废物综合利用率		＋
		污水处理厂集中处理率		＋
		生活垃圾无害化处理率		＋
开放水平	外资概况	外资利用	亿美元	＋
	外企概况	外资企业总产值	亿元	＋
		外资企业数	个	＋
普惠共享	社会福利	医师数/人口	个/万人	＋
		在岗职工工资	元	＋
		城市绿化率		＋
	消费水平	社会零售品消费/GDP		＋
	政府负担	财政支出/财政收入		±

4.2　测度方法与数据来源

4.2.1　测度方法

测度综合评价指数的方法多样，涵盖了从简单的加权算术平均法到复杂的多维统计分析技术。在已有文献中常用的包括加权算术平均法、主成分分析法、熵值法、灰色关联分析法、层次分析法等。加权算术平均法通过对各指标赋予不同的权重，然后计算它们的加权平均值来构建综合指数。这种方法简单直观，但对权重的选择非常敏感。主成分分析法是一种多变量统计技术，用于从多个相关变量中提取关键信息，并转化为少数几个代表性的综合指标。它适用于减少数据的维度并识别最重要的影响因素。熵值法利用信息熵的概念来确定各个指标在综合评价中的权重，能够减少主观性对评价结果的影响。灰色关联分析法用于识别和分析系统中各因素之间的关联程度，适用于数据不完全的情况。

与其他多指标综合评价的测度方法相比较，熵值法具有明显优势，主要体现在其客观性和数据驱动的特点上。作为一种基于信息熵理论的评价工具，熵值法的核心优势在于其能够消除在确定指标权重过程中的主观判断影响。这一方法的权重设定完全基于数据本身的变异性和分布特征，从而确保评价结果的客观性，减少个人偏见或主观选择对评价结果的影响，增强评价体系的公正性与科学性。在具体应用方面，熵值法能够直接从数据集中提取关键信息，表现出对不同类型和规模数据集的高度适应性。这种适应性使其能够有效地捕捉并反映数据内部的细微差异和动态变化趋势。从操作角度来看，熵值法以其简洁性和高效性而被广泛认可，尤其在揭示数据内部的关键信息和差异性方面表现突出，这在城市数字经济综合评价指数和城市经济高质量发展评价指数的测度方法选择中尤为明显。因此，熵值法在多指标综合评价中作为一种客观、数据驱动的工具，对于识别和强调关键影响因素，提供了一种有效的解决方案。基于上述分析，本书借鉴已有学者的研究方法（张雪玲 等，2017；李英杰，2022；李向阳 等，2022），采用熵值法测度2011—2021 年样本城市数字经济发展水平和城市经济高质量发展水平。

4.2.2 测度步骤

（1）数据收集和预处理

在采用熵值法对城市数字经济及其经济高质量发展水平进行测量的过程中，数据收集阶段是关键的初步步骤，其主要目的是汇聚能全面揭示城市经济状态的关键指标数据。这一过程依据既定的城市数字经济和城市经济高质量发展的评估指标体系进行，涉及广泛的数据搜集，包括但不限于三级指标下的所有相关数据。在此数据收集阶段，面临的最大挑战是确保数据的一致性、完整性以及时效性，这些因素对于后续的数据处理和分析具有决定性影响。数据的准确性和可靠性是研究有效性的基石，因此在进行数据筛选和验证时，实施了严格的标准化程序，确保所采集的数据能够真实准确地反映各城市在数字经济和经济高质量发展方面的实际表现。

对原始数据进行预处理之前，构造数据矩阵如下：

$$A = \begin{pmatrix} x_{11} & \cdots & x_{1m} \\ \vdots & & \vdots \\ x_{n1} & \cdots & x_{nm} \end{pmatrix}, \tag{4-1}$$

式中，x_{ij} 为城市 i 的 j 指标值，其中，$i \leqslant n$，$j \leqslant m$；n 为样本容量，即城市数量；m 为指标数量。

随后，对来源于不同数据集的原始数据进行了合并和预处理。这一步骤的目的在于确保数据的一致性和完整性，为后续的分析奠定坚实的数据基础。具体地，对收集到的基础数据同向化和标准化处理，确保不同量纲和范围的数据之间可以进行有效比较。对于负向指标取倒数进行同向化处理，对所有指标采用 Z 得分标准化处理。Z 得分标准化是将数据标准化到具有均值为 0 和标准差为 1 的分布，其基本公式为 $Z = (x - \mu)/\sigma$，μ 和 σ 分别是原始数据的均值和标准差。另外，考虑到原始数据中可能存在的缺失情况，本书采用插值法补全了关键指标的数据，如互联网用户数和从业人员数。这种补全策略是为了弥补由数据缺失可能导致的信息损失，确保分析结果的准确性。值得注意的是，在处理数据过程中，特别对插值法可能产生的负值进行了处理，通过将这些负值替换为零，保证了数据分析的合理性。

（2）计算指标比重

计算指标比重的目的是确定每个指标在整体评价体系中的相对重要性。在熵值法中，指标比重不仅是衡量指标重要性的工具，而且是后续计算熵值和权重的基础。熵值的计算依赖指标比重，以此来评估各指标的信息熵，从而确定其在综合评价中的权重。比重的计算公式通常是将单个指标的值除以所有指标值的总和，通过计算每个标准化指标在所有城市中的比重，来评估其在总体中的相对位置和重要性。具体而言，对于第 i 个城市的第 j 个指标，其比重 P_{ij} 可以通过公式 $P_{ij} = X_{ij} / \sum_{i=1}^{n} X_{ij}$ 计算，其中，X_{ij} 表示标准化后的指标值，n 表示样本总数。

（3）计算熵值与冗余度

在熵值法中，熵值的计算用于确定各个指标的权重，反映了每个指标在整体评价体系中的信息量和差异性。在各项指标进行标准化处理和比重计算之后，开始计算各指标熵值，计算公式为：$E_j = -(\ln n)^{-1} \sum_{i=1}^{n} P_{ij} \ln P_{ij}$，$E_j$ 即为指标 j 的熵值，P_{ij} 为城市 i 指标 j 的指标比重。这个计算过程是评估每个指标在不同城市间分布的多样性和均匀性。较低的熵值表示指标在各城市间差异较小，信息量低；较高的熵值则表明该指标在各城市间分布较为分散，信息量高。冗余度是指标信息的"有用度"。在熵值法中，每个指标的冗余度是通过从 1 减去该指标的熵值来计算的，即 $D_j = 1 - E_j$。冗余度高的指标意味着它在各个城市间差异较小，从而在信息量上相对较少；反之，冗余度低的指标在城市间差异较大，提供了更多的独特信息。而指标的权重是基于其冗余度计算的。

（4）计算权重

在熵值法中，计算权重是确定每个指标在综合评价体系中相对重要性的关键步骤，这一过程直接影响最终评价结果的准确性和可靠性。权重的计算公式为：$W_j = D_j / \sum_{j=1}^{m} D_j$，其中，$D_j$ 表示冗余度，m 表示指标总数。该公式说明了将每个指标的冗余度与所有指标冗余度之和进行比较，从而得出每个指标在总评价中的相对重要性。权重越高的指标在综合评价中的影响力越大。在对城市数字经济综合评价和城市经济高质量发展指数的评估中，各个指标（如互联网基础设施、创新能力、生态环境等）首先经过熵值计算，然后计算其冗余度和权重。权重反映了每个指标在描述城市数字经济和经济高质量发展方面的相对重要性。例如，如果某个指标在多数城市中表现出较大差异（即熵值高，冗余度低），则这个指标在评价城市数字经济或高质量发展时将被赋予较高的权重。需要注意的是，由于构建的城市数字经济和经济高质量发展评价指标体系均具有三级指标，因此需要通过上述方法利用三级指标计算汇总得到二级指标的权重，再对二级指标权重汇总并标准化后采用相同方法计算得到一级指标权重。

（5）计算数字经济发展指数和经济高质量发展指数

数字经济发展指数和经济高质量发展指数的计算是一个将标准化的指标值和各指标权重相结合的过程，它能够提供一个量化的、综合性的评价结果，有助于深入理解和分析城市发展的多维度特征。具体而言，计算数字经济发展指数和经济高质量发展指数，就是将之前的分析步骤汇集并实现最终评价。这一过程涉及将每个城市在所有选定指标上的表现结合相应的权重，以生成一个综合得分。计算的基本公式为：指数$_i = \sum_{j=1}^{m}(W_j \times X_{ij})$，其中，指数$_i$ 是城市 i 的综合评价指数，W_j 是第 j 个指标权重，X_{ij} 是城市 i 在第 j 个指标上的标准化值，m 为指标总数。该计算方法体现了每个城市在每个指标上的表现（标准化值）与该指标的相对重要性（权重）的乘积之和。

　　数字经济发展指数和经济高质量发展指数虽然涉及的具体指标可能不同，但计算的原理是相同的。每个指数都是基于其对应的指标集合来计算的。通过这种方法计算出的综合得分不仅反映了每个城市在单个指标上的表现，而且综合考虑了所有指标的相对重要性，能够全面反映城市在数字经济和经济高质量发展方面的总体表现。

4.2.3　数据来源及处理

　　本书选取 2011—2021 年中国 288 个地级及以上城市为研究样本。指标体系中的数据主要源自历年《中国城市统计年鉴》，同时对于部分缺失的数据采用各省（自治区、直辖市）统计年鉴、各城市的国民经济和社会发展统计公报补充。在评估城市层面的数字金融发展水平时，本书引入了北京大学数字金融研究中心编制的数字普惠金融指数，对于缺失的部分数据，采用线性插值法进行估算以确保时序的连续性。相关的专利数量数据，是从国家知识产权局专利检索网站获得的，反映了各城市在数字经济领域的创新能力。值得注意的是，所有涉及价格的变量均以 2011 年为基期进行平减处理，以消除价格因素带来的偏差。考虑到数据的可获取性和统计标准的一致性，香港特别行政区、澳门特别行政区及台湾地区的数据未纳入研究范围。另外，考虑到获取平衡面板的数据，对于相关数据缺失较多或研究周期内行政区划面积变动较大的哈密市、吐鲁番市、那曲市、山南市、林芝市、昌都市、日喀则市、儋州市、三沙市、巢湖市等城市进行剔除，得到 2011—2021 年 288 个地级及以上城市的平衡面板数据。

4.3 城市数字经济的发展特征

依据构建的城市数字经济发展综合评价指标体系，用熵值法计算得到 2011 年、2021 年中国 288 个地级及以上城市的数字经济发展指数。表 4-3 为 2011 年和 2021 年的指数数据，并测算出年均增长率。

表 4-3 2011 年、2021 年中国城市数字经济发展指数

城市	数字经济发展指数		年均增长率	城市	数字经济发展指数		年均增长率
	2011 年	2021 年			2011 年	2021 年	
北京市	0.2257	0.5611	9.54%①	郑州市	0.0681	0.2024	11.51%
天津市	0.0690	0.1608	8.83%	开封市	0.0291	0.1025	13.41%
石家庄市	0.0541	0.1241	8.65%	洛阳市	0.0377	0.1302	13.20%
唐山市	0.0542	0.1155	7.86%	平顶山市	0.0284	0.1047	13.92%
秦皇岛市	0.0623	0.1232	7.05%	安阳市	0.0332	0.1008	11.76%
邯郸市	0.0284	0.0949	12.81%	鹤壁市	0.0309	0.1152	14.08%
邢台市	0.0282	0.0958	13.02%	新乡市	0.0356	0.1092	11.87%
保定市	0.0407	0.1076	10.21%	焦作市	0.0347	0.1148	12.73%
张家口市	0.0367	0.1089	11.50%	濮阳市	0.0247	0.1042	15.49%
承德市	0.0415	0.1067	9.89%	许昌市	0.0274	0.1402	17.71%
沧州市	0.0348	0.1018	11.34%	漯河市	0.0323	0.0996	11.91%
廊坊市	0.0532	0.1300	9.35%	三门峡市	0.0379	0.1128	11.52%
衡水市	0.0320	0.1020	12.30%	南阳市	0.0226	0.0960	15.57%
太原市	0.0877	0.1727	7.00%	商丘市	0.0266	0.0941	13.45%
大同市	0.0422	0.1051	9.55%	信阳市	0.0232	0.3712	31.95%
阳泉市	0.0513	0.1278	9.55%	周口市	0.0152	0.0899	19.42%

---

① 本书中的相关数值是以四舍五入前的统计数据计算得出，结果可能与四舍五入后的数据结果存在差异。

续表

城市	数字经济发展指数		年均增长率	城市	数字经济发展指数		年均增长率
	2011 年	2021 年			2011 年	2021 年	
长治市	0.0404	0.1133	10.85%	驻马店市	0.0170	0.0891	18.04%
晋城市	0.0482	0.1202	9.56%	武汉市	0.0821	0.1796	8.14%
朔州市	0.0344	0.0980	11.03%	黄石市	0.0336	0.1091	12.49%
晋中市	0.0445	0.1891	15.57%	十堰市	0.0428	0.1142	10.31%
运城市	0.1057	0.1077	0.18%	宜昌市	0.0398	0.1190	11.57%
忻州市	0.0561	0.1170	7.63%	襄阳市	0.0279	0.1205	15.76%
临汾市	0.0513	0.1326	9.95%	鄂州市	0.0358	0.1266	13.48%
吕梁市	0.0447	0.2515	18.84%	荆门市	0.0332	0.1062	12.32%
呼和浩特市	0.0699	0.1510	8.00%	孝感市	0.0234	0.0970	15.26%
包头市	0.0568	0.1248	8.20%	荆州市	0.0272	0.0976	13.62%
乌海市	0.0614	0.1597	10.03%	黄冈市	0.0340	0.0992	11.29%
赤峰市	0.0501	0.0937	6.45%	咸宁市	0.0291	0.1079	13.99%
通辽市	0.0552	0.0930	5.37%	随州市	0.0210	0.0947	16.23%
鄂尔多斯市	0.0693	0.1306	6.54%	长沙市	0.0768	0.1745	8.56%
呼伦贝尔市	0.0436	0.1023	8.90%	株洲市	0.0347	0.1188	13.10%
巴彦淖尔市	0.0521	0.1052	7.27%	湘潭市	0.0487	0.1277	10.11%
乌兰察布市	0.0241	0.0758	12.13%	衡阳市	0.0304	0.0917	11.68%
沈阳市	0.0723	0.1388	6.74%	邵阳市	0.0199	0.0828	15.31%
大连市	0.0775	0.1800	8.79%	岳阳市	0.0288	0.0996	13.22%
鞍山市	0.0553	0.1139	7.50%	常德市	0.0318	0.1008	12.25%
抚顺市	0.0432	0.1141	10.20%	张家界市	0.0457	0.1103	9.21%
本溪市	0.0481	0.1143	9.05%	益阳市	0.0316	0.0967	11.83%
丹东市	0.0682	0.1197	5.79%	郴州市	0.0280	0.0953	13.04%
锦州市	0.0389	0.1230	12.19%	永州市	0.0271	0.0872	12.40%
营口市	0.0418	0.1143	10.58%	怀化市	0.0181	0.2255	28.72%
阜新市	0.0400	0.0997	9.56%	娄底市	0.0230	0.0994	15.77%

城市	数字经济发展指数		年均增长率	城市	数字经济发展指数		年均增长率
	2011 年	2021 年			2011 年	2021 年	
辽阳市	0.0411	0.1130	10.65%	广州市	0.1730	0.2482	3.67%
盘锦市	0.0555	0.1214	8.14%	韶关市	0.0369	0.1044	10.96%
铁岭市	0.0304	0.0891	11.37%	深圳市	0.3648	0.3177	−1.37%
朝阳市	0.0315	0.0919	11.30%	珠海市	0.1469	0.2721	6.36%
葫芦岛市	0.0356	0.0970	10.53%	汕头市	0.0528	0.1168	8.26%
长春市	0.0571	0.1266	8.28%	佛山市	0.1394	0.1944	3.38%
吉林市	0.0408	0.1025	9.65%	江门市	0.0548	0.1311	9.12%
四平市	0.0297	0.0913	11.88%	湛江市	0.0489	0.0926	6.59%
辽源市	0.0350	0.0818	8.87%	茂名市	0.0278	0.0909	12.57%
通化市	0.0419	0.0988	8.94%	肇庆市	0.0695	0.0999	3.70%
白山市	0.0729	0.0979	2.99%	惠州市	0.0690	0.1625	8.95%
松原市	0.0320	0.0851	10.27%	梅州市	0.0370	0.0946	9.86%
白城市	0.0339	0.1016	11.60%	汕尾市	0.0282	0.0955	12.99%
哈尔滨市	0.0903	0.1280	3.55%	河源市	0.0318	0.0995	12.09%
齐齐哈尔市	0.0337	0.1161	13.15%	阳江市	0.0411	0.1043	9.75%
鸡西市	0.0453	0.1833	15.00%	清远市	0.0273	0.0971	13.54%
鹤岗市	0.0437	0.1479	12.96%	东莞市	0.3301	0.3501	0.59%
双鸭山市	0.0412	0.1164	10.95%	中山市	0.1485	0.2343	4.67%
大庆市	0.0600	0.1250	7.62%	潮州市	0.0464	0.1106	9.06%
伊春市	0.0553	0.1482	10.37%	揭阳市	0.0279	0.0940	12.91%
佳木斯市	0.0405	0.1162	11.12%	云浮市	0.0345	0.0987	11.10%
七台河市	0.0408	0.1058	9.99%	南宁市	0.0864	0.1361	4.65%
牡丹江市	0.0394	0.0932	8.98%	柳州市	0.0464	0.1235	10.28%
黑河市	0.0294	0.1352	16.46%	桂林市	0.0401	0.1092	10.54%
绥化市	0.0179	0.1039	19.22%	梧州市	0.0277	0.0941	13.00%
上海市	0.1197	0.2537	7.80%	北海市	0.0445	0.1240	10.79%

续表

城市	数字经济发展指数		年均增长率	城市	数字经济发展指数		年均增长率
	2011年	2021年			2011年	2021年	
南京市	0.0957	0.2061	7.98%	防城港市	0.0428	0.1228	11.12%
无锡市	0.0909	0.2098	8.72%	钦州市	0.0211	0.0891	15.51%
徐州市	0.0336	0.1163	13.21%	贵港市	0.0169	0.0830	17.27%
常州市	0.0749	0.1767	8.97%	玉林市	0.0349	0.0881	9.71%
苏州市	0.1079	0.2216	7.47%	百色市	0.0262	0.1020	14.56%
南通市	0.0506	0.1417	10.84%	贺州市	0.0274	0.0928	12.97%
连云港市	0.0383	0.1174	11.85%	河池市	0.0213	0.0932	15.91%
淮安市	0.0283	0.1140	14.95%	来宾市	0.0183	0.0947	17.87%
盐城市	0.0344	0.1176	13.07%	崇左市	0.0253	0.0980	14.49%
扬州市	0.0528	0.1353	9.87%	海口市	0.1050	0.1815	5.62%
镇江市	0.0532	0.1508	10.98%	三亚市	0.0767	0.1968	9.88%
泰州市	0.0386	0.1251	12.49%	重庆市	0.0637	0.1218	6.70%
宿迁市	0.0262	0.1059	14.98%	成都市	0.0719	0.1701	8.99%
杭州市	0.1185	0.2692	8.55%	自贡市	0.0232	0.0965	15.30%
宁波市	0.0990	0.1877	6.61%	攀枝花市	0.0480	0.1171	9.33%
温州市	0.0670	0.1534	8.64%	泸州市	0.0274	0.1010	13.91%
嘉兴市	0.0903	0.1623	6.03%	德阳市	0.0429	0.1277	11.51%
湖州市	0.0621	0.1872	11.66%	绵阳市	0.0375	0.1154	11.88%
绍兴市	0.0682	0.1465	7.95%	广元市	0.0340	0.0981	11.18%
金华市	0.0729	0.1511	7.56%	遂宁市	0.0226	0.0903	14.88%
衢州市	0.0533	0.1238	8.79%	内江市	0.0217	0.1286	19.45%
舟山市	0.0859	0.1725	7.22%	乐山市	0.0433	0.1056	9.34%
台州市	0.0650	0.1419	8.12%	南充市	0.0224	0.0922	15.21%
丽水市	0.0529	0.1589	11.63%	眉山市	0.0326	0.1064	12.56%
合肥市	0.0485	0.1600	12.69%	宜宾市	0.0269	0.0966	13.62%
芜湖市	0.0329	0.1248	14.24%	广安市	0.0233	0.1050	16.24%

续表

城市	数字经济发展指数		年均增长率	城市	数字经济发展指数		年均增长率
	2011 年	2021 年			2011 年	2021 年	
蚌埠市	0.0389	0.1000	9.91%	达州市	0.0212	0.0763	13.66%
淮南市	0.0329	0.1012	11.91%	雅安市	0.0365	0.1131	11.97%
马鞍山市	0.0385	0.1195	12.00%	巴中市	0.0162	0.0871	18.29%
淮北市	0.0284	0.1078	14.27%	资阳市	0.0243	0.0826	13.01%
铜陵市	0.0450	0.1041	8.74%	贵阳市	0.0755	0.4533	19.62%
安庆市	0.0265	0.0983	14.01%	六盘水市	0.0240	0.0948	14.73%
黄山市	0.0523	0.1195	8.61%	遵义市	0.0458	0.1012	8.24%
滁州市	0.0256	0.1716	20.94%	安顺市	0.0257	0.0917	13.58%
阜阳市	0.0182	0.0866	16.85%	毕节市	0.0133	0.0736	18.66%
宿州市	0.0239	0.0928	14.51%	铜仁市	0.0199	0.0901	16.28%
六安市	0.0196	0.0973	17.37%	昆明市	0.0677	0.1305	6.78%
亳州市	0.0158	0.0893	18.89%	曲靖市	0.0224	0.1001	16.13%
池州市	0.0300	0.1083	13.68%	玉溪市	0.0389	0.1099	10.95%
宣城市	0.0380	0.1134	11.55%	保山市	0.0246	0.1125	16.41%
福州市	0.0765	0.1593	7.61%	昭通市	0.0141	0.0921	20.65%
厦门市	0.1435	0.2158	4.16%	丽江市	0.0348	0.1107	12.27%
莆田市	0.0434	0.1179	10.51%	普洱市	0.0262	0.0925	13.46%
三明市	0.0453	0.1156	9.81%	临沧市	0.0215	0.1193	18.68%
泉州市	0.0706	0.1477	7.66%	拉萨市	0.1121	0.2057	6.26%
漳州市	0.0486	0.1167	9.16%	西安市	0.1000	0.1998	7.16%
南平市	0.0466	0.1110	9.05%	铜川市	0.0500	0.1274	9.81%
龙岩市	0.0474	0.1196	9.69%	宝鸡市	0.0336	0.1142	13.02%
宁德市	0.0541	0.1181	8.12%	咸阳市	0.0372	0.1127	11.73%
南昌市	0.0504	0.1547	11.87%	渭南市	0.0372	0.1150	11.94%
景德镇市	0.0321	0.1110	13.20%	延安市	0.0341	0.1565	16.45%
萍乡市	0.0305	0.1065	13.30%	汉中市	0.0339	0.0986	11.28%

续表

城市	数字经济发展指数		年均增长率	城市	数字经济发展指数		年均增长率
	2011年	2021年			2011年	2021年	
九江市	0.0302	0.1069	13.49%	榆林市	0.0417	0.1087	10.05%
新余市	0.0353	0.1194	12.97%	安康市	0.0301	0.1006	12.83%
鹰潭市	0.0284	0.1074	14.21%	商洛市	0.0289	0.0886	11.84%
赣州市	0.0286	0.1030	13.67%	兰州市	0.0546	0.1758	12.40%
吉安市	0.0287	0.1012	13.41%	嘉峪关市	0.0732	0.1916	10.11%
宜春市	0.0231	0.0948	15.16%	金昌市	0.0430	0.2959	21.26%
抚州市	0.0213	0.0995	16.64%	白银市	0.0312	0.1020	12.58%
上饶市	0.0216	0.0944	15.90%	天水市	0.0274	0.0961	13.36%
济南市	0.0726	0.1332	6.25%	武威市	0.0174	0.0960	18.62%
青岛市	0.0665	0.1461	8.19%	张掖市	0.0334	0.1135	13.00%
淄博市	0.0481	0.2063	15.68%	平凉市	0.0178	0.1431	23.15%
枣庄市	0.0442	0.1086	9.41%	酒泉市	0.0469	0.1407	11.62%
东营市	0.0773	0.1519	6.99%	庆阳市	0.0315	0.0981	12.03%
烟台市	0.0518	0.1323	9.84%	定西市	0.0101	0.0899	24.48%
潍坊市	0.0407	0.1157	11.00%	陇南市	0.0117	0.2200	34.06%
济宁市	0.0290	0.1039	13.60%	西宁市	0.0778	0.3837	17.30%
泰安市	0.0392	0.1112	10.98%	海东市	0.0208	0.0853	15.18%
威海市	0.0540	0.1460	10.46%	银川市	0.0552	0.1609	11.29%
日照市	0.0410	0.1108	10.46%	石嘴山市	0.0588	0.1238	7.73%
临沂市	0.0410	0.1024	9.59%	吴忠市	0.0309	0.1045	12.96%
德州市	0.0373	0.1034	10.72%	固原市	0.0137	0.0913	20.90%
聊城市	0.0311	0.1018	12.59%	中卫市	0.0216	0.1054	17.19%
滨州市	0.0376	0.1114	11.48%	乌鲁木齐市	0.1492	0.2033	3.14%
菏泽市	0.0237	0.1070	16.25%	克拉玛依市	0.1039	0.1938	6.43%

4.3.1　时间演化趋势

（1）总体趋势分析

2011—2021 年的时间跨度中，中国城市数字经济发展指数年度均值从 0.0479 增至 0.1293，这一变化显著地映射了城市数字经济的蓬勃增长趋势。通过对该时段内数字经济发展指数的时序分析（图 4-1），不难发现指数呈现出一条持续上升的轨迹，既突显了数字经济的稳健膨胀，也显示了其增长的均衡性和渐进性，其中并未观察到任何突兀的波动，表征了该指数增长的连续性与平稳性。特别是从 2013 年起，指数持续快速增长，这一趋势可能与当时数字技术创新的加速及其在市场中的深入渗透有着紧密联系。2019—2020 年，增长速度有所放缓，这可能与宏观经济周期的变化、政策调整及其他外部经济因素相关。然而，值得关注的是，在经历了短暂的放缓后，2020—2021 年指数增长速度得以恢复，进一步凸显了数字经济在面对挑战时所表现出的韧性和快速适应外部变动的能力。

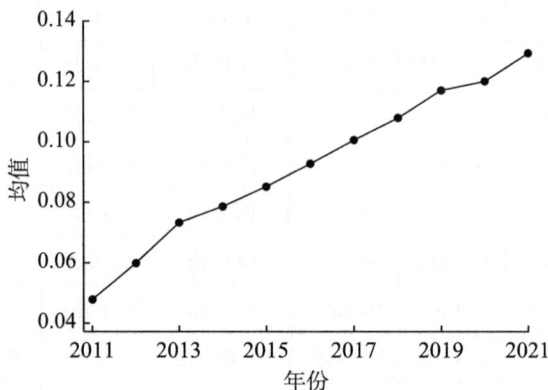

图 4-1　2011—2021 年中国城市数字经济发展指数趋势

在所研究的 2011—2021 年，我国城市数字经济的扩张显然并非偶发的现象，而是一种由多年连续而系统的发展战略推动的结果。在此期间，数字技术的创新与广泛应用，特别是云计算、大数据分析、人工智能及物联网等领域的进步，对经济结构和企业经营模式施加了显著的转型影响，进而催化了数字经济的跨越式增长。政府层面上，中国的"互联网＋"行动计划和数字中国建设等重大政策倡议，为数字经济的发展提供了战略导向和政策支持。同时，国家对信息基础设施的重大投资，尤其是在通信网络和数据中心建设方面的资本注入，构筑了数字经济增长的物质基础和技术平台。在市场层面，企业与消费者对数字化产品和服务的需求显著增长，进一步推动了数字经济的快速发展。随着社会整体数字化水平的提升，消费者更加偏好于采用电子商务、在线支付和数字娱乐等服务，这一趋势促使企业加大数字技术投入，以适应市场变化，并追求通过数字化转型获得的竞争优势。因此，这段时期内城市数字经济的增长，可以视为一种由政策推动、技术支撑、市场需求和企业战略共同作用的多因素综合效应。

（2）城市数字经济发展水平比较

在对 2011 年与 2021 年中国城市数字经济发展状况进行比较时，可以观察到两个主要的趋势：一是某些城市在数字经济方面的持续领先；二是新兴城市的迅速崛起及发展不均衡性的显现。分别选择 2011 年和 2021 年数字经济发展水平排名前五和后五的城市进行比较分析。2011 年，深圳市、东莞市、北京市、广州市和乌鲁木齐市在数字经济发展上位居前五（图 4-2）。2021 年，北京市超越其他城市成为领头羊，贵阳市、西宁市、信阳市和东莞市紧随其后（图 4-3）。这一变化表明，虽然像北京市和东莞市这样的城市能够在数字经济领域持续保持领导地位，但同时也有像贵阳市和西宁市这样的城市能够快速崛起，显示出中国城市数字经济发展的区域多样性和动态变化。这种变化可能受多种因素影响，包括地方政府的政策支持、企业生态系

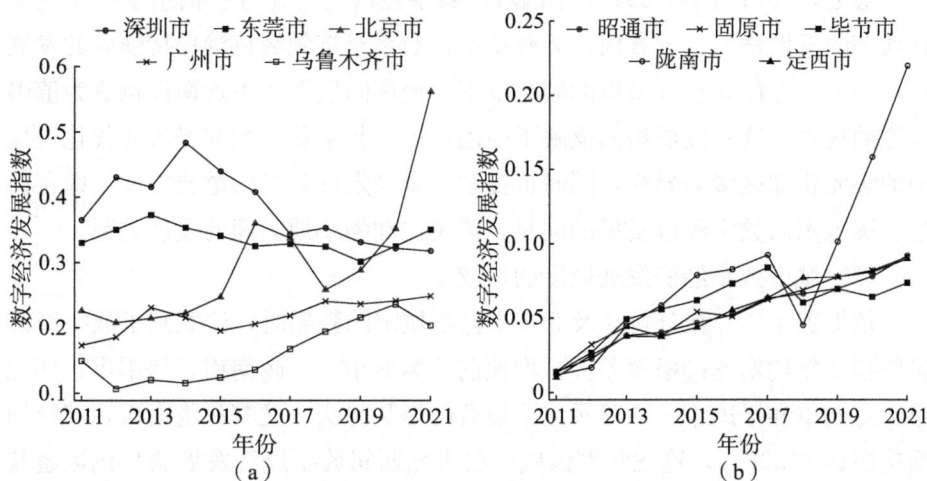

图 4-2　2011 年中国城市数字经济发展水平前 5 名（a）与后 5 名（b）城市

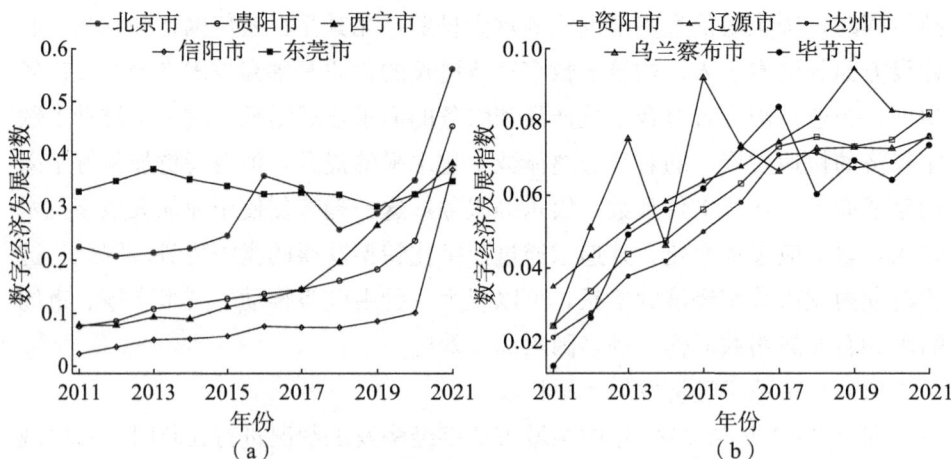

图 4-3　2021 年中国城市数字经济发展水平前 5 名（a）与后 5 名（b）城市

统的发展及基础设施的完善等。另外，在对 2011 年与 2021 年数字经济发展最慢的城市进行对比时，发现一些城市，如毕节市虽然依旧位于榜单末尾，但其数字经济发展指数有所提升。同时，新出现在榜单末尾的城市，如资阳市和辽源市，可能表明了中国城市间在数字经济发展上的不均衡性。这种不均衡性可能与地区经济基础、人力资源质量、政策支持和技术接入等因素相关。尤其是在一些较小或较偏远的城市，由于这些限制因素，它们在数字化转型的道路上可能面临更多的挑战。

总之，2011 年与 2021 年中国城市数字经济的对比分析揭示了一个复杂且动态的发展格局。一方面，某些城市在数字经济领域持续保持强劲的发展势头；另一方面，新兴城市的崛起及不同地区间发展的不均衡性也成为值得关注的现象。这一发展格局反映了中国在追求数字化转型和经济现代化进程中的多元化和区域差异性，同时也提示了未来发展策略的重要方向，即在促进全国范围内数字经济发展的同时，需关注和缩小地区间的发展差距。

（3）城市数字经济发展速度的比较

依据表 4-3，在分析涉及 288 个样本城市的数据时，注意到了数字经济发展指数年均增速的极端差异。增速前 5 名城市——陇南市、信阳市、怀化市、定西市和平凉市——显示出了显著的增长势头，尤其是陇南市，其年均增速高达 34.06%，这意味着该城市在研究期间数字经济发展的步伐远超其他城市。相反，乌鲁木齐市、白山市、东莞市、运城市和深圳市的年均增速位于末尾，其中深圳市的年均增速甚至为负值，为 -1.37%。

在对中国城市数字经济增速的分析中，我们观察到了显著的地区差异，这反映了数字经济发展的多元化和动态变化。一方面，对于增长率较高的城市，如陇南市和信阳市，这可能反映了这些城市在研究期间内有效政策的实施、基础设施投资的增加，以及特定行业（如电子商务、云计算等）的快速发展。这些因素共同促进了这些城市数字经济的快速增长，表明政策制定者和企业在地区特定的经济环境中发挥了关键作用。另一方面，对于增长率较低甚至为负的城市，如深圳市，这可能表明这些城市已在数字经济领域达到较高的发展水平，面临增长的天然上限。此外，这些城市可能面临更激烈的市场竞争和发展瓶颈，导致增长率放缓甚至下降。

这些数据提供了中国数字经济发展不均衡性的显著证据。这一发展格局揭示了地区间在数字经济发展方面的显著差异，这些差异可能源于地区经济结构、政策环境、市场成熟度和技术创新能力等因素的差异。即不同城市的数字经济增长受到政策支持、投资环境、行业发展及基础设施等多种因素的影响。因此，从政策制定和资源配置的角度来看，认识并理解这些差异化的增长模式对于制定有效的地区发展策略至关重要。这不仅需要地方政府和中央政府之间的协调，也需要私营部门和公共部门之间的合作，以确保数字经济的均衡和可持续发展。

4.3.2　空间分布特征

（1）总体分布特征

根据测算的 288 个中国地级及以上城市的数字经济发展指数，2011—2021 年，几乎所有城市数字经济持续发展趋势明显，但同时存在空间分布的异质性。

首先，东部沿海地区优势显著。中国东部沿海地区作为传统的经济强区，在数字经济的发展中展现出显著的集聚性。特别是上海市和广东省等地区，其数字经济发展指数不仅反映了该地区经济发展的整体实力，也映射了其在基础设施、政策环境、创新生态和人才政策方面所具备的综合优势。这种集聚趋势在一定程度上得益于沿海地区开放的经济环境和历史积累下的产业基础，为数字经济提供了肥沃的土壤。

其次，内陆城市异质性发展。中部地区的一些城市，如武汉市、长沙市、郑州市等，随着时间的推移，在数字经济方面呈现出稳步提升的趋势。

相较于东部和中部地区，西部地区发展缓慢。但西部地区尤其是省会城市和重要的经济节点，如成都市、重庆市、西安市，在数字经济的发展上呈现出较为显著的提升趋势，且伴随着异质性。这些城市的数字经济发展水平表明它们已成为内陆地区数字经济发展的标杆。因此，从宏观的空间差异角度来看，中国城市数字经济的发展呈现出显著的东西分异格局。东部沿海地区与中、西部地区在数字经济发展水平上的差距清晰可见，东部地区由于其先发优势和更成熟的市场经济条件，其数字经济发展水平普遍高于中、西部地区。这种差异性的存在，提示了未来政策制定中需要强化对中、西部地区数字经济扶持的必要性，以促进区域经济的均衡发展。

最后，城市群与经济圈协同发展。各城市数字经济发展指数显示，长三角、珠三角和京津冀等城市群和经济圈数字经济发展呈现出更为显著的协同效应。区域内城市之间在信息流、资本流和人才流上的高度互联互通，加上政策层面的有力支持，为数字经济的集中发展提供了条件。这一现象突显了区域经济一体化对促进数字经济增长的重要作用。其中，2011 年中国城市数字经济发展水平的空间分布特征尤为明显。

因此，总体上看，中国城市数字经济发展呈现出集聚与扩散并存的复杂空间格局，这一格局在不断演进的过程中逐步展现出新的特点和趋势。

（2）空间动态演化

通过不同年份分布格局的变化，可以探究中国城市数字经济发展水平的动态演进规律。主要表现在以下几个方面。

第一，空间扩散的动态性。沿时间轴观察，数字经济的空间扩散呈现出明显的动态性。2011—2021 年，中国城市数字经济发展水平的空间分布呈现出从沿海向内陆扩散的趋势。初期，数字经济高度集中在东部沿海地区，随着时间推移，内陆地区尤其是中部地区的一些城市，如武汉市、长沙市、郑州市等，数字经济发展水平逐渐提升。从沿海到内陆的发展演进，反映了数字经济由东向西、由经济发达地区向相对落后地区的渗透过程。这一扩散现象可能与政府推动区域协调发展、基础设施互联互通及信息技术广泛应用的政策导向有关。

第二，发展速度与范围的增长趋势。2011—2021 年，数字经济在中国城市中的发展呈现出加速趋势。这不仅体现在数字经济高发展水平区域数量的增加上，也体现在特定地区数字经济发展指数的提升上。这种趋势反映出中国在过去 10 年中科技进步迅猛、数字化转型深入及创新生态系统不断完善。

　　第三，东部沿海地区持续领先，但差距在缩小。尽管数字经济发展指数在全国范围内普遍提升，但区域间的不平衡性依然显著。东部沿海城市由于经济基础坚实、创新体系成熟及开放程度高，数字经济发展速度和规模继续保持领先地位。虽然东部和中部地区的一些城市在数字经济发展上有较大的差距，但从长期趋势看，这种差距正在逐渐缩小。这是因为中部和西部地区在数字经济上的发展速度在加快。

　　综上所述，中国城市数字经济的发展表现出从沿海向内陆扩散的趋势，东部地区依然是数字经济的高地，但中、西部地区的发展势头不容忽视，显示了中国城市数字经济整体上的快速增长和区域发展的逐步均衡。

4.3.3　时空综合分析

　　在对 2011—2021 年中国城市数字经济发展进行时空综合分析时，可以观察到几个关键趋势。首先，东部沿海地区在数字经济发展上始终保持领先地位，这一现象得益于该地区先进的经济基础、成熟的信息化基础设施和政策支持。然而，值得注意的是，自 2014 年起，中西部地区的数字经济发展速度显著加快，尤其 2018—2021 年，这些地区在缩小与东部地区的发展差距方面取得了显著进步。这种变化反映了中国数字经济发展的多元化和均衡化趋势。进一步地，城市群，如长三角、珠三角和京津冀地区的持续强劲发展，以及中部地区新兴城市的崛起，展示了数字经济在空间分布上的广泛扩散。城市群内部的密集互动和合作，加之新兴城市的发展动力，共同推动了区域内数字经济的整体提升。此外，国家层面的政策推动，如"中部崛起"和"西部大开发"政策，在后期的图表中展现出显著效果，即通过政策导向和资源配置，促进了中西部地区数字经济的增长。这一现象强调了政策在引导和平衡区域发展中的重要作用。

　　总之，中国城市数字经济的时空分布揭示了从东部沿海向中西部内陆逐步扩散的发展格局，并随着时间的推移呈现出整体发展水平的提升。东部地区虽然维持其领先地位，但中西部地区的迅速发展展现了中国数字经济发展的全面性和深度，同时也体现了国家政策在促进区域经济均衡发展中的重要作用。

4.4　城市经济高质量发展特征

构建了一个综合的城市经济高质量发展评价指标体系（表 4-2），以衡量中国 288 个地级及以上城市 2011—2021 年的经济发展水平。这个指标体系围绕"创新、协调、绿色、开放、共享"5 个核心维度进行设计，旨在全面反映城市经济发展的质量和可持续性。通过采用熵值法，一种客观的加权技术，计算得到了各城市在上述 5 个维度及综合经济发展水平上的指数。熵值法的应用使得评价结果更加客观、减少了主观偏见，确保了各指标在综合指数中的权重能够真实反映其在城市经济高质量发展中的重要性。表 4-4 显示了这些维度指数及综合指数的年度均值，提供了一个时间序列视角，从而能够观察和分析这些城市在经济高质量发展方面的动态变化和趋势。通过这些数据，能够深入理解中国城市经济发展的质量变化，以及在不同维度上的表现和差异。

表 4-4　2011—2021 年中国城市经济高质量发展指数年度均值

年份	创新能力	协调发展	绿色高效	开放水平	普惠共享	综合指数
2011	0.001 730	0.003 584	0.000 081	0.004 248	0.000 877	0.003 068
2012	0.001 623	0.003 452	0.000 083	0.004 286	0.000 875	0.003 041
2013	0.001 800	0.003 228	0.000 085	0.004 493	0.000 857	0.003 158
2014	0.002 047	0.002 944	0.000 087	0.004 541	0.000 843	0.003 210
2015	0.002 141	0.002 815	0.000 088	0.004 330	0.001 015	0.003 134
2016	0.002 205	0.002 993	0.000 088	0.004 375	0.001 069	0.003 201
2017	0.002 466	0.003 038	0.000 088	0.003 745	0.001 128	0.002 978
2018	0.002 569	0.002 852	0.000 089	0.003 122	0.001 181	0.002 686
2019	0.002 697	0.002 853	0.000 091	0.002 482	0.001 254	0.002 417
2020	0.002 079	0.002 749	0.000 091	0.002 486	0.001 295	0.002 245
2021	0.002 410	0.002 668	0.000 092	0.002 491	0.001 211	0.002 317

4.4.1　时间演化趋势

（1）总体趋势

通过表 4-4 中的中国城市经济高质量发展综合指数的年度均值可以看出，2011—2021 年，中国城市经济高质量发展经历了初期的增长、中期的波动稳定，以及近期下降的总体演化趋势（图 4-4）。

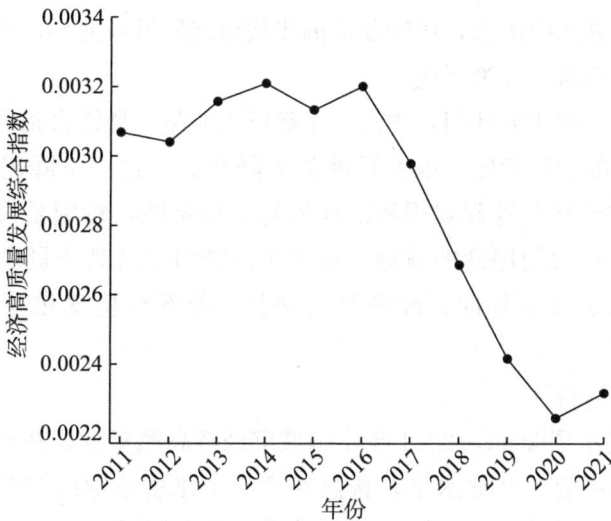

图 4-4　2011—2021 年中国城市经济高质量发展综合指数变动趋势

稳步增长与经济优化阶段（2011—2014 年）。2011—2014 年，经济高质量发展综合指数显示出一个稳步的增长趋势。从 0.003 068 微增至 0.003 210 的过程中，综合指数的微弱增长可能反映了中国经济转型策略初期的成效，如产业升级、创新驱动发展政策的初步实施，以及服务业和消费的持续增长。这个阶段的特点可能是政府政策与市场因素相结合，推动了经济向更加注重质量与效率的发展模式转变。

发展波动与政策调整阶段（2015—2016 年）。2015—2016 年，综合指数先是小幅下降至 0.003 134，随后回升至 0.003 201。略有下降，然后又小幅回升反映出这一阶段中国城市经济发展质量的波动性。这可能是宏观经济调控政策微调的结果、全球经济波动对出口导向型城市的影响，或者是国内经济下行压力的体现。尽管如此，2016 年的回升也可能表明城市经济对于政策变动的适应性和韧性。

下降趋势与结构性挑战阶段（2017—2021 年）。2017—2021 年，综合指数呈现出明显的下降趋势，从 0.002 978 降至 0.002 317。这一下降趋势表明在该时期，城市经济的高质量发展可能面临挑战。这可能与国内外宏观经济环境的不确定性、经济增长速度放缓及转型过程中的结构性问题有关。特别地，2020 年的综合指数跌至最低点，这清晰地体现了 COVID-19 疫情对中国城市经济的冲击，尤其是对服务业、消费、投资和外贸的影响。2021 年的轻微回升可能表明经济刺激政策和疫情防控措施的效果开始显现，城市经济开始展现复苏的迹象，尽管复苏的步伐可能因城市而异，依赖各自的产业结构和地方政府的政策反应。

总结而言，在研究期间，中国城市经济高质量发展综合指数经历了初期的增长、中期的波动稳定，以及近期的下降趋势。这一下降趋势可能指向结构性转型的挑战及外部宏观经济环境的不稳定性，特别是 COVID-19 疫情的影响。这一时间序列的数据反映了中国城市经济高质量发展的复杂动态，其中包括了政策导向、经济结构调整、外部环境变化及突发事件的影响。

（2）分维度特征

图 4-5 显示了 2011—2021 年中国城市经济高质量发展在创新能力、协调发展、绿色高效、开放水平、普惠共享 5 个维度指数的演化趋势。依据表 4-4 和图 4-5 对各维度时间演化规律详细分析如下。

创新能力维度。城市创新能力指数作为衡量城市经济高质量发展水平的一个关键维度，2011—2021 年呈现了几个显著的演变规律。表 4-4 和图 4-5 显示，初始阶段，创新能力指数从 2011 年的 0.001 730 经历了小幅波动，于 2012 年降至 0.001 623，随后逐年上升，到 2014 年达到 0.002 047。这一趋势反映了中国城市在科技创新领域的逐步加强，特别是政府在科研投资、技术推广和创新政策方面的积极作用。随后，2014—2019 年，创新能力指数持续攀升，2019 年达到 0.002 697 的高点，表明这一时期内创新活动显著活跃、科技成果快速增长。这可能与国内外投资增加、研发环境优化及创新型企业和创业活动的兴起有关。然而，在 2020 年，指数出现了一次较为明显的下跌，下降到 0.002 079，这一变化很可能与 COVID-19 疫情导致的经济停滞和研发活动减缓有直接关系。在经历了疫情的初始冲击之后，2021 年创新能力指数回升至 0.002 410，显示出城市创新生态在经历短期挑战

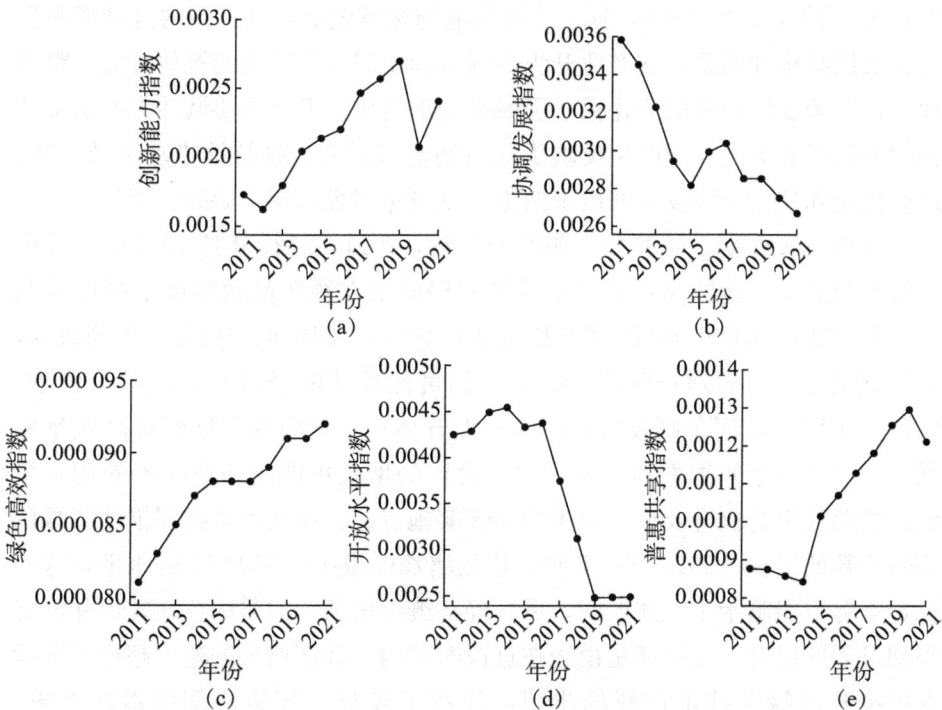

图 4-5 2011—2021 年中国城市经济高质量发展各维度指数变动趋势

后的恢复力量。可以看出,这期间的城市创新能力指数整体上呈现出一个稳健增长的趋势,中间虽有波动,但长期向好的发展态势明显。这一趋势凸显了创新在城市经济高质量发展中的核心地位,以及在应对突发经济挑战时保持发展动能的重要性。

协调发展维度。根据表 4-4 和图 4-5,2011—2021 年,城市协调发展维度呈现出了明确的下降趋势,该指数从 2011 年的 0.003 584 开始逐步下降到 2021 年的 0.002 668,揭示了中国城市在推进经济发展协调性方面面临的挑战。具体来看,2011—2013 年,协调发展指数经历了缓慢的下降,从 0.003 584 降到 0.003 228,可能反映了随着经济的快速发展,城市之间、城乡之间及区域内部的发展不平衡问题逐渐显现。2014—2015 年,指数显著地下降到 0.002 815,这表明了在经济结构调整和转型过程中,不同地区之间的协调难度增加,发展差距的拉大可能导致了协调发展指数的进一步下降。在 2016 年协调发展指数出现小幅反弹,增至 0.002 993,并在 2017 年继续上升至 0.003 038,表明在这一时期可能实施了一系列促进区域均衡、产业多元和社会包容性发展的政策。此后,指数再次呈现下降趋势,至

2021 年下降至 0.002 668，这一下降可能与全球经济波动、国内经济调整压力及长期结构性问题，如产业升级的困难和新旧动能转换的挑战有关。整体而言，协调发展指数的变化揭示了城市经济高质量发展在协调性方面面临的挑战和取得的进展，同时也反映了政策制定者需要重视持续推动区域平衡、产业优化和社会全面发展的政策措施，以确保实现协调发展的长期目标。

绿色高效维度。从表 4-4 和图 4-5 看，2011—2021 年这 10 年间，绿色高效指数的变化轨迹揭示了城市经济发展质量在绿色高效维度上的逐步改善，其指数从 0.000 081 缓慢增长至 0.000 092。细致地分析每一年的数据，可以识别出不同的增长阶段，以及它们可能反映的经济和环境政策背景。2011—2014 年，绿色高效指数的逐年上升体现了城市在初期经济高质量发展中对环境效率的注重和改善。这一阶段的增长可能与绿色技术的初步采纳、能源效率的提升及环境政策的初步实施有关，这些因素共同推动了绿色高效指数的增长。2015—2017 年，指数增长停滞在 0.000 088 的水平，这一稳定态势可能暗示了在此期间，尽管经济继续增长，但其绿色高效性并没有得到显著的提升。这可能是由于在这段时间内，经济增长的速度超过了环境保护措施和绿色技术创新的步伐，导致了经济与环境之间的潜在摩擦。2018—2021 年的轻微上升趋势可能反映了对绿色高效发展的再度重视，包括新的环境保护法规的制定、绿色技术研发与应用的扶持及可持续发展目标的政策推动等。这一时期的增长表明，政策制定者和市场参与者可能开始更加积极地寻求经济活动与环境可持续性之间的协调。总的来看，绿色高效指数的这种逐步增长的趋势和其在某些年份的停滞反映了在我国城市经济发展过程中，绿色高效维度的复杂性和多面性。它不仅揭示了城市经济高质量发展的绿色转型进程，也展示了经济结构调整、技术创新、政策变迁和宏观经济条件如何影响城市绿色高效性的提升。

开放水平维度。表 4-4 和图 4-5 的信息显示，开放水平指数 2011—2021 年表现出了下降的趋势，从 0.004 248 下降至 0.002 491，凸显了城市在全球经济结构中开放性逐渐减弱的宏观趋势。这一下降趋势表明，在该时期内城市经济的开放水平在逐渐降低，这可能指示了全球化进程中城市在国际交流与合作方面的变化，也反映了国际贸易、外国直接投资、跨国公司活动及技术转移等方面的减少。在分阶段考量时，2011—2021 年，城市经济的开放水平指数经历了一系列变化，反映了全球和地区经济动态与政策变迁对城市开放性的影响。2011—2014 年，指数渐进式上升至 0.004 541 的顶点，与全球经济复苏、国际贸易扩张及跨国投资增长密切相关，指示了在此阶段城市经济开放度的增强。然而，2015 年的指数微降至 0.004 330，可能映射了全球或地区经济的波动所引致的短期调整。紧接着的 2016 年，指数小幅回升至 0.004 375，暗示了对前一年度下降的短期纠正。最为显著的变化发生在 2017—2021 年，指数持续下降至 0.002 491，这不仅可能反映了全球贸易政策的重大变化、保护主义趋势的抬头及在国际合作某些领域的减缓，也可能与国内对外贸易政策的收紧、外资准入政策的调整有关，体现了城市经济发展重心从依赖外部市场向强化内生增长的战略性转移。这一系列变化表征了城市在全球化背景下开放水平的动态调整，以及在追求经济高质量发展的过程中，城市所做出的战略性适应与调整。

普惠共享维度。在 2011—2021 年的时间跨度中，普惠共享指数的演化规律展现了城市经济高质量发展中普惠共享维度的显著增强。初始阶段，即 2011—2014 年，普惠共享指数呈现轻微的下降趋势，可能反映了在经济发展的早期阶段，普惠共享政策和实践的探索尚未完全落地，或者经济增长的成果尚未能广泛地惠及所有社会成员。但是，从 2015 年开始，指数出现明显上升，直至 2020 年，这可能表明了在此期间，普惠共享在政策推动和实践中得到了加强，反映出社会保障的改善、收入分配的优化和基本公共服务的提升。特别是在对贫困地区的扶持和对弱势群体的关注上可能取得了实质性进展。2021 年普惠共享指数的轻微回退，或许揭示了面对经济波动时普惠共享成果的脆弱性，暗示了经济发展的不确定性对普惠共享成果的影响。整体来看，普惠共享指数的上升趋势凸显了在实现高质量发展过程中，普惠共享的持续推进对于确保经济增长成果普遍共享的重要性，同时也强调了在经济不稳定时期维持普惠共享政策韧性的必要性。

综上所述，2011—2021 年中国城市经济的高质量发展显示了几个关键维度的显著演变。创新能力指数总体呈稳健增长趋势，反映了科技创新和政府政策的积极作用，尽管在 COVID-19 疫情期间遭遇了挑战。城市协调发展指数的下降趋势揭示了经济发展协调性方面的挑战，尽管在某些时期有所改善。绿色高效维度逐步改善，表明了城市对环境效率和可持续性的重视，虽然在某些年份出现停滞。开放水平维度的下降反映了全球化进程中城市经济开放度的减少及向内生增长的战略性转型。普惠共享指数的整体上升趋势强调了普惠共享在确保经济增长成果普遍共享中的重要性，以及在经济不稳定时期保持政策韧性的必要性。这些维度的演变展现了城市经济高质量发展的多面性，同时也突出了在应对全球经济挑战和国内发展不平衡的背景下，综合性策略和持续创新的重要性。

4.4.2　空间分布特征

（1）总体分布格局

依据测算的中国城市经济高质量发展指数，发现经济较发达的沿海城市同时具有较高水平的经济发展质量，相对而言，内陆地区城市经济高质量发展水平较低，东西部区域经济高质量发展存在较大差距。具体地，中国城市经济高质量发展水平的空间分布包括如下特征。

首先，沿海－内陆梯度差异明显。观测 2011 年、2014 年、2018 年、2021 年 4 个年度的中国城市经济高质量发展水平的空间分布格局，沿海地区城市的经济高质量发展指数普遍高于内陆城市，尤其是东部沿海省份，如广东省、江苏省、浙江省及上海市，表现出显著的经济高质量发展水平。此外，东部沿海地区的经济高质量发展指数普遍高于西部内陆地区，这说明城市经济高质量发展水平存在显著的区域发展不平衡特征。这是因为，东部沿海地区地理位置优越，开放程度高，更早地享受到改革开放的政策红利，产业集聚效应显著，基础设施完善，教育和医疗资源丰富，加之政策的持续优惠，吸引了大量国内外投资，形成了较高的经济发展水平。相对而言，西部地区由于受限于自然条件、交通基础设施不足、工业基础薄弱等因素，经济发展较慢，且在国家宏观政策导向下，长期以来更多承担着资源输出和生态保护的角色，这进一步加剧了东西部的发展差异。

其次，通过分析发现长三角、珠三角和京津冀地区具有最高的城市经济高质量发展水平，这说明城市经济高质量发展存在集聚效应，且随着时间的推进，长三角、珠三角和京津冀，不仅保持了高质量发展的优势，而且这一优势似乎更加明显，这可能与区域协调发展政策密切相关。这一特征与中国改革开放初期实行的沿海开放策略，以及沿海地区较好的地理优势、完善的基础设施和强大的产业基础有关。

再次，一线城市和经济特区优势显著。从中国城市经济高质量发展指数看，一线城市及经济特区处于显著领先地位。北京市、上海市、广州市、深圳市等一线城市，以及珠海市、厦门市等经济特区，在经济高质量发展指数上远超其他城市，这一点在多年的数据累积中表现尤为突出。这些城市不仅在经济总量和人均 GDP 方面领先，而且在产业结构优化、高新技术产业发展、创新能力及国际化商业环境构建方面占据优势。这种优势得益于集聚效应、资本与人才的高度集中、科技创新和政策支持，从而形成强大的经济综合实力和创新生态。此外，国际资本和信息的流动为这些城市提供了与全球市场接轨的平台，进一步促进了其经济的高质量发展。

最后，中心城市对周边城市高质量发展的辐射带动作用明显。在中国城市经济高质量发展的空间分布中，省会城市及经济中心城市，如成都市、武汉市、长沙市的指数值普遍高于周边城市，这在空间分布中表征其较高质量的经济发展水平。这些城市作为各自省份的政治、经济、文化中心，拥有较为完备的基础设施、较高水平的教育与医疗资源、较为集中的创新与研发机构，因此能吸引更多的人才、资金与信息，形成区域性的经济增长极。中心城市的经济辐射力促进了城市群的形成，对周边城市的产业升级、技术革新、人才培养等方面产生了积极影响。以成都为例，其作为西南地区的经济中心，不仅自身发展迅速，也通过交通、服务业、教育等多个领域的辐射，带动了整个成渝经济区的发展。武汉市、长沙市等城市同样展现了中心城市在区域发展中的龙头作用，它们的发展引领了周边城市的工业化和现代化进程，提升了整个地区的经济高质量发展水平。

总之，中国城市经济高质量发展的总体空间分布特征表现为沿海地区与一线城市领先，内陆及西部地区相对滞后。同时，区域发展的不均衡性和极化趋势仍然显著，中心城市对周边城市的带动作用在一定程度上缓解了区域发展的不平衡。未来，国家在区域政策上需进一步促进区域协调发展，推动内陆和西部地区的经济高质量发展。

（2）空间动态演化

观察中国城市经济高质量发展水平空间分布的动态演化，可以总结出以下特征：

第一，一线城市与东部沿海城市的持续领先。北京市、上海市、广州市和深圳市等一线城市，以及东部沿海的经济特区，如珠海市、厦门市等，始终保持着较高的经济高质量发展指数。这些城市的高指数反映了它们的经济活力、创新能力、开放性和产业的高端化水平。随着时间的推移，这些城市的领先优势不但没有减弱，反而因为不断的政策支持、资本积累和人才集聚而得到进一步的巩固。

第二，东部沿海与中西部发展差距的动态演变。东部沿海城市与中西部城市在经济发展质量上的差距呈现波动的动态变化。一方面，随着国家区域发展战略的实施，如西部大开发、东北振兴等，中西部和东北部的一些城市得到快速发展，经济高质量发展指数有所提升；另一方面，东部沿海地区因其固有的发展基础和持续的创新投入，其发展优势仍在不断扩大。

第三，新兴城市群的崛起。除了传统的经济强区，如长三角、珠三角和京津冀之外，成渝、中原、武汉城市圈等新兴城市群经济高质量发展水平提升较快，显示出较强的增长势头和集聚效应。这反映了中国区域发展战略的调整，以及新型城镇化进程中城市群发展模式的兴起。

第四，区域政策的影响。中国的区域政策对经济高质量发展水平的空间分布产生了显著影响。例如，国家实施的自贸区、经济特区、高新区等政策，促进了相关城市的经济结构优化和产业升级，提高了城市经济的高质量发展水平。

第五，内陆城市发展潜力的逐渐释放。随着交通基础设施的改善和产业扶持政策的推进，内陆部分城市，如西安、成都、重庆等，其经济高质量发展指数逐年提升，这标志着内陆地区的发展潜力正在逐步释放。特别是一些内陆省会城市和区域中心城市，它们通过构建区域交通枢纽、发展高教资源、吸引高新技术产业等措施，逐渐形成了较强的区域带动能力和辐射效应。

总的来说，中国城市经济高质量发展水平的空间分布特征和动态变化规律，反映了国家宏观政策的导向效应、地区发展策略的实施效果，以及全球化和新型城镇化进程的深入发展。未来，随着中国经济发展进入新常态，经济结构的转型升级，以及区域协调发展战略的深入推进，这种空间分布的动态变化规律还将继续展现新的特点和趋势。

4.4.3　时空综合分析

根据上文分析可以看出，中国城市经济高质量发展的时空分布特征显现出复杂的动态变化规律。在时间序列上，北京、上海、广州和深圳等一线城市在过去几年的数据中呈现出持续的领先地位。这些城市的高指数表明了其在资本、人才、技术创新等方面的集聚效应及对全球经济的连接能力。同时，这也反映了这些城市在政策支持、基础设施完善及市场规模等方面具有优势。经济特区，如深圳市、厦门市及新兴的自贸试验区等地区显示出迅猛的发展态势。这些区域通常具备政策优势，如税收优惠、投资自由度高等，使得它们能够在创新驱动发展战略下快速成长。另外，部分省份的省会城市或经济中心，如成都市、武汉市、长沙市，其经济高质量发展指数较高，且有向周边城市扩散的趋势。这表明了中心城市在区域经济中的核心作用，能够通过产业链的扩散和人才、资本的流动带动周边地区的发展。从空间分布角度考量，中国城市经济高质量发展水平的空间分布揭示了东部沿海与中西部之间的显著梯度差异，表现为东强西弱的格局。这种分布特征与中国改革开放初期实施的沿海开放策略密切相关，东部沿海城市由于其较高的对外开放程度、先进的工业化和城市化水平，享有显著的经济优势。这些区域不仅在技术创新、资本集聚、人才吸引方面表现出色，而且在全球化背景下与国际市场的紧密联系也为其经济增长提供了强劲动力。同时，中国的区域经济集群，尤其是长三角和珠三角等区域，展现了较高的发展指数和明显的集聚效应。这些区域内城市间的高度协同增长和产业链的紧密互联是其经济高质量发展的关键因素。这种区域内的经济互补性和协作机制不仅促进了区域内的资源优化配置和产业升级，也为中国的整体经济增长贡献了重要力量。因此，东部沿海与中西部之间的梯度差异，以及区域经济集群的发展模式，共同构成了中国城市经济高质量发展的主要空间特征。

整合时间与空间的维度，可以发现，城市经济高质量的发展不仅受到宏观政策和全球经济环境的影响，同时也与地方产业政策、技术创新能力紧密相关。中心城市的经济辐射效应和区域内的联动发展模式对促进周边城市与远郊地区的高质量发展具有显著影响。因此，中国城市经济的高质量发展体现了一种由政策驱动与市场运作共同作用下的时空演进特征，既有利于区域经济整体协调发展，又促进了地方经济个性化发展的深化。

第5章　数字经济对城市经济高质量发展的影响效应

为了深入研究数字经济对城市经济高质量发展的影响效应，并对前文提出的数字经济赋能城市经济高质量发展的理论框架进行验证，本章通过采集的中国280个城市2011—2021年的平衡面板数据，构建空间计量模型，并运用适当的估计方法进行实证检验。目标是揭示数字经济对城市经济高质量发展的直接影响、间接影响。此外，通过引入空间权重矩阵，进一步探讨了数字经济发展的空间效应，旨在评估一个城市的数字经济发展如何影响其邻近城市的经济增长模式和质量。借助于地理加权回归（GWR）和SDM，细致分析了空间相关性和城市间互动对高质量发展的影响，从而为制定基于数字经济推动城市经济高质量增长的政策提供了经验证据和理论支持。

5.1　机制分析与假说

5.1.1　数字经济对城市经济高质量发展的直接影响

如第3章分析，数字经济通过推动技术创新和产业变革、提高经济效率、扩展市场和促进全球化、增强社会包容性及促进协调可持续发展等多种方式，对城市经济的高质量发展产生了深远影响。第一，数字经济推动了新技术的广泛应用，如人工智能、大数据、云计算等，这些技术不仅提高了现有产业的生产效率和产品质量，还促进了新产业和新业态的兴起。技术创新带动产业结构优化升级，使得城市经济更加多元化且更具竞争力。第二，数字技术在优化资源配置、降低交易成本、提高市场透明度方面发挥了重要作用。数字技术通过数据分析和信息处理能力，使资源配置更加精准和高效。企业能够通过实时数据流动、人工智能、云计算等手段，更快地匹配需求和供应，优化生产和物流环节，从而避免资源浪费。同时，数字平台降低了交易成本，通过减少中间环节、加速交易流程、提升自动化程度等方式，使企业间和企业与消费者之间的交易更加便捷和低成本。此外，数字技术还提高了市场透明度，信息的即时共享和公开使市场各方能够及时获取准确的市场信息，减少信息不对称的情况，从而促进公平竞争和市场效率的提升。这些作用共同推动了经济的高效运行和持续增长。第三，数字经济突破了传统市场的地理限制，使企业能够更容易地进入全球市场。电子商务、在线服务等模式使得小型企业和创业者也能够触及国际市场，促进了全球贸易和文化交流。第四，数字技术能够提供更加个性化、多样化的产品和服务，满足不同群体的需求，还可以通过提供在线教育资源、远程医疗服务等方式，减少社会不平等和区域差异。例如，数字普惠金融能够帮助低收入农村居民等弱势群体，有助于缩小城乡收入差距，为金融包容提供了新机会（刘双，2023）。第五，数字经济有助于更有效的资源管理和能源使用，促进环境保护和可持续发展。例如，通过智能化管理，可以提高能源利用效率，减少浪费，同时，数字技术在环境监测和保护方面也发挥着重要作用，通过加强数字平台与环境规制的融合，对城市经济发展产生了积极影响（王俊 等，2022）。基于上述分析，本书提出：

假说1：数字经济对城市经济高质量发展存在直接的积极影响。

5.1.2 数字经济对城市经济高质量发展的间接影响

一方面，数字经济作为一种深刻根植于信息技术的创新型经济模式，显著促进了新技术、新业态及新模式的涌现。这种经济形态的演进不仅是技术革新的结果，更是城市创新能力发展的强大推动力和主要受益方。城市创新能力的核心元素，包括但不限于技术创新、管理创新和商业模式创新，都在数字经济的浪潮中获得了显著加强。随着数字经济的深入渗透，企业与研究机构在城市环境中获得了更广泛的数据访问权限、更高效的创新工具及更开放的平台网络。这些资源的丰富性和工具的高效性共同降低了创新活动的门槛，并加速了创新过程，从而显著强化了城市的创新生态系统。值得注意的是，这种加速效应不仅在技术创新领域显现，更在管理创新和商业模式创新领域发挥重要作用。例如，基于数据的洞察力提高了企业的决策效率和市场适应能力，同时，新兴的商业模式推动了传统产业的结构调整和升级。进一步而言，城市创新能力的提升为经济的高质量发展提供了强有力的推动。创新驱动的产业升级，不仅改善了产品和服务质量，而且在更广泛的层面上促进了经济效益和社会福祉的增长。创新成果的具体应用，如在智能制造、智慧城市建设等领域的实施，不仅提升了城市的竞争力，还为居民生活质量的提升和可持续发展目标的实现铺平了道路。因此，城市创新能力在数字经济时代的提升，不仅是技术进步的必然结果，更是推动城市经济向更高质量发展的中介力量。

另一方面，数字经济的发展通常伴随着传统产业的数字化转型和新兴产业的崛起，特别是第三产业领域，如信息技术、电子商务和金融服务等。这些变化可以促进从以第二产业为主的产业结构向以第三产业为主的更高级化产业结构的转变。同时，产业结构的高级化往往意味着经济正向更高效率、更高附加值和更可持续的方向发展。这种转变有助于提高城市的经济竞争力、创新能力和居民生活质量，从而推动城市经济的高质量发展。通过分析数字经济发展与产业结构高级化指标的关系，以及产业结构高级化与城市经济高质量发展的关系，可以探究数字经济是如何通过影响产业结构进而影响经济高质量发展的。这种分析有助于揭示数字经济背后的作用机制。因此，产业结构高级化指标作为中介变量，能够有效地帮助理解并量化数字经济对城市经济高质量发展的影响路径和程度。通过这种中介变量分析，可以更全面地评估数字经济在城市经济发展中的作用。基于此，本书提出：

假说 2：数字经济可以通过提升城市创新能力和产业结构高级化程度推动城市经济高质量发展。

5.1.3　数字经济对城市经济高质量发展的空间效应

数字经济不仅在中心城市产生直接的经济增长效应，还通过多种方式对周边城市产生空间溢出效应。数字经济中心城市通常是技术创新和信息技术基础设施的聚集地。这些城市的技术创新和知识产权往往通过各种渠道（如学术交流、企业合作、劳动力流动等）向周边城市扩散。随着这些先进技术的传播，邻近城市能够吸收并应用这些技术，从而提高自身的产业效率和创新能力。已有研究表明，数字经济通过刺激城市内部产业结构升级和城市间知识溢出来提升经济发展质量，表现出显著的结构和区域差异（Lu et al.，2023）。数字经济不仅直接对城市全要素生产率产生显著积极影响，还通过促进工业进步和创新创业及对邻近城市的空间溢出效应，显著增强本地城市的生产率增长（Zou et al.，2024）。数字经济的发展促进了电子商务和网络平台的扩张，这些平台往往不受地理限制，为邻近城市的企业和消费者提供了更广阔的市场。通过这种方式，数字经济中心的商业活动和网络效应可以向周边区域扩散，提升整个区域的经济活力。另外，数字经济中心城市通常能够吸引大量高技能人才，这些人才在流动过程中可能会转移到邻近城市，带来先进的知识和管理经验，促进当地的人力资本提升和知识更新。数字经济则通过显著的正空间相关性和空间溢出效应影响碳强度，其中人力资本对碳减排显示双阈值效应（Zheng et al.，2023）。基础设施共享与区域互联方面，数字经济的发展往往伴随着信息基础设施（如宽带互联网、移动通信网络）的建设。这些基础设施的建设和改善不仅限于中心城市，也会扩展到邻近地区，从而提高整个区域的信息化水平。并且，数字经济的发展往往伴随着政府的政策支持。中心城市的政策创新和成功经验可能会被邻近城市模仿和采纳，形成区域性的政策协同效应，促进整个区域的经济发展和整合。基于上述分析，本书提出：

假说 3：数字经济对邻近城市经济高质量发展存在空间影响效应。

5.2　样本城市与变量选取

5.2.1　样本城市选取

在本书中，聚焦于 2011—2021 年这一时间跨度，旨在深入探讨数字经济对城市经济高质量发展的影响。基于数据的可获得性和质量的考量，香港特别行政区、澳门特别行政区及台湾地区的数据并未被包括在研究范围内。此外，为了确保数据的完整性和一致性，本书特别关注于构建一个平衡的面板数据集。因此，在数据收集过程中，剔除了那些在研究期间数据缺失较多或行政区划面积变动显著的城市。具体地，哈密市、吐鲁番市、那曲市、山南市、林芝市、昌都市、日喀则市、儋州市、三沙市、巢湖市、绥化市、钦州市、毕节市、铜仁市、拉萨市、海东市和中卫市等城市被排除在外。经过这一严格筛选过程，最终获得了涵盖 2011—2021 年 280 个地级及以上城市的平衡面板数据，作为研究的数据基础。

5.2.2 变量与描述性统计

选取 2011—2021 年中国 280 个地级及以上城市的面板数据作为实证检验的数据基础。在构建模型之前，首先需要对研究变量进行选择并进行描述性统计。这包括识别并定义那些能够衡量城市数字经济发展水平和城市经济高质量发展水平的关键指标。

（1）变量选取

被解释变量。基于研究目标，采用经济高质量发展指数（$hqdi$）作为被解释变量，反映城市经济高质量发展水平。依据第 4 章构建的城市经济高质量发展评价指标体系（表 4-2），采用熵值法计算出城市 i 在 t 期的指数值，并进行对数化处理。具体测算方法第 4 章已做详细说明，此处不再赘述。

核心解释变量。数字经济发展指数（dei）为核心解释变量，用以反映一个城市的数字经济发展水平。依据第 4 章构建的城市数字经济综合发展水平评价指标体系（表 4-1），采用熵值法计算出指数值。具体测算方法第 4 章已做详细说明，此处不再赘述。

中介变量。为了研究城市数字经济发展水平对城市经济高质量发展的间接影响效应，我们选取城市创新指数与产业结构高级化水平作为中介变量。

城市创新指数（$inno$）。城市创新指数代表了城市 i 的创新能力。城市创新能力对于城市经济的高质量发展至关重要，它通过推动技术和产业的进步、吸引人才和资本、优化产业结构、增强全球竞争力，以及促进可持续发展，来驱动经济增长和提升城市的整体经济表现。本书采用复旦大学产业发展研究中心公布的城市创新指数来反映城市创新能力（寇宗来 等，2017）。该指数使用国家知识产权局微观发明授权专利的法律状态更新信息，以及不同年龄发明专利的年费结构，通过 Pakes 等（1984）专利更新模型，估计不同年龄发明专利的平均价值，得到不同年龄发明专利的价值加权系数。然后，选择每年年底仍有效的发明专利，并按照城市或产业维度进行加权，计算每年每个城市或产业的专利价值总量。最后，以 2001 年全国专利价值总量为基准（标准化为 100），计算出研究期间的城市创新指数和产业创新指数。

产业结构高级化水平（$indu$）。用第三产业产值与 GDP 的比值来反映产业结构高级化。这是因为第三产业比重的增加表明经济结构正从以农业和制造业为主转向以服务业为主，这种转变反映了经济向更高效率、更高附加值的方向发展。特别是在数字经济快速发展的背景下，服务业的增长往往与数字技术的应用和创新紧密相关，进一步体现了产业结构的现代化和高级化趋势。因此，这一指标能够有效地反映数字经济对城市经济高质量发展的影响。

控制变量。选择系列控制变量以便尽可能排除其他因素干扰，确保研究结果的科学性和可靠性，从而更准确地评估数字经济对城市经济高质量发展的影响。具体包括经济发展水平、基础设施建设、城市开放程度、城镇化水平、政府支持、环境生态水平等。

经济发展水平（gdp）。城市经济发展水平对城市经济高质量发展有显著影响，较高的经济发展水平为高质量发展提供了基础，包括资本积累、基础设施、人力资源和技术能力等。另外，高质量发展需要在现有的经济基础上不断进行结构优化和创新驱动，以提升发展的质量和效率。因此，选择以2011 年为基期进行平减的各城市实际 GDP 作为控制变量（取自然对数），来反映城市经济发展水平。控制实际 GDP 有助于更准确地评估数字经济对城市经济高质量发展的影响，同时确保研究结果的稳健性和可比性。

基础设施建设（inf）。良好的城市基础设施建设，可以有效降低交易成本并提高生产效率，从而促进经济增长。而且，基础设施的改善可以直接提高城市居民的生活质量，如可靠的公交系统、清洁的水源和有效的废物处理等。另外，对于社会包容性、公平性、可持续发展等方面都会产生重要影响。选择城市人均道路面积来反映城市基础设施建设状况。

城市开放程度（$open$）。城市开放程度的提高能够促进贸易和投资、增强创新能力、提高劳动力质量、促进文化交流和社会包容、增强市场竞争力及改善城市形象等，是推动城市高质量发展的动力之一。选择城市年度进出口总额与年度 GDP 的比值反映城市开放程度。

城镇化水平（$urban$）。城镇化通常涉及人口从农村地区向城市地区的迁移，这个过程通过增加有效的劳动力供应、促进经济结构转型、扩大市场规模、提高经济效率、改善基础设施和公共服务、激发创新和技术发展等方式推动经济发展，同时也带来环境和可持续性挑战，以及社会融合和包容性问题，从而影响城市经济高质量发展。用城镇常住人口与常住总人口的比值来反映城镇化水平。

政府支持（*gov*）。政府支持，特别是政府财政一般预算支出，在提供必要的公共服务和基础设施、支持创新和技术发展、维护经济稳定、促进就业、减少社会不平等，以及推动环境保护和可持续发展方面，对城市经济的高质量发展起着重要的支撑作用。因此，选取一般预算支出与年度 GDP 的比值来反映政府支持力度。

环境生态水平（*envi*）。环境生态水平的提高能提升居民生活质量，还可以吸引集聚人才和投资，提升城市竞争力。选择城市建成区绿化覆盖率来反映城市的环境生态水平。

各变量的定义与说明如表 5-1 所示。

表 5-1　各变量的定义与说明

变量类别	变量名称	变量符号	变量说明
被解释变量	经济高质量发展指数	*hqdi*	依据表 4-2，采用熵值法计算
核心解释变量	数字经济发展指数	*dei*	依据表 4-1，采用熵值法计算
中介变量	城市创新指数	*inno*	复旦大学产业发展研究中心公布
	产业结构高级化水平	*indu*	第三产业产值与 GDP 的比值
控制变量	经济发展水平	*gdp*	实际 GDP（2011 年为基期）
	基础设施建设	*inf*	城市人均道路面积
	城市开放程度	*open*	年度进出口总额与年度 GDP 的比值
	城镇化水平	*urban*	城镇常住人口与常住总人口的比值
	政府支持	*gov*	一般预算支出与年度 GDP 的比值
	环境生态水平	*envi*	建成区绿化覆盖率

（2）数据来源与描述性统计

在本书中，所使用的原始经济数据主要来源于《中国城市统计年鉴》《中国区域经济统计年鉴》《中国城市建设统计年鉴》及《中国统计年鉴》，此外还包括各省份和地级市的统计年鉴。为了补充某些缺失的数据，还参考了各地区的统计公报，并运用了插值法和移动平均法来处理个别城市的缺失数据，这种方法确保了数据的完整性和研究的准确性。最终，得到 2011—2021 年 280 个城市的平衡面板数据。通过绘制各变量的箱线图发现，环境生态水平（*envi*）和经济发展水平（*gdp*）存在严重的离群值，为减少离群值对分析结果的影响，提高模型稳健性和可靠性，对相关变量采取 1‰ 水平的双侧缩尾处理。表 5-2 显示了最终所有变量的描述性统计结果。

表 5-2　变量的描述性统计结果

变量	样本数	均值	标准差	最小值	最大值
$hqdi$	3080	0.0029	0.0054	0.0002	0.0595
dei	3080	0.0923	0.0526	0.0101	0.5611
$inno$	3080	10.3439	1.4017	6.6241	15.5293
$indu$	3080	0.4244	0.1015	0.1015	0.8387
gdp	3080	7.4391	0.9189	4.4905	10.8488
inf	3080	18.1125	7.5058	1.3700	60.0700
$open$	3080	0.1752	0.2828	0.0000	2.4913
$urban$	3080	0.5655	0.1499	0.1815	1.0000
gov	3080	0.2006	0.0990	0.0145	0.9155
$envi$	3080	0.4040	0.0665	0.0097	0.9525

根据表 5-2，各变量的统计描述显示了不同城市在经济高质量发展各方面的显著异质性。例如，经济高质量发展指数（$hqdi$）作为衡量城市经济发展质量的综合性指标，囊括了经济增长的可持续性、均衡性和创新性等多维度因素。其在样本中呈现的低均值和较大的标准差，表明城市间在经济高质量发展方面的广泛差异，这可能源于不同城市在产业结构、技术创新、环境政策和社会福利等方面的差别。同时，数字经济发展指数（dei）作为衡量城市数字化水平的指标，也存在较大的标准差，说明了城市间在数字技术应用、数字产业发展及数字化对经济和社会影响方面存在显著不均衡。这种不均衡可能与各城市在基础设施建设、政府政策支持、开放程度和创新环境等方面的差异有关。至于其他变量，则显示出不同城市在创新能力、产业结构高级化、经济水平、基础设施、开放程度、城镇化水平、政府支持和环境生态方面的显著差异，这些差异可能深刻影响着各城市经济的高质量发展。

5.3 直接影响效应

5.3.1 模型设定

为了探究数字经济发展指数（dei）对经济高质量发展指数（$hqdi$）的影响，并考虑城市创新指数（$inno$）和产业结构高级化水平（$indu$）等中介变量的作用及空间效应，需要构建一系列的经济计量模型。这些模型将帮助分析城市数字经济发展水平对城市经济高质量发展的直接效应、间接效应，以及不同城市间的空间效应，从而验证假说1、假说2和假说3。

通过建立一个基本的回归模型来评估数字经济发展指数（dei）对经济高质量发展指数（$hqdi$）的直接影响效应，暂不考虑间接影响和空间效应。模型表示为：

$$hqdi_{it} = \beta_0 + \beta_1 dei_{it} + \gamma X_{it} + \mu_i + \lambda_t + \varepsilon_{it} \text{。} \tag{5-1}$$

式中，各变量下标的 i 代表城市、t 代表时间；μ_i 是城市固定效应；λ_t 是时间固定效应；ε_{it} 是随机干扰项。这个模型用于评估城市数字经济发展水平对经济高质量发展的直接影响，并控制了城市个体和时间的特定效应。

根据研究目标，选取经济高质量发展指数（$hqdi$）作为被解释变量，数字经济发展指数（dei）作为核心解释变量，表 5-1 中的其他变量作为控制变量，变量说明见表格。

5.3.2 回归结果分析

本书借助 stata17 软件进行实证分析。为了细致地分析和解释每个变量的独立影响力，并控制可能的混杂因素，采用逐步加入变量进行基准回归分析的方法，观察核心解释变量的系数和显著性如何在其他因素控制下保持稳定性或发生变化。进行回归之前，先进行 Hausman 检验，以确定选择固定效应（fixed effects，FE）模型还是随机效应（random effects，RE）模型。Hausman 检验结果的 P 值为 0.0000，因此拒绝了随机效应模型，支持使用固定效应模型，这样更能准确地捕捉模型中个体特定效应与其他变量的相关性。因此，未考虑中介效应和空间效应的基准回归，选择面板数据的双向固定模型对式（5-1）进行逐步回归，回归结果见表5-3。

表5-3　基准模型回归结果

变量	模型（1）	模型（2）	模型（3）	模型（4）	模型（5）
dei	0.1320***	0.1280***	0.1224***	0.0896***	0.0879***
	(13.12)	(12.58)	(12.04)	(8.59)	(8.42)
inno		0.0002***	0.0002***	0.0002***	0.0002***
		(3.35)	(3.02)	(3.61)	(3.83)
indu		0.0029***	0.0030***	0.0026***	0.0026***
		(3.56)	(3.53)	(3.18)	(3.09)
gdp			0.0002	0.0003	0.0006**
			(0.88)	(1.17)	(2.15)
inf			0.0000***	0.0000***	0.0000***
			(5.62)	(4.81)	(5.00)
open				0.0030***	0.0030***
				(9.65)	(9.63)
urban				0.0030***	0.0030***
				(4.29)	(4.27)
gov					0.0024***
					(2.73)
envi					0.0007
					(1.29)
Constant	0.0017***	−0.0013*	−0.0034*	−0.0058***	−0.0086***
	(12.56)	(−1.84)	(−1.87)	(−3.20)	(−4.19)
City FE	YES	YES	YES	YES	YES
Year FE	YES	YES	YES	YES	YES
Observations	3080	3080	3080	3080	3080
R-squared	0.118	0.125	0.135	0.169	0.172

注：***、** 和 * 分别表示在 1%、5% 和 10% 水平上显著。括号内为系数估计统计量。下表同。

表5-3中5个模型的系数估计和它们的统计显著性水平（由星号表示）揭示了数字经济发展指数（*dei*）、城市创新指数（*inno*）、产业结构高级化水平（*indu*）及其他控制变量对经济高质量发展指数（*hqdi*）的影响。其

中，模型（1）仅包括核心解释变量数字经济发展指数（dei），其系数为0.1320，为正值且在1%的水平上显著，这说明数字经济发展指数（dei）提高1个单位，经济高质量发展指数（hqdi）提高0.1320个单位，即数字经济可以显著促进城市经济的高质量发展。模型（2）至模型（5）逐步加入控制变量，数字经济发展指数的系数依然为正且显著，这意味着数字经济发展指数在控制了城市创新、产业结构高级化及其他经济和社会因素之后，依旧显著正向影响经济高质量发展。从系数上看，数字经济发展指数（dei）的系数大小在模型（1）中最大，为0.1320，随着其他变量的引入逐渐减小到模型（5）中的0.0879。这表明其他变量的加入可能是对数字经济发展和城市经济高质量发展关系的一部分解释，或者说，当没有控制其他因素时，数字经济对经济高质量发展的影响似乎更大。并且，随着控制变量的引入，数字经济发展指数（dei）的系数减小表明数字经济与经济高质量发展之间的关系可能受到城市创新、产业结构高级化等因素的部分中介作用。因此，数字经济发展可能通过促进信息交流、提高生产力、创造新的商业模式和就业机会等途径，促进经济的高质量增长。随着城市创新能力的增强和产业结构的优化，数字经济可能对城市的高质量发展产生更加显著的正向影响。综合来看，回归结果强烈表明数字经济发展对城市经济高质量发展具有显著的正向影响。该影响即使在多个控制变量和固定效应的控制下仍然稳健，这强调了在当前经济条件下，推动数字经济发展对提升城市经济的质量至关重要。因此，表5-3的回归结果验证了本书在5.1.1中的假说1，即数字经济对城市经济高质量发展存在直接的积极影响。

观察表5-3，可以继续分析城市创新指数（inno）和产业结构高级化水平（indu）对城市经济高质量发展的影响。模型（2）的回归结果显示，城市创新指数（inno）系数（0.0002）为正值，且在1%的水平上显著，这意味着城市的创新活动与经济高质量发展具有直接正相关关系。依据模型（3）到模型（5）的回归结果，在加入其他控制变量后，创新的影响力保持稳定，说明创新能力是城市经济高质量发展的重要驱动力，且在数字化转型中扮演了核心角色。高创新指数的城市可能更有效地整合数字经济的优势，从而推动经济结构向高端服务业和知识密集型产业转型。根据表5-3，产业结构高级化水平（indu）在所有模型中系数均为正值，且在1%水平上显著，这表明第三产业（服务业）相对于第二产业（制造业）的增长对经济高质量发展更具有积极影响。这可能是因为服务业通常包含了高技术含量和高附加值的行业，这些行业能提供丰富的知识和服务，对提升城市经济的综合质量具有显著作用。同时，该系数的显著性亦暗示了数字经济在服务业特别是在信息技术和金融服务等行业的普及与渗透，这些行业的发展可能是数字经济对城市经济高质量发展产生影响的重要中介渠道。总之，城市创新指数（inno）与产业结构高级化水平（indu）显示出自身对经济高质量发展的直接正面影响。创新能力的提升及服务业在产业结构中占比的增加，是数字经济影响城市经济发展质量的关键途径。

对于其他的控制变量，表 5-3 中的各模型回归结果显示：经济发展水平（gdp）在初期模型中不显著，可能因为它与其他未加入模型的变量相关。但在加入了更多控制变量的后续模型中，其系数变得显著。这可能反映了经济总体规模和财富水平在控制了其他变量后，对经济高质量发展的影响。基础设施建设（inf）系数在所有模型中均显著为正，说明良好的基础设施是经济高质量发展的重要支撑。这可能是因为基础设施提高了效率和连接性，为数字经济的发展提供了必要的物理基础。城市开放程度（open）的一致性和显著性表明开放经济体有更大的机会吸引投资、技术和人才，这对经济高质量发展至关重要。城镇化水平（urban）的显著性表明城市化进程与经济高质量发展之间存在正向关联。这可能与城市化带来的人口集聚、市场规模和专业化服务需求增加有关。政府支持（gov）在最终模型中显著，这反映了政府的角色作用不仅仅在于提供基础设施，还包括营造良好的商业环境和创新激励机制。环境生态水平（envi）在大部分模型中不显著，可能因为环境质量与经济高质量发展之间的联系需要通过更复杂的机制来理解，如生活质量的提高和长期健康的促进。

5.3.3　稳健性检验

通过面板数据对数字经济发展指数（dei）和经济高质量发展指数（hqdi）进行了初步的回归分析后，接下来需要进行稳健性检验。这主要是因为稳健性检验能够确保回归结果不是特定于所采用的数据集、模型设定或样本选择，而是具有一般性和普适性。此外，考虑到可能存在的内生性问题，如反向因果关系或遗漏变量，稳健性检验有助于评估这些潜在问题对研究结论的影响。因此，针对数字经济对城市经济高质量发展的回归结果，进行全面的稳健性检验不仅是衡量研究质量的重要标准，也是确保研究结论正确性的必要步骤。这里采用改变样本区间、替换被解释变量和基于内生性问题的工具变量法 3 种方法进行稳健性检验。表 5-4 报告了稳健性检验结果，其中模型（1）为原始数据回归结果，模型（2）为改变样本区间后的回归结果，模型（3）为将被解释变量替换为绿色全要素生产率的回归结果，模型（4）为选择数字经济发展指数（dei）的滞后一期为工具变量，并采用两阶段最小二乘法（2SLS）的回归结果。

表 5-4　稳健性检验结果

变量	模型（1）	模型（2）	模型（3）	模型（4）
dei	0.0879***	0.0703***	0.2381**	0.3174***
	(8.42)	(5.63)	(2.18)	(6.47)
inno	0.0002***	0.0002*	0.0020***	0.0007***
	(3.83)	(1.82)	(3.00)	(9.44)
indu	0.0026***	0.0042***	0.0153*	−0.0043***
	(3.09)	(3.15)	(1.77)	(−5.43)
gdp	0.0006**	0.0008*	0.0018	0.0023***
	(2.15)	(1.96)	(0.64)	(13.73)
inf	0.0000***	0.0000**	0.0002***	−0.0000
	(5.00)	(2.27)	(3.05)	(−1.30)
open	0.0030***	0.0018***	0.0065**	0.0045***
	(9.63)	(3.47)	(2.01)	(5.21)
urban	0.0030***	0.0040***	−0.0100	0.0026***
	(4.27)	(2.85)	(−1.37)	(4.76)
gov	0.0024***	0.0027**	0.0171*	0.0118***
	(2.73)	(2.08)	(1.90)	(9.27)
envi	0.0007	0.0007	0.0057	−0.0034***
	(1.29)	(0.80)	(1.03)	(−3.15)
Constant	−0.0086***	−0.0101***	0.9574***	−0.0245***
	(−4.19)	(−3.05)	(44.50)	(−16.85)
Observations	3080	1435	3080	2800
R-squared	0.712	0.517	0.610	0.531
City FE	YES	YES	YES	YES
Year FE	YES	YES	YES	YES

（1）改变样本区间

进行基准回归的原始面板数据集涵盖 2011—2021 年，包括 280 个中国城市。为了进行稳健性检验，随机选取其中的 205 个城市，并缩减时间范围为 2013—2019 年进行回归分析。这种方法能够在不同的样本（较少的城市数量）和更短的时间区间内测试基准回归结果的稳定性。改变样本区间后的回归结果见表 5-4 的模型（2）。结果表明，改变样本区间后数字经济对城市经济高质量发展的影响效应依然显著，回归系数为 0.0703，说明数字经济发展指数（dei）提高 1 个单位，可以促进经济高质量发展指数（$hqdi$）提高 0.0703 个单位。另外，除环境生态水平外，其他变量对城市经济高质量发展的促进作用依然显著，由此看出，对基准回归结果的分析结论是稳健的。

（2）替换被解释变量

借鉴已有文献的做法（胡志远 等，2024；石敏俊 等，2023；杜运周等，2022），选择使用绿色全要素生产率作为城市经济高质量发展的代理指标，替换原有的经济高质量发展指数（$hqdi$）。这种替换基于绿色全要素生产率在衡量经济效率和生态友好型发展方面的优势，能更全面地反映城市经济的可持续发展水平。表 5-4 中模型（3）的面板固定效应的回归结果表明，数字经济发展指数（dei）对绿色全要素生产率有着显著的正向影响，且通过了 5% 的显著性检验。这一发现与基准回归结果相一致，进一步强调了数字经济在推动城市经济质量提升方面的重要作用，也再次验证了基准回归的估计结果是稳健的。

（3）基于内生性问题的稳健性检验

采用基准回归检验数字经济对城市经济高质量发展的影响，但变量遗漏、测量误差和同时性偏差都有可能导致内生性问题。例如，文化因素、政策环境或特定区域的历史发展水平等都可能同时影响数字经济和城市经济高质量发展，如果这些因素没有被控制，就可能导致内生性问题。或者，数字经济发展指数（dei）或经济高质量发展指数（$hqdi$）的测量不精确，如指标的计算方法忽略了某些关键因素或包含了测量误差，它们可能无法准确反映所代表的经济现象。另外，数字经济与城市经济的高质量发展如果存在双向因果关系，也可能导致内生性问题。数字经济的发展可能促进城市经济的高质量发展，同时经济发展的高质量也可能为数字经济的发展提供更好的基础和环境。为确保上述回归分析的稳健性，考虑采用工具变量法尽可能弱化内生性问题带来的偏差。参照已有文献做法（陈昭 等，2022），选择数字经济发展指数（dei）的滞后一期作为工具变量，以检验数字经济对城市经济高质量发展直接影响效应的稳定性。加入工具变量之后运用 2SLS 进行回归，如表 5-4 中模型（4）所示。其中，弱工具检验结果 F 值为 88.62，远高于 10 的临界值，且 P 值为 0.0000，因此所选工具变量不是弱工具变量，2SLS 第二阶段估计准确。结果显示，数字经济发展指数（dei）系数为0.3174，并且在 1% 水平上显著，这与原先的回归结果一致。这表明，即便在尽可能缓解潜在的内生性问题后，数字经济发展仍对城市的高质量发展产生显著正面影响。此结果的一致性强化了原始结论的可信度，表明数字经济发展确实是促进城市经济高质量发展的重要因素。

5.4　间接影响效应

5.4.1　模型构建

数字经济发展推动城市创新和产业结构升级，从而赋能城市经济高质量发展，即数字经济可以通过提升城市创新能力和产业结构高级化水平，从而对城市经济高质量发展产生间接影响。为分析这一传导机制，我们构建中介效应模型，以考察数字经济发展指数（dei）如何通过城市创新指数（inno）和产业结构高级化水平（indu）两个中介变量影响城市经济高质量发展。通过这一模型，我们期望能够更加清晰地揭示数字经济在促进创新活动、优化产业结构过程中对城市经济高质量发展的影响路径，并为数字经济赋能城市经济高质量发展提供理论依据和实证支持。中介效应模型的基本构建方法如下：

$$hqdi_{it} = c * dei_{it} + e_{i1}, \tag{5-2}$$

$$M_{it} = a * dei_{it} + e_{i2}, \tag{5-3}$$

$$hqdi_{it} = c' * dei_{it} + bM_{it} + e_{i3}。 \tag{5-4}$$

式中，M 表示中介变量，即城市创新指数（inno）和产业结构高级化水平（indu）；e 表示残差。c 表示 dei 对 hqdi 的总效应；b 表示在控制了 dei 的影响后，中介变量 M 对被解释变量 hqdi 的影响效应；c' 则表示在控制了中介变量 M 的影响后，dei 对 hqdi 的直接效应；$a * b$ 表示中介效应（间接效应）；总效应 $c = c' + a * b$。

中介效应分析不仅深化了对数字经济与城市经济高质量发展间关系的理论理解，还揭示了数字经济通过特定机制促进城市发展的具体路径，为后续研究奠定基础。此外，控制变量的引入将进一步增强分析的严谨性和可靠性。基于式（5-2）、式（5-3）和式（5-4），依据 Baron 等（1986）的研究思路，构建更加详细的中介效应模型：

$$hqdi_{it} = \beta_0 + \beta_1 dei_{it} + \sum_{i=1}^{n} \rho_i X_{it} + \mu_i + \lambda_t + \varepsilon_{it}, \tag{5-5}$$

$$M_{it} = \alpha_0 + \alpha_1 dei_{it} + \sum_{i=1}^{n} \theta_i X_{it} + \mu_i + \lambda_t + \varepsilon_{ij}, \tag{5-6}$$

$$hqdi_{it} = \gamma_0 + \gamma_1 dei_{it} + \sum_{i=1}^{2} \delta_i M_{it} + \sum_{i=1}^{n} \zeta_i X_{it} + \mu_i + \lambda_t + \varepsilon_{it}. \tag{5-7}$$

式中，i 和 t 分别为城市和年份；α_0、β_0 和 γ_0 为截距项；M_{it} 为中介变量；β_1、α_1、δ_1、δ_2 为中介效应的核心系数；X_{it} 为控制变量；n 为控制变量个数。

根据研究目标，选取经济高质量发展指数（$hqdi$）为被解释变量，数字经济发展指数（dei）为核心解释变量。基于在前文 5.1.2 中的分析，选择城市创新指数（$inno$）和产业结构高级化水平（$indu$）为中介变量。这是因为它们能够连接数字经济与城市经济高质量发展之间的内在联系，并帮助解释数字经济是如何通过这些途径促进城市经济的高质量增长。一方面，创新是驱动城市经济高质量发展的核心要素之一。数字经济通过提高信息流通效率、促进知识共享和技术创新，可以显著提升城市的创新能力。这种提升反过来有助于推动城市经济的高质量发展，表现为更高的生产效率、更强的竞争力和更可持续的增长模式。另一方面，数字经济的发展往往伴随着产业结构的转型和升级，特别是促进从以制造业为主的第二产业向以服务业为主的第三产业的转变。这种转型有利于提高经济的附加值和效率，减少对资源的依赖，从而促进经济的高质量发展。因此，选择城市创新指数（$inno$）和产业结构高级化水平（$indu$）作为中介变量，来探讨数字经济影响城市经济高质量发展的传导机制。其余控制变量（X_{it}）的定义与说明见表 5-1，数据来源与基准回归时相同，并选择 2011—2021 年 280 个地级及以上城市形成的平衡面板数据作为分析基础数据。

5.4.2 城市创新的中介效应分析

数字经济的发展往往与技术创新紧密相关。创新活动，如研发投资、新技术应用和创意产业的发展，常常是数字经济增长的直接结果。因此，城市创新指数（$inno$）作为衡量这些活动的一个指标，能有效地捕捉数字经济影响的重要方面。并且，城市创新能力被广泛认为是推动经济高质量发展的关键因素。这是因为创新可以促进经济效率的提高、新产业的发展和现有产业的转型升级，从而在更广泛的层面上影响城市的经济表现。因此，将城市创新指数（$inno$）（寇宗来 等，2017）作为中介变量，有助于更全面地理解数字经济如何通过创新活动间接影响城市经济的高质量发展，为研究提供了更丰富的分析维度。

（1）回归结果分析

城市创新指数的中介效应模型回归结果如表 5-5 所示。其中，模型（1）是对式（5-5）进行的 OLS 基准回归，结果显示数字经济发展指数（dei）的系数为 0.0912，且通过了 1％水平上的显著性检验，说明不考虑中介变量的情况下，数字经济对城市经济高质量发展有显著的正面影响。模型（2）为中介效应模型中式（5-6）的回归，即数字经济发展指数（dei）对城市创新指数（$inno$）的回归结果，数字经济发展指数（dei）的系数为 1.5923，t 值为 2.70，在 1％水平上显著。这意味着数字经济发展指数（dei）与城市创新指数（$inno$）正相关，即数字经济发展程度越高，城市创新能力也越强，数字经济发展指数（dei）的每 1 单位提升将导致城市创新能力的显著增强。具体而言，随着数字经济的增长，如信息技术的广泛应用、数字基础设施的改进和数字化企业的增多，城市的创新能力显著提高。模型（3）是对式（5-7）的回归，汇报了引入中介变量城市创新指数（$inno$）之后数字经济对经济高质量发展指数（$hqdi$）的影响效应。结果显示，在加入了中介变量城市创新指数（$inno$）后，城市创新指数（$inno$）对经济高质量发展指数（$hqdi$）的影响系数为 0.0010，t 值为 26.98，在 1％水平上显著。同时，数字经济发展指数（dei）的系数由模型（1）中的 0.0912 减小为 0.0045，且在 1％水平上显著。即数字经济发展指数（dei）对经济高质量发展指数（$hqdi$）的直接影响在加入城市创新指数（$inno$）作为中介变量后减小，这表明城市创新指数在数字经济和城市经济高质量发展之间起到一定的中介作用。进行 Sobel 检验得到 P 值为 0.0000，意味着中介效应在统计上显著，支持了中介变量的中介作用，即数字经济对城市经济高质量发展的影响部分通过中介变量［如城市创新指数（inno）］发生。这表明城市创新指数（inno）在某种程度上正向影响城市经济高质量发展。

表 5-5　城市创新的中介效应与稳健性检验

变量	模型（1）	模型（2）	模型（3）	模型（4）
	hqdi	inno	hqdi	hqdi
dei	0.0912***	1.5923***	0.0045***	0.0035***
	(8.79)	(2.70)	(3.80)	(2.97)
inno			0.0010***	0.0012***
			(26.98)	(24.46)
dei×inno				0.0001***
				(5.14)
gdp	0.0007***	0.1158	0.0008***	0.0009***
	(2.62)	(0.99)	(3.47)	(3.67)
inf	0.0000***	−0.0195***	0.0000***	0.0000***
	(4.93)	(−5.70)	(3.14)	(3.04)
open	0.0030***	−2.3356***	0.0014***	0.0012***
	(9.59)	(−17.11)	(4.93)	(4.25)
urban	0.0029***	−1.6867***	0.0020***	0.0019***
	(4.13)	(−5.42)	(3.12)	(3.02)
gov	0.0021**	−1.0271***	0.0014*	0.0015*
	(2.49)	(−2.64)	(1.81)	(1.88)
envi	0.0007	−0.8829***	0.0001	0.0001
	(1.33)	(−3.71)	(0.29)	(0.19)
Constant	−0.0059***	1.3050	−0.0047***	−0.0049***
	(−3.07)	(1.50)	(−2.69)	(−2.81)
Observations	3080	3080	3080	3080
R-squared	0.165	0.209	0.321	0.327
City FE	YES	YES	YES	YES
Year FE	YES	YES	YES	YES

（2）稳健性检验

为了检验数字经济发展指数（*dei*）对经济高质量发展指数（*hqdi*）的影响，以及城市创新指数（*inno*）等中介变量的作用是否在不同的分析条件或方法下保持稳定，确保数字经济通过这些特定的中介路径对城市经济高质量发展产生影响的结论是可靠和有效的，引入交互项（*dei*×*inno*）进行稳健性检验，检验结果如表 5-5 的模型（4）所示。结果表明，数字经济发展指数（*dei*）的系数为 0.0035，在 1％水平上显著。这表明数字经济发展指数（*dei*）对经济高质量发展指数（*hqdi*）有正向的直接影响，即数字经济水平的提升与城市经济高质量发展水平的提高正相关，这与模型（1）和模型（3）结论一致。此外，城市创新指数（*inno*）的系数为 0.0012，且在 1％水平上显著。这表示城市创新指数（*inno*）本身对经济高质量发展指数（*hqdi*）有显著的正向影响，意味着较高的城市创新水平与城市经济的高质量发展密切相关。这与不加交互项（*dei*×*inno*）的模型（3）结论一致。数字经济发展指数（*dei*）和城市创新指数（*inno*）的交互项（*dei*×*inno*）系数为 0.0001，在 1％水平上显著。这一结果表明数字经济水平和城市创新能力的相互作用对城市经济高质量发展有显著影响。换言之，数字经济发展和城市创新之间的联合作用对城市经济高质量发展产生显著的影响，这种影响超出了它们各自独立影响的简单叠加。数字经济发展指数（*dei*）和城市创新指数（*inno*）交互效应的显著性支持了城市创新能力在数字经济和城市经济高质量发展之间起到中介作用的假设，强调了在分析数字经济对城市经济高质量发展的影响时，城市创新能力是一个重要的中介因素，其不仅直接影响经济发展，还与数字经济的发展相互作用，共同促进城市经济的高质量发展。

5.4.3　产业高级化的中介效应分析

数字经济的发展通常伴随着产业结构的转型，这种转型往往体现在从传统制造业（第二产业）向服务业和高技术产业（第三产业）的迁移。数字技术的应用和发展推动了产业升级，提高了产业的附加值和效率。产业向更高附加值、更环境友好和更创新驱动的方向发展，从而促进经济高质量发展。因此，选取第三产业产值与 GDP 的比值代表城市产业结构高级化水平，通过将产业结构高级化水平作为中介变量，可以识别并量化数字经济如何影响城市经济的高质量增长。这种分析帮助理解数字经济发展与产业结构优化之间的关系，以及这一关系是如何最终影响到整体经济质量。

（1）回归结果分析

表 5-6 汇报了产业高级化中介效应模型的回归结果。

模型（1）的 OLS 基准回归结果表明，数字经济发展指数（dei）显著提升了城市经济高质量发展水平，其系数为正值且在 1% 的显著性水平上通过了检验。模型（2）是对式（5-6）进行的回归，为了估计数字经济发展指数（dei）对中介变量产业结构高级化水平（$indu$）的影响效应，结果显示数字经济对产业结构高级化有着显著正面影响，说明数字经济的发展与产业结构高级化发展紧密相关，高显著性水平（1%）和较高的 t 值表明这一结果非常稳健。模型（3）是对式（5-7）的回归，考察产业结构高级化水平的中介效应。结果显示，中介变量产业结构高级化水平（$indu$）的系数为正值（0.0027）且通过了 1% 水平的显著性检验，这说明产业结构升级明显推动了城市经济高质量发展。

根据表 5-6，当考虑产业结构高级化水平（$indu$）作为中介变量后，数字经济发展指数（dei）对经济高质量发展指数（$hqdi$）的影响从 0.0912 降至 0.0865，这表明产业高级化在数字经济与城市经济高质量发展之间起到了中介作用。并且，通过对中介效应进行 Sobel 检验发现，P 值为 0.0000，拒绝了中介效应不显著的原假设，说明了中介效应在统计上的显著性，这进一步验证了中介变量产业结构高级化水平（$indu$）在解释变量数字经济发展指数（dei）和被解释变量经济高质量发展指数（$hqdi$）之间起到了显著的传递作用。即数字经济的发展不仅直接推动了城市经济的高质量发展，还间接地通过产业结构升级发挥作用。这可能是因为，数字技术的应用和普及改善了信息交流、提高了研发效率，并激发了新的商业模式和技术创新，这些因素共同作用于城市的整体创新生态，从而推动了经济结构的优化和经济活动的高质量增长。因此，这一发现强调了在推动数字经济发展的同时，推动产业结构升级的重要性，这有助于充分发挥数字经济在促进经济高质量发展中的潜力。

表5-6　产业高级化的中介效应与稳健性检验

变量	模型（1）hqdi	模型（2）indu	模型（3）hqdi	模型（4）hqdi
dei	0.0912***	1.7691***	0.0865***	0.0220
	(8.79)	(7.49)	(8.26)	(0.64)
$indu$			0.0027***	0.0021**
			(3.22)	(2.32)
$dei \times indu$				0.1238*
				(1.95)
gdp	0.0007***	−0.0758***	0.0009***	0.0009***
	(2.62)	(−12.83)	(3.31)	(3.49)
inf	0.0000***	0.0003*	0.0000***	0.0000***
	(4.93)	(1.69)	(4.83)	(4.76)
$open$	0.0030***	0.0180**	0.0029***	0.0029***
	(9.59)	(2.53)	(9.44)	(9.31)
$urban$	0.0029***	−0.0123	0.0029***	0.0030***
	(4.13)	(−0.77)	(4.19)	(4.24)
gov	0.0021**	0.0246	0.0021**	0.0022**
	(2.49)	(1.25)	(2.42)	(2.52)
$envi$	0.0007	0.0064	0.0007	0.0007
	(1.33)	(0.53)	(1.30)	(1.30)
Constant	−0.0059***	0.8571***	−0.0082***	−0.0082***
	(−3.07)	(19.42)	(−4.00)	(−3.99)
Observations	3080	3080	3080	3080
R-squared	0.165	0.770	0.168	0.169
City FE	YES	YES	YES	YES
Year FE	YES	YES	YES	YES

（2）稳健性检验

表5-6的模型（4）显示了采用数字经济发展指数（dei）和产业结构高级化水平（$indu$）的交互项进行稳健性检验的回归结果。结果显示，数字经济发展指数（dei）对经济高质量发展指数（$hqdi$）的直接影响在统计上不显著（系数为0.0220，t值为0.64），但产业结构高级化的独立效应是显

著的（系数为 0.0021，t 值为 2.32）。更为关键的是，交互项（$dei \times indu$）的系数为 0.1238，t 值为 1.95，这在 10％水平上是显著的。这表明数字经济发展指数（dei）和产业结构高级化水平（$indu$）之间存在一定程度的相互作用，即数字经济发展对经济高质量发展的影响会随着产业结构的高级化程度的不同而改变。这一结果意味着在不同产业结构背景下，数字经济对经济高质量发展可能有不同的影响路径，提供了关于数字经济和产业结构相互作用对城市经济高质量发展的深刻洞察，进一步验证了数字经济可以通过提高产业结构高级化水平推动城市经济高质量发展的结论。

　　综上所述，探究数字经济对城市经济高质量发展的影响效应过程中，特别关注了城市创新指数（$inno$）和产业结构高级化水平（$indu$）作为中介变量的作用。分析结果显示，数字经济发展指数（dei）对经济高质量发展指数（$hqdi$）有显著的直接正向影响。当引入城市创新指数（$inno$）和产业结构高级化水平（$indu$）作为中介变量时，这些中介变量不仅各自对经济高质量发展指数（$hqdi$）有显著的正向影响，而且在数字经济和城市经济高质量发展之间的作用路径中也起到了关键的中介作用。具体而言，城市创新指数（$inno$）的显著性表明，城市的创新能力是数字经济促进城市经济高质量发展的重要路径。同样，产业结构高级化水平（$indu$）也显示出作为中介变量的显著作用，表明数字经济的发展推动了产业结构向更高级化的方向转变，从而促进了城市经济的高质量发展。此外，还通过引入数字经济发展指数（dei）和城市创新指数（$inno$）及数字经济发展指数（dei）和产业结构高级化水平（$indu$）的交互项来进行稳健性检验。这些交互项的显著性进一步验证了城市创新能力和产业结构高级化不仅是数字经济影响城市经济高质量发展的重要中介渠道，而且这些中介变量与数字经济之间的相互作用也对城市经济的高质量发展起着重要作用。因此，本书在 5.1.2 中提出的假说 2 得以验证，即数字经济可以通过提升城市创新能力和产业结构高级化程度推动城市经济高质量发展。

5.5　空间影响效应

　　数字经济不仅在单个城市内促进了经济的高质量发展，而且通过多种机制，在城市群和区域层面上产生了显著的空间溢出效应（陈昭 等，2022）。

例如，数字经济通过提升信息技术基础设施和数字化水平，增强了城市间的信息流通和资源配置效率，这在地理上相近或经济上互补的城市之间产生了明显的正向空间溢出效应。并且，随着数字技术的发展和应用，城市间的创新合作和产业链整合得到加强，促进了知识和技术的跨区域传播，进一步推动了区域经济的整体提升。此外，数字经济还通过激发新型商业模式和服务，加速了城市经济结构的转型升级，这种转型在空间上呈现出由核心城市向周边城市扩散的趋势。因此，本书将通过构建空间计量模型，研究数字经济对城市经济高质量发展的空间效应。

5.5.1 空间相关性检验

（1）莫兰指数

空间相关性是指在地理空间上相邻或接近的区域或位置之间，某些特征或变量存在相互关联性。空间相关性检验是一种用于确定地理数据中是否存在空间相关性的统计方法。常见的空间相关性检验方法包括莫兰指数检验、Geary's C 检验和 LISA 检验。这些方法可以帮助验证地理现象在空间上的相似性、相关性和聚集性是否具有统计显著性。本书借鉴已有做法（Anselin，1988；Liu et al.，2022），采用莫兰指数识别各城市数字经济发展指数（dei）及经济高质量发展指数（$hqdi$）的空间相关性。莫兰指数统计量表示为：

$$I_{\mathrm{morans}} = \frac{n \sum\limits_{i=1}^{n} \sum\limits_{j=1}^{n} w_{ij} (x_i - \bar{x})(x_j - \bar{x})}{S^2 \sum\limits_{i=1}^{n} \sum\limits_{j=1}^{n} w_{ij}} 。 \tag{5-8}$$

式中，$S^2 = (1/n) \sum\limits_{i=1}^{n} (x_i - \bar{x})^2$，$\bar{x} = (1/n) \sum\limits_{i=1}^{n} x_i$；$n$ 表示城市数量；x_i 和 x_j 表示城市 i 和城市 j 的数字经济发展指数或经济高质量发展指数的观测值；w_{ij} 表示空间权重矩阵。对空间权重矩阵进行标准化处理之后，式（5-8）转变为：

$$I_{\mathrm{morans}} = \frac{\sum\limits_{i=1}^{n} \sum\limits_{j=1}^{n} w_{ij} (x_i - \bar{x})(x_j - \bar{x})}{\sum\limits_{i=1}^{n} (x_i - \bar{x})^2} 。 \tag{5-9}$$

莫兰指数的范围通常在－1（完全负相关）到＋1（完全正相关）之间，接近 0 表示无显著空间自相关。根据莫兰指数的结果，可以判断数字经济发展水平或经济高质量发展水平在总体空间上是否存在显著的相关性，这有助于理解它们是否有空间溢出效应或集群趋势，也称为全局莫兰指数。

莫兰指数的局部版本为局部莫兰指数，用于测量每个数据点与周围邻近数据点之间的局部关联性，以识别数字经济发展及经济高质量发展的局部聚集或离散模式。局部莫兰指数的公式为：

$$I_i = \frac{1}{S^2}(x_i - \bar{x}) \sum_{j=1}^{n} w_{ij}(x_j - \bar{x})。 \tag{5-10}$$

（2）全局莫兰指数的空间相关性检验

基于空间地理距离矩阵，利用 stata17 软件计算了 2011—2021 年数字经济发展指数（dei）和经济高质量发展指数（hqdi）的全局莫兰指数，如表 5-7 所示。结果显示，数字经济发展指数（dei）所有年份的莫兰指数都显著为正，这表明在整个研究期间，数字经济发展在不同城市之间存在正的空间自相关性。即数字经济水平高的城市倾向于与同样数字经济水平高的邻近城市相邻。Z 值在所有年份都非常高，远大于通常的临界值（如 1.96 或 －1.96），这意味着莫兰指数的结果是非常显著的。另外，所有年份的 P 值都为 0.000，这进一步证实了这些莫兰指数结果的显著性。与数字经济发展指数（dei）类似，经济高质量发展指数（hqdi）的莫兰指数也在所有年份都显著为正且 P 值均为 0.000，表明城市经济高质量发展水平在空间上同样呈现出显著为正的自相关性。这些结果表明，2011—2021 年，无论是数字经济发展水平还是城市经济高质量发展水平，在中国地级市之间都存在显著的空间集群现象。高水平的数字经济发展和高质量的城市经济发展往往在空间上聚集，形成热点区域。这种空间自相关性的存在可能是由于区域间经济互动、政策协调或共同的地理和文化因素所致。

表 5-7　全局莫兰指数检验结果

年份	hqdi			dei		
	莫兰指数	Z 值	P 值	莫兰指数	Z 值	P 值
2011	0.070	15.482	0.000	0.093	19.746	0.000
2012	0.070	15.467	0.000	0.096	20.624	0.000
2013	0.068	14.990	0.000	0.088	18.353	0.000

年份	hqdi			dei		
	莫兰指数	Z 值	P 值	莫兰指数	Z 值	P 值
2014	0.069	15.129	0.000	0.090	18.894	0.000
2015	0.071	15.623	0.000	0.086	17.889	0.000
2016	0.071	15.589	0.000	0.078	16.181	0.000
2017	0.075	16.291	0.000	0.085	17.509	0.000
2018	0.079	17.156	0.000	0.080	16.588	0.000
2019	0.083	17.938	0.000	0.052	11.051	0.000
2020	0.086	18.752	0.000	0.056	11.581	0.000
2021	0.086	18.718	0.000	0.029	6.510	0.000

（3）局部莫兰指数的空间相关性检验

在对中国 280 个地级市进行的研究中，已经识别出了数字经济发展指数（dei）和经济高质量发展指数（hqdi）在空间上的总体自相关性。为了更深入地探究这种空间相关性的细节，将进行局部莫兰指数分析。通过这种方法，不仅能够识别出在数字经济和城市经济高质量发展方面的热点和冷点地区，还能揭示这些变量在局部城市及其周围地区间的空间相互作用模式。借鉴已有做法（赵呈，2022），用 stata 软件绘制 2011 年、2014 年、2018 年、2021 年的 dei 和 hqdi 的局部莫兰指数散点图。

图 5-1 为 2011 年、2014 年、2018 年、2021 年这 4 个主要年份经济高质量发展指数（hqdi）的局部莫兰指数散点图。其中，第一象限（高-高）：位于右上方的点表示那些具有高 hqdi 值的城市，它们周围的城市也具有高 hqdi 值；第二象限（低-高）：位于左上方的点表示那些虽然本身 hqdi 值低，但其周围城市 hqdi 值高的城市；第三象限（低-低）：位于左下方的点表示那些具有低 hqdi 值的城市，其周围城市也具有低 hqdi 值；第四象限（高-低）：位于右下方的点表示那些虽然本身 hqdi 值高，但其周围城市 hqdi 值低的城市。根据图 5-1，4 个主要年份的散点大部分集中在第一和第三象限，所有年份回归线斜率都为正值，说明了高 hqdi 值的城市倾向于与其他高 hqdi 值的城市相邻，而低值城市则与其他低值城市相邻。这证实了局部空间正向自相关性的存在，意味着水平相近的经济高质量发展城市倾向于在空间上聚集。另外，从时间趋势上看，2011 年与 2014 年的莫

兰指数相对较低，但随着时间的推移，到了 2018 年和 2021 年，莫兰指数有所增加，这意味着城市经济高质量发展的空间集聚现象在这段时间内有所增强。因此可以认为，在整个研究时期内，经济高质量发展指数（*hqdi*）存在显著的空间正自相关性。

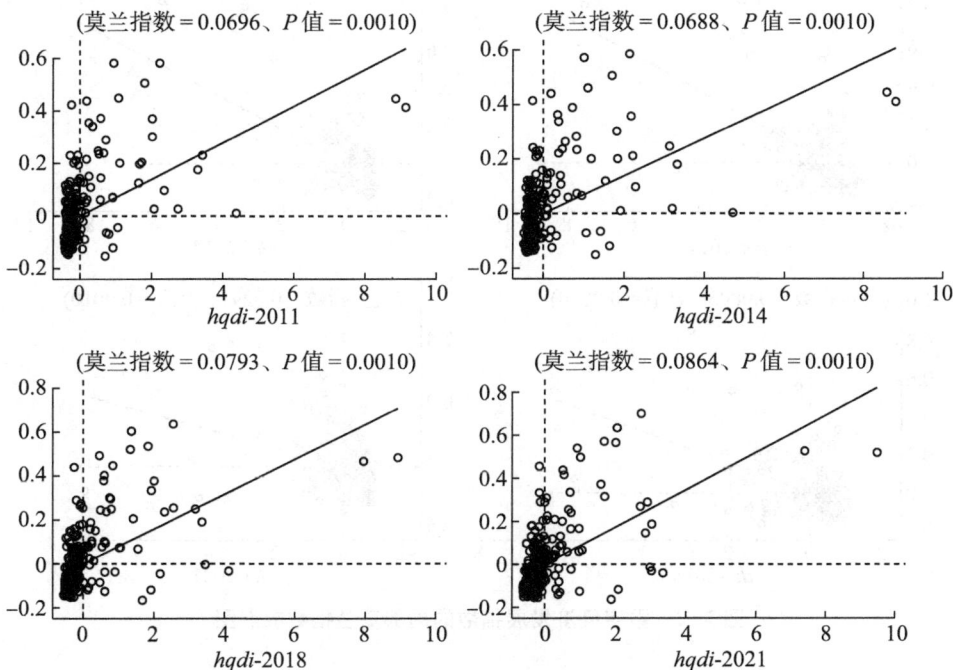

图 5-1 经济高质量发展指数的局部莫兰指数散点图

图 5-2 汇报了 2011 年、2014 年、2018 年、2021 年这 4 个主要年份数字经济发展指数（*dei*）的局部莫兰指数散点图。可以看出，在 4 个年份的散点图中，莫兰指数值都为正且 *P* 值显著（远低于 0.05），这说明数字经济发展水平在各个城市之间存在显著的正空间自相关性。但是，可以看到莫兰指数有下降的趋势，特别是 2018—2021 年，指数下降了一半多。这表明数字经济在城市之间的空间集聚效应有所减弱。根据图 5-2，4 个年份的数据都集中在第一象限（高一高）和第三象限（低一低），表明数字经济的高值和低值在空间上倾向于聚集，并且所有年份回归线斜率都为正值，进一步证明了相似程度的数字经济发展水平在空间上的集聚特性，表现为经济发展水平相似的城市倾向于相互靠近。但随着时间的推移，这些集聚可能在变化，与莫兰指数的下降相对应。因此，中国各地级市的数字经济发展指数（*dei*）

2011—2021 年普遍显示出正的空间自相关性，呈现出空间集聚的特征，但这种空间集聚性在减弱，可能因为技术的普及和数字化的扩散，数字经济发展的地理集中度有所下降。

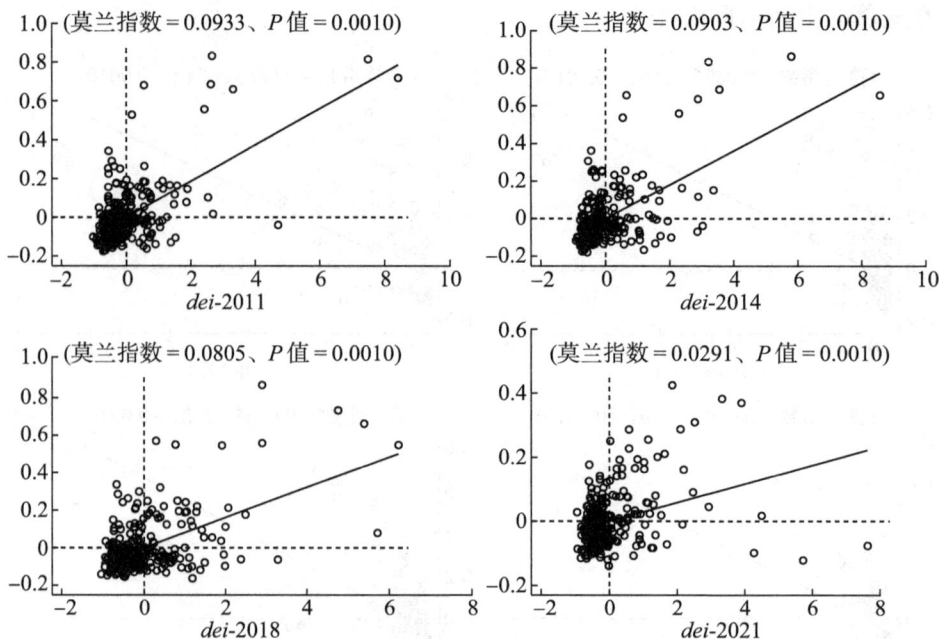

图 5-2　数字经济发展指数的局部莫兰指数散点图

5.5.2　空间计量模型构建

地理学第一定律（Tobler，1970）指出："一切都与其他事物相关，但是邻近的事物更相关。"这表明在空间分布上，相邻的事件或现象之间有更强的相关性。在前期的研究中，已经通过全局莫兰指数计算和局部莫兰指数的散点图揭示了数字经济发展指数（dei）和经济高质量发展指数（$hqdi$）在城市之间的显著空间自相关性，这为构建空间计量模型提供了理论基础和实证依据。因此，在下一步的分析中，将运用空间计量经济模型来进一步解析数字经济与城市经济高质量发展之间的复杂互动。这种模型能够帮助考虑到不仅是变量自身的影响，还包括了其空间上的相互作用，从而捕捉到地理位置的影响和空间结构的特征。通过引入 SAR、SEM 和 SDM，能够详细了解城市间相互依存关系的本质，以及数字经济如何通过空间溢出效应影响城市经济发展的整体质量。这将为地区政策提供更加深入的洞察，以促进经济发展的均衡和高质量。

（1）空间计量模型和空间权重矩阵

当研究指标在空间上的相互作用时，忽略空间依赖效应可能会导致估计结果产生偏差（Anselin，1988）。Maddison（2006）的研究中同样强调了空间相互作用关系可能导致的空间自相关问题。由于实际数据中普遍存在的空间相互依存现象，因而空间计量模型在实证分析中得到了广泛的应用，特别是在环境科学领域，如 Maddison（2006）和 Apergis（2016）的研究所展示的那样。因此，为了深入探究数字经济对城市经济高质量发展的空间影响，采用空间计量模型对 5.1.3 中的假说 3 进行检验，以便更准确地捕捉和理解数字经济在不同城市间传播和影响的复杂空间动态。

空间计量模型是一类用于分析空间或地理数据的统计模型。这些模型在经济学、地理学、环境科学和公共政策等领域尤为重要，因为它们可以用来分析空间数据的特殊特性，如空间依赖性和空间异质性。空间依赖性是指一个地理单位的值受到邻近地理单位值的影响。这种依赖可以是正的（相似的单位彼此接近）或负的（不同的单位彼此接近）。空间异质性则是指在不同的空间位置观察到的变量表现出不同的模式或趋势。这种异质性可能是由地理位置的不同造成的，如城市与农村之间的差异。空间计量模型主要包括 SAR、SEM、SDM 3 种。

SAR 是一种考虑空间依赖性的统计模型。它的核心思想是，一个区域的观测值不仅受到该区域内部因素的影响，还受到邻近区域的影响。SAR 包含时间滞后效应，并非纯静态分析。基本公式如下：

$$Y = \rho WY + X\beta + \varepsilon 。 \tag{5-11}$$

式中，Y 为被解释变量；X 为解释变量；β 为回归系数；W 为空间权重矩阵，定义了各个空间单元之间的关系；ρ 为空间自回归系数，表示空间依赖的程度；ε 为误差项。

SEM 关注的是空间相关性如何影响模型的误差项。它假设空间相关性不是通过解释变量直接体现，而是通过模型误差的相关性体现。在 SEM 中，空间相关性被认为存在于模型的误差项中。这意味着即使自变量（解释变量）之间没有直接的空间相关性，模型的误差项仍然可以在空间单元间显示出相关性。这种模式可能发生在误差项被某些未观测到的、具有空间结构的因素影响的情况下。基本公式为：

$$Y = X\beta + \mu。 \tag{5-12}$$

式中，$\mu = \lambda W\mu + \varepsilon$。$Y$ 为被解释变量；X 为解释变量；β 为回归系数；μ 为模型误差项；λ 为空间误差系数，表示误差项中空间相关性的程度；W 为空间权重矩阵，定义了各个空间单元之间的关系；ε 为一个随机误差项，通常假设为独立同分布。

SDM 是一种高度灵活且广泛适用的空间计量模型，结合了 SAR 和 SEM 的特点，能够捕捉复杂的空间动态。该模型的核心在于同时考虑了解释变量（自变量）和被解释变量（因变量）的空间依赖性。这使得 SDM 特别适用于那些不仅因变量之间存在空间相关性，而且自变量本身也显示出空间相关性的情况。在实证分析中，SDM 因其独特的灵活性和全面性，被广泛应用在多个领域。SDM 可以表示为以下形式：

$$Y = \rho WY + X\beta + WX\gamma + \varepsilon。 \tag{5-13}$$

式中，Y 是被解释变量；X 是解释变量；ρ 是空间自回归系数，表示因变量的空间依赖程度；W 是空间权重矩阵，定义了各个空间单元之间的关系；β 和 γ 是回归系数，β 表示自变量的直接效应，而 γ 表示自变量的空间滞后效应；ε 是随机误差项。

在空间计量模型的构建中，空间权重矩阵扮演着至关重要的角色，它是一种方阵，用于量化和表征空间单元（如地理位置或行政区划）之间的空间关联性。这种矩阵通常基于空间单元间的邻接性、地理距离或属性相似性来构建。例如，邻接权重矩阵根据空间单元是否相邻（共享边界）来赋予权重，而距离权重矩阵则依据地理距离进行权重分配，权重通常随距离的增加而递减。此外，基于属性的权重矩阵考虑了空间单元在经济、文化等特征上的相似性。在标准化处理后，这些矩阵提供了一种系统性的方法来分析和理解空间数据中的空间依赖性。空间权重矩阵的构建对模型结果具有显著影响，选择或构建合适的空间权重矩阵对于确保空间分析的准确性和有效性至关重要。

一个 $n \times n$ 的空间权重矩阵基本定义为：

$$W = \begin{bmatrix} w_{11} & w_{12} & \cdots & w_{1n} \\ w_{21} & w_{22} & \cdots & w_{2n} \\ \vdots & \vdots & & \vdots \\ w_{n1} & w_{n2} & \cdots & w_{nn} \end{bmatrix}。 \tag{5-14}$$

标准化处理方法为：

$$W_{ij} = \frac{w_{ij}}{\sum_j w_{ij}}。 \tag{5-15}$$

邻接权重矩阵基于空间单元之间的邻接性构建。具体来说，如果两个空间单元相邻（例如，两个区域共享边界），则它们之间的权重为 1；如果不相邻，则为 0。这种矩阵简单直观，通常用于表征空间单元的地理邻接关系，适用于那些邻接性对于研究问题至关重要的情境。因此，式（5-14）中的 $w_{11} = w_{22} = \cdots = w_{nn} = 0$，若单元 i 和单元 j 空间相邻，则 $w_{ij} = 1$，反之 $w_{ij} = 0$，并可以采用式（5-15）进行标准化处理。即：

$$w_{ij} = \begin{cases} 0, & (i \ 与 \ j \ 不相邻)， \\ 1, & (i \ 与 \ j \ 相邻)。 \end{cases} \tag{5-16}$$

地理权重矩阵是指在地理权重矩阵中，空间单元之间的权重是基于它们的地理距离确定的。权重通常随着距离的增加而减少，可能采用倒数、指数衰减或其他衰减函数。常用的倒数权重的表达式为：

$$w_{ij} = \frac{1}{d_{ij}^2}。 \tag{5-17}$$

式中，w_{ij} 是单元 i 和单元 j 之间的权重；d_{ij} 是它们之间的欧几里得距离，距离越远，权重越小，可用式（5-15）进行标准化处理。

经济距离权重矩阵不是基于物理距离，而是基于空间单元之间的经济相似性或相互作用来构建。这种权重可能基于贸易强度、经济活动的相似性或其他经济指标。这类矩阵适用于那些经济联系而非地理位置对于研究问题更为重要的场景。在空间效应的分析中，一般采用空间单元的人均 GDP 来衡量经济距离，公式为：

$$w_{ij} = \begin{cases} \dfrac{1}{|y_i - y_j|}, & i \neq j， \\ 0, & i = j。 \end{cases} \tag{5-18}$$

式中，y 表示人均 GDP。该矩阵可采用式（5-15）进行标准化处理。

（2）空间计量模型构建

目标是分析数字经济发展指数（dei）对经济高质量发展指数（$hqdi$）的影响，同时探究这种影响是否存在空间效应。为此，要构建 3 种主要的空间计量模型：SAR、SEM 和 SDM。这些模型不仅提供了考虑空间相关性的方式，而且允许更深入地理解城市之间在经济发展水平上的相互作用和依赖关系。随后，通过系列统计检验和模型比较，识别哪种空间计量模型最适合研究的数据和研究目标。最终将根据模型的统计显著性、解释能力和诊断测试结果，选择最适合的空间计量模型，以确保分析结果的准确性和可靠性。

SAR 设定为：

$$hqdi_{it} = \rho \sum_{j \neq i} W_{ij} hqdi_{jt} + \beta_0 + \beta_1 dei_{it} + \gamma X_{it} + \mu_i + \lambda_t + \varepsilon_{it} 。 \quad (5-19)$$

式中，$hqdi_{it}$ 为城市 i 在时间 t 的经济高质量发展指数；dei_{it} 为城市 i 在时间 t 的数字经济发展指数；X 为其他系列控制变量；ρ 为空间自回归系数，衡量了相邻城市 $hqdi$ 的影响；W_{ij} 为空间权重矩阵，描述了城市间的空间关系；μ_i 为城市固定效应；λ_t 为时间固定效应；ε_{it} 为随机干扰项。

SEM 设定为：

$$hqdi_{it} = \beta_0 + \beta_1 dei_{it} + \gamma X_{it} + \lambda \sum_{j \neq i} W_{ij} \varepsilon_{jt} + \varepsilon_{it} 。 \quad (5-20)$$

式中，λ 为空间误差系数，反映误差项在空间上的关联程度。

SDM 设定为：

$$hqdi_{it} = \rho \sum_{j \neq i} W_{ij} hqdi_{jt} + \beta_0 + \beta_1 dei_{it} + \gamma X_{it} + \sum_{j \neq i} W_{ij} X_{jt} \theta + \mu_i + \lambda_t + \varepsilon_{it} 。$$

$$(5-21)$$

式中，θ 是模型中解释变量的空间滞后系数，用于衡量解释变量（如数字经济发展指数）在一个地区的值如何受到周边地区相同解释变量值的影响。这意味着，一个城市的数字经济发展水平不仅影响其自身的经济高质量发展，还可能影响其邻近城市的经济高质量发展。

Lesage 等（2009）在其研究中提出了一个关键见解，即在 SDM 中，解释变量对因变量的影响不能仅仅通过回归系数直接反映出来。这是由于空间模型的复杂性，其中变量之间的相互作用不仅局限于给定位置，而且还包括空间上的相互依赖性。因此，简单的回归系数可能无法完全揭示这种空间动态。为了克服这一局限性，并更准确地衡量变量间的相互作用，Lesage 等（2009）建议采用空间回归模型的偏微分方法。这种方法能够分解解释变量的回归系数，以揭示其对因变量的直接、间接（也称为"溢出"）及总效应。直接效应指的是一个区域内解释变量变化对该区域因变量的影响；间接效应反映了一个区域内解释变量变化对其他区域因变量的影响；总效应则是这两者的综合。在本书中将采用这种方法对模型进行估计，以期更全面地理解变量之间的相互作用。

（3）变量选取与数据来源

与前文相一致，选择 280 个中国城市作为研究的样本城市，研究期间为 2011 年至 2021 年，构成平衡空间面板数据作为研究的基础数据。基于研究目标，我们选取经济高质量发展指数（$hqdi$）作为被解释变量，数字经济发展指数（dei）作为核心解释变量，控制变量包括城市创新指数（$inno$）、产业结构高级化水平（$indu$）、经济发展水平（gdp）、基础设施建设（inf）、城市开放程度（$open$）、城镇化水平（$urban$）、政府支持（gov）、环境生态水平（$envi$），各变量的解释说明见表 5-1。

5.5.3　实证结果分析

（1）LM 检验与 Hausman 检验

莫兰指数的空间相关性检验结果表明，数字经济和城市经济高质量发展都存在显著的空间影响效应，为了进一步探索数字经济发展水平如何通过空间维度影响城市经济的高质量发展，借助 stata17 软件利用 SAR、SEM、SDM 估计空间影响效应，即分别对式（5-19）、式（5-20）、式（5-21）进行回归。借鉴已有文献的判断依据（Anselin，2005），需要进行 LM 检验来测试 SAR 和 SEM 的适用性，如果两个结果均显著，则进一步进行稳健 LM 测试来确定更合适的模型。检验结果如表 5-8 所示。

表 5-8　LM 和稳健 LM 检验结果

检验	统计量	P 值
空间误差：		
莫兰指数	24.2200	0.0000
LM 检验	568.6600	0.0000
稳健 LM 检验	329.5170	0.0000
空间滞后：		
LM 检验	243.9970	0.0000
稳健 LM 检验	4.8530	0.0280

LM 和稳健 LM 检验结果显示（表 5-8）：首先，莫兰指数的值为 24.2200，P 值为 0.0000，表明模型中存在强烈的空间自相关性，即城市经

济高质量发展指数（$hqdi$）在空间上是相关联的，该结果强烈指向了在模型中考虑空间效应的必要性。其次，SEM 的 LM 和稳健 LM 检验结果显示 P 值均为 0.0000，表明存在空间误差，即误差项在空间上是自相关的，支持了采用 SEM 的必要性。最后，SAR 的 LM 测试结果的 P 值为 0.0000，意味着模型中存在空间滞后效应，即一个城市的经济高质量发展可能会影响其邻近城市。并且，稳健 LM 检验结果同样显著，尽管其统计量相对较小，但依然指向 SAR 的潜在适用性。因此，根据 LM 检验结果，考虑到 SEM 和 SAR 的支持度，以及 SDM 能够综合考虑空间滞后和空间误差，选择 SDM 进行分析是最合适的。

另外，进行 Hausman 检验用以比较固定效应模型和随机效应模型适用性。检验结果显示检验统计量 $chi2$ 值为 191.68，P 值为 0.0000，这表明在统计上显著，即在 1% 的显著性水平上拒绝了随机效应模型系数与固定效应模型系数之间没有系统性差异的原假设，因此选择双固定效应模型进行后续分析。

（2）模型估计结果分析

基于 LM 检验和 Hausman 检验的结果，选择时间和个体双固定效应的 SDM 作为合适的回归模型，空间权重矩阵选择经济距离权重矩阵。选取 SDM 进行分析是出于以下考虑：LM 检验揭示了模型中存在显著的空间依赖性，表明城市之间在经济发展水平上互有影响，从而强化了使用空间计量模型的必要性。Hausman 检验结果表明，固定效应模型相比随机效应模型能更准确地捕捉未观测的异质性，从而确保了模型估计的一致性和有效性。此外，时间固定效应能够控制所有城市共同面临的外部冲击或政策变化，而个体固定效应则控制了每个城市独有的不变特征。为了进一步比较和检验各变量参数估计的稳健性，除了 SDM，还考虑了其他几种模型的估计结果，包括 SAR、SEM 及没有空间效应的传统面板数据模型 OLS。通过横向比较这些模型的估计结果，可以更全面地评估空间效应的显著性，以及各解释变量对经济高质量发展指数（$hqdi$）的影响力度和方向。表 5-9 汇报了双固定效应下 SDM、SAR、SEM 及传统面板模型 OLS 的回归结果。

表 5-9　计量模型回归结果

变量	(1) OLS	(2) SAR	(3) SEM	(4) SDM
dei	0.0879***	0.0634***	0.0756***	0.0714***
	(0.0104)	(0.0095)	(0.0099)	(0.0101)
inno	0.0002***	0.0003***	0.0002***	0.0002**
	(0.0001)	(0.0001)	(0.0001)	(0.0001)
indu	−0.0026***	0.0006	0.0006	0.0001
	(0.0008)	(0.0008)	(0.0008)	(0.0008)
gdp	0.0006***	0.0002	0.0003	0.0002
	(0.0003)	(0.0002)	(0.0003)	(0.0003)
inf	−0.0000**	0.0000***	0.0000***	0.0000***
	(0.0000)	(0.0000)	(0.0000)	(0.0000)
open	0.0030***	0.0025***	0.0028***	0.0027***
	(0.0003)	(0.0003)	(0.0003)	(0.0003)
urban	0.0030***	0.0029***	0.0038***	0.0039***
	(0.0007)	(0.0006)	(0.0007)	(0.0007)
gov	0.0024***	0.0025***	0.0022***	0.0022**
	(0.0009)	(0.0008)	(0.0009)	(0.0009)
envi	−0.0007***	0.0002	0.0000	0.0001
	(0.0005)	(0.0005)	(0.0005)	(0.0005)
$W \times dei$				−0.0148
				(0.0185)
$W \times inno$				0.0003*
				(0.0002)
$W \times indu$				0.0045***
				(0.0017)
$W \times gdp$				0.0000
				(0.0007)
$W \times inf$				0.0000
				(0.0000)
$W \times open$				−0.0012*
				(0.0006)

变量	(1)	(2)	(3)	(4)
	OLS	SAR	SEM	SDM
$\boldsymbol{W}\times urban$				-0.0043^{***}
				(0.0014)
$\boldsymbol{W}\times gov$				0.0031
				(0.0019)
$\boldsymbol{W}\times envi$				0.0006
				(0.0013)
Constant	-0.0086^{***}			
	(0.0021)			
Rho or Lambda		0.4741^{***}	0.5039^{***}	0.4811^{***}
		(0.0251)	(0.0255)	(0.0278)
Observations	3080	3080	3080	3080
R-squared	0.1722	0.3849	0.4558	0.3472
City FE	YES	YES	YES	YES
Year FE	YES	YES	YES	YES

表 5-9 的回归结果显示，核心解释变量数字经济发展指数（dei）在 OLS、SAR、SEM 和 SDM 中均表现为显著，且在所有情形下均呈现正向关系，这表明数字经济的发展水平对城市经济高质量发展有显著正面影响，该结果与现有研究结果相一致（赵涛 等，2020；闵路路 等，2022）。这可能是因为数字经济的发展通过提升经济效率、推动创新和新业态发展、促进产业升级、增强区域连接性及提高居民生活质量等，推动了城市经济的高质量发展。另外，数字经济发展指数（dei）的系数从 OLS 中的 0.0879 逐渐减小至 SDM 中的 0.0714，反映出当考虑空间相关性时，数字经济对城市经济发展的直接影响略有减弱，但仍保持显著正向。直接影响效应减弱的原因来自空间溢出效应和空间异质性。一方面，在空间模型（SAR、SEM 和 SDM）中，本书考虑了城市之间的空间相互作用，即一个城市的经济活动如何影响其邻近城市。这意味着，部分原本被视为数字经济直接对当地经济发展的贡献，在空间模型中可能被解释为通过空间关系对周边城市产生的溢出效应。因此，数字经济对本地经济发展的直接影响系数可能因为这种溢出

效应的分摊而相对减小。另一方面，城市间经济发展水平的差异可能影响数字经济的空间分布和发展效果。例如，技术基础设施较好、人力资本较丰富的城市可能更能从数字经济中获益，而这种效应在包括空间相关性的模型中得到了更细致的考虑。

其他控制变量在不同模型中的表现揭示了多种因素对城市经济高质量发展的影响，其中城市创新能力、开放程度、城镇化水平及政府支持等因素在所有模型中均显示出显著的正向影响。例如，基础设施建设在 OLS 中负向显著，在空间模型中正向显著。这表明基础设施建设对城市经济发展的影响在考虑空间关系后变得正向且显著，可能是因为基础设施建设的空间网络效应在空间模型中得到了更好的体现。城市创新活动作为推动经济增长和提高生产率的关键因素，在所有模型中均表现出显著的正向影响。这一发现与现有文献一致，即创新能力强的城市更有可能实现经济结构的优化和产业的升级换代，从而推动经济的高质量发展。另外，城市开放程度和城镇化水平的正向显著影响揭示了它们在促进城市经济高质量发展中的重要作用。开放程度的提高不仅增强了城市与外部世界的联系，促进了技术和资本的流动，还加强了城市在全球经济中的竞争力。同时，城镇化过程伴随着人口和资源向城市集中，加速了经济活动的聚集效应，为城市经济发展提供了强大的市场需求和劳动力供应。政府支持在促进城市经济高质量发展中起到了不可忽视的作用。政府政策和资金支持对于激发创新活动、提升基础设施建设、促进产业升级和环境保护等方面至关重要。政府的积极参与和有效管理为城市经济的高质量增长创造了有利的外部环境和政策框架。

同时，可以观察到，产业高级化、经济发展水平和环境生态水平的影响在引入空间相关性考量后呈现出显著的变化。这表明，城市经济高质量发展是一个复杂的多因素互动过程，其中空间相关性起到了不可忽视的作用。产业高级化、经济发展水平和环境生态水平等因素的影响在引入空间维度后出现显著变化，揭示了经济活动的空间依赖性和城市间经济相互作用的重要性。

（3）直接效应、间接效应与总效应

LeSage 等（2009）提出直接效应、间接效应和总效应，目的在于解决空间计量模型系数难以解释的问题。其中，直接效应描述的是在给定的空间单元内，解释变量对被解释变量的影响，它反映了一个变量变化对同一空间单元经济发展水平的即时影响。间接效应又称为空间溢出效应，用于度量邻近空间单元上的解释变量变化如何通过空间相互作用影响本空间单元的被解释变量。这种效应捕捉了空间相依性和经济活动的网络特性。总效应将直接效应和间接效应合并，可以理解为某一空间单元的某个解释变量的变动对所有地区的被解释变量的平均影响。

本书聚焦于探索数字经济发展指数（dei）及其他关键经济和社会指标对城市经济高质量发展的贡献。通过采用 SDM，不仅分析了这些变量对单一城市经济发展的影响，还进一步探讨了它们如何通过空间相互作用影响邻近城市的经济表现。但由于 SDM 中的回归系数无法直接呈现出解释变量的实际偏回归效应，需要对模型进行分解，以便获得直接效应、间接效应和总效应的详细度量。结果如表 5-10 所示。

表 5-10　直接效应、间接效应和总效应结果

变量	直接效应	间接效应	总效应
dei	0.0729***	0.0377	0.1106***
	(0.0103)	(0.0337)	(0.0349)
$inno$	0.0002***	0.0007***	0.0009***
	(0.0001)	(0.0003)	(0.0003)
$indu$	0.0005	0.0086***	0.0090***
	(0.0008)	(0.0031)	(0.0032)
gdp	0.0002	0.0003	0.0005
	(0.0003)	(0.0013)	(0.0013)
inf	0.0000***	0.0001**	0.0001***
	(0.0000)	(0.0000)	(0.0000)
$open$	0.0027***	0.0000	0.0028**
	(0.0003)	(0.0011)	(0.0012)
$urban$	0.0037***	−0.0046*	−0.0008
	(0.0007)	(0.0026)	(0.0027)
gov	0.0024***	0.0080**	0.0104***
	(0.0008)	(0.0035)	(0.0035)
$envi$	0.0002	0.0011	0.0013
	(0.0005)	(0.0024)	(0.0026)

表 5-10 汇报了核心解释变量数字经济发展指数（dei）及控制变量对城市经济高质量发展的直接效应、间接效应和总效应。结果显示，直接效应、

间接效应和总效应均为正值，但间接效应的系数没有通过显著性检验。直接效应系数为 0.0729，且在 1% 的水平上显著，表明数字经济发展水平的提升会显著促进该区域的经济高质量发展。这个系数的正值表明，随着数字经济发展指数（dei）的增加，经济高质量发展指数（$hqdi$）也相应提高，反映出数字经济是推动本地区经济增长和质量提升的关键因素。间接效应系数为 0.0377，但在统计上不显著，暗示数字经济对邻近城市的经济高质量发展影响不明显，这与已有文献结论相一致（张英浩 等，2022）。间接效应不显著可能是因为数字经济的影响具有局部性特征或空间传播效应较弱，使得数字技术和数字经济未能有效扩展其积极影响至周边地区或较远地区。但是，可以观察到间接效应的系数为正值，揭示了数字经济发展对邻近地区可能具有正向的间接效应，提示需要进一步探索空间相互作用。从总效应上看，数字经济的系数为 0.1106，且在 1% 的水平上显著，表明数字经济对城市经济高质量发展的总体影响是正面且显著的。总效应结合了直接效应和间接效应，强调了数字经济在整个空间网络中对经济高质量发展的积极作用。总效应高度的显著性表明，无论是在本地区还是通过空间链接的邻近地区，数字经济的发展均是促进经济高质量增长的关键动力。因此，假说 3 被验证，即数字经济对邻近城市经济高质量发展存在空间影响效应。

表 5-10 同时汇报了其他控制变量在 SDM 中的直接效应、间接效应和总效应。通过对效应分解分析，发现城市创新能力在促进经济发展方面表现出显著的正向直接和间接效应，强调了创新对本地及邻近城市经济活力的推动作用。同时，基础设施建设的正面直接和间接效应凸显了良好物理资本对提升区域经济互联互通及发展效率的重要性。进一步地，城市开放程度的显著直接效应反映了开放性经济环境在吸引外资和促进国际合作中的作用，尽管其对邻近地区的间接效应相对有限。此外，产业高级化呈现显著间接效应而非直接效应，暗示了产业升级在区域层面通过经济互补性和产业链整合产生积极影响的机制。值得注意的是，城镇化水平的分析揭示了城镇化进程对本地区经济发展具有正向作用，然而其对邻近城市可能产生的负面压力也不容忽视。还观察到政府支持在促进经济发展中发挥着重要角色，直接和间接效应的显著性强调了政策环境和公共管理在区域经济增长中的推动作用。

5.5.4　稳健性检验

为了进一步验证研究结论的可靠性，通过替换空间权重矩阵、替换被解释变量、减少样本城市和研究期间等方式进行稳定性检验，检验结果如表 5-11 所示。

其中，模型（1）是 SDM 的基准回归结果；模型（2）是将空间经济距离权重矩阵替换为经济地理嵌套矩阵，进行双重固定的 SDM 回归结果；模型（3）是将绿色全要素生产率作为城市经济高质量发展的代理指标（胡志远 等，2024；石敏俊 等，2023；杜运周 等，2022），替换原有的经济高质量发展指数（$hqdi$），采用双重固定的 SDM 回归结果；模型（4）是随机剔除部分样本城市并将研究周期缩短为 2013—2019 年，形成新的空间面板数据再进行 SDM 回归的结果；模型（5）为系统广义矩估计（generalized method of moments，GMM）的结果，是基于缓解内生性问题的稳健性检验。总体上看，5 个模型中核心解释变量数字经济发展指数（dei）的系数均为正值，且全部通过了显著性检验，这说明数字经济发展对城市经济高质量发展具有显著正面影响的结论是稳健的。

表 5-11　稳健性检验结果

变量	模型（1）	模型（2）	模型（3）	模型（4）	模型（5）
$L. hqdi$					0.5370***
					(0.0620)
dei	0.0714***	0.0722***	0.2782**	0.0636***	0.1297***
	(0.0101)	(0.0106)	(0.1112)	(0.0124)	(0.0479)
$inno$	0.0002**	0.0002***	0.0007	0.0002*	0.0003
	(0.0001)	(0.0001)	(0.0007)	(0.0001)	(0.0002)
$indu$	0.0001	−0.0007	0.0098	0.0019	0.0074*
	(0.0008)	(0.0008)	(0.0087)	(0.0013)	(0.0039)
gdp	0.0002	0.0002	−0.0003	0.0003	−0.0007*
	(0.0003)	(0.0003)	(0.0028)	(0.0004)	(0.0004)

续表

变量	模型（1）	模型（2）	模型（3）	模型（4）	模型（5）
inf	0.0000***	0.0000***	0.0002**	0.0000***	−0.0000
	(0.0000)	(0.0000)	(0.0001)	(0.0000)	(0.0000)
$open$	0.0027***	0.0026***	0.0052*	0.0014***	0.0021
	(0.0003)	(0.0003)	(0.0031)	(0.0005)	(0.0017)
$urban$	0.0039***	0.0039***	0.0053	0.0066***	−0.0244***
	(0.0007)	(0.0007)	(0.0071)	(0.0015)	(0.0092)
gov	0.0022**	0.0027***	0.0224**	0.0018	−0.0119***
	(0.0009)	(0.0009)	(0.0096)	(0.0013)	(0.0043)
$envi$	0.0001	0.0002	0.0025	−0.0001	0.0033*
	(0.0005)	(0.0005)	(0.0051)	(0.0007)	(0.0018)
$W \times dei$	−0.0148	0.0256	−0.5350	−0.0063	
	(0.0185)	(0.0565)	(0.5945)	(0.0204)	
$W \times inno$	0.0003*	0.0019***	0.0079	0.0004*	
	(0.0002)	(0.0006)	(0.0067)	(0.0002)	
$W \times indu$	0.0045***	0.0506***	0.0212	0.0042*	
	(0.0017)	(0.0076)	(0.0785)	(0.0024)	
$W \times gdp$	0.0000	0.0044	−0.0091	0.0007	
	(0.0007)	(0.0029)	(0.0300)	(0.0011)	
$W \times inf$	0.0000	0.0006***	0.0005	0.0000	
	(0.0000)	(0.0001)	(0.0009)	(0.0000)	
$W \times open$	−0.0012*	−0.0021	0.0504**	0.0003	
	(0.0006)	(0.0024)	(0.0251)	(0.0010)	
$W \times urban$	−0.0043***	−0.0179***	−0.2091***	−0.0068**	
	(0.0014)	(0.0059)	(0.0618)	(0.0030)	
$W \times gov$	0.0031	0.0402***	0.0401	0.0048	
	(0.0019)	(0.0087)	(0.0894)	(0.0032)	
$W \times envi$	0.0006	0.0177**	0.1880***	0.0013	
	(0.0013)	(0.0069)	(0.0714)	(0.0020)	

续表

变量	模型 (1)	模型 (2)	模型 (3)	模型 (4)	模型 (5)
rho	0.4811***	0.3296***	0.7296***	0.3972***	
	(0.0278)	(0.1007)	(0.0622)	(0.0398)	
AR (1)					0.0000
AR (2)					0.8940
Hansen test					0.4920
Observations	3080	3080	3080	1379	2800
R-squared	0.3472	0.2480	0.3900	0.3846	
City FE	YES	YES	YES	YES	YES
Year FE	YES	YES	YES	YES	YES

(1) 替换空间权重矩阵

表 5-11 的模型 (2) 中，将经济距离权重矩阵替换为经济地理嵌套矩阵进行双重固定的 SDM 回归，结果发现与基准模型即模型 (1) 的估计系数 0.0714 相比，数字经济发展指数 (*dei*) 的系数略微增加至 0.0722，表明在考虑经济地理嵌套矩阵后，数字经济发展对城市经济高质量发展的正面影响依然显著且略有增强。这一结果强调了无论是使用基于简单地理距离的权重矩阵还是更复杂的经济地理嵌套矩阵，数字经济对城市经济发展的积极作用都是稳健的。其他控制变量，如城市创新指数 (*inno*)、基础设施建设 (*inf*)、城市开放程度 (*open*) 等在替换权重矩阵后的模型中保持了其显著性和影响方向，进一步验证了基准 SDM 估计结果的稳健性。此外，模型 (2) 中的空间自相关系数 *rho* 值为 0.3296，与模型 (1) 的 *rho* 值 0.4811 相比有所下降，但仍显著，表明城市间的经济发展存在显著的空间相关性，尽管这种相关性的强度在采用不同的空间权重矩阵时有所变化。因此，通过替换空间权重矩阵进行的稳健性检验显示，研究过程中的主要发现——数字经济发展对城市经济高质量发展具有显著正面影响——在不同空间相互作用的度量下保持稳健，这一结果验证了研究结果的可靠性。

(2) 替换被解释变量

用绿色全要素生产率代替经济高质量发展指数 (*hqdi*)，采用 SDM 进行回归得到表 5-11 中模型 (3) 的结果。观察到数字经济发展指数 (*dei*)

的系数进一步增加至 0.2782，且在 5%水平上通过显著性检验。这一显著增加表明，在考虑环境效率和可持续性维度后，数字经济对城市经济发展的正面影响更为显著和强烈。这可能反映了数字经济在促进绿色增长和提高生产效率方面的关键作用。另外，与基准模型相比，大部分控制变量在模型（3）中的显著性和系数大小出现了变化。特别是对于城市创新指数（inno）和政府支持（gov），虽然它们在所有模型中均为正向效应，但在考虑绿色全要素生产率作为被解释变量后，这些变量的系数大小和显著性有所增强，凸显了创新和政府政策在推动绿色经济增长方面的重要性。此外，空间自相关系数 rho 在模型（3）中的值显著增加至 0.7296，表明在使用绿色全要素生产率作为经济高质量发展的代理指标时，城市间的空间依赖性更为显著。总之，通过将城市经济高质量发展的度量指标从经济高质量发展指数（hqdi）替换为绿色全要素生产率，研究的稳健性检验结果揭示了数字经济发展对城市经济高质量发展具有显著的、积极的并且在考虑环境效率后更为强化的影响，进一步验证了基准模型结果的稳健性。

（3）减少样本城市及研究期间

模型（4）汇报了随机剔除部分样本城市，并将研究周期缩短至 2013—2019 年的回归结果。目的是通过对城市样本和研究期间的调整，考察这些改变对 SDM 估计结果的影响。研究发现，在模型（4）中，数字经济发展指数（dei）的系数为 0.0636，略低于基准模型即模型（1）的系数 0.0714。尽管系数略有下降，但仍然显著，表明即使在调整城市样本和缩短研究周期后，数字经济发展对城市经济高质量发展的积极影响仍然稳健，强调了数字经济在促进城市经济发展方面的关键作用不受样本和时期选择的显著影响。此外，控制变量的一致显著性及空间自相关系数的持续显著性，进一步证明了研究模型的稳健性和适用性。这些结果不仅增强了对原有研究结论的信心，也表明本书的发现具有较强的普遍性，能够适用于不同的城市群体和时间范围。

（4）基于缓解内生性问题的稳健性检验

为了缓解变量遗漏、双向因果和测量误差等因素造成的内生性问题，采用两步 GMM 模型进行稳健性检验。相较于差分广义矩估计（different-GMM，DGMM），GMM 可以引入更多的工具，因此具有更高的效率（Roodman，2009）。该方法能够充分考虑内生性问题，具体估计结果见表 5-11 的模型（5）。结果显示，因变量的滞后项（L. hqdi）的系数为

0.5370，通过了 1％ 水平上的显著性检验，表明经济高质量发展指数（$hqdi$）的当前值与其过去值密切相关，揭示了城市经济高质量发展的持久性特征。核心解释变量数字经济发展指数（dei）的系数为 0.1297，且在 1％ 水平上显著（$P=0.007$），这一结果进一步支持了数字经济发展与城市经济高质量发展之间存在正向关联的结论。其他控制变量在不同程度上表现出与城市经济高质量发展的显著相关性。值得注意的是，城镇化水平呈现负向影响，提示在快速城镇化过程中可能存在某些对经济高质量发展产生不利影响的因素。在 Arellano-Bond 序列相关检验中，AR（1）的检验结果显著（$P=0.0000$），而 AR（2）检验结果并不显著（$P=0.8940$）。AR（1）检验的显著性表明差分操作有效地移除了个体特定效应，而 AR（2）检验的非显著性则证实了模型中不存在高阶自相关，从而支持了系统 GMM 模型的恰当使用和结果的有效性。另外，Hansen 检验结果 P 值为 0.4920，未拒绝工具变量的外生性，进一步支持了工具变量的有效性。因此，系统 GMM 模型的检验结果表明，所选模型和工具变量是合适的，进一步肯定了研究结果的稳健性和可靠性。

第6章 数字经济赋能城市经济高质量发展的政策路径

通过构建计量经济模型，验证了数字经济不仅直接促进城市经济高质量发展，还通过一系列传递机制加强了这种影响。一方面，数字经济通过增强城市的创新能力，为城市经济提供了持续增长的动力。这一点体现在数字技术的广泛应用促进了信息共享、降低了交易成本，进而激发了新的商业模式和创新活动。另一方面，数字经济促进了产业结构的优化和升级，特别是促进了服务业和高技术产业的发展，这些产业往往具有更高的增加值和竞争力。更为重要的是，实证结果显示数字经济的发展具有显著的空间效应，即数字经济的优势不仅限于特定城市，还能通过区域网络促进周边城市的经济发展。在此基础上，本章将进一步探讨如何在政策层面有效利用数字经济的潜力，促进城市及其周边区域经济的高质量发展。

6.1 优化政策与法规环境

6.1.1 创建支持性政策

在推进数字经济发展的进程中，政府的激励措施起到了至关重要的作用。通过财政激励、税收优惠、补贴等手段，不仅可以促进企业和个人积极参与到数字经济活动中，还能加速数字技术的研发和应用推广。

首先，政府可以通过直接投资或研发资金的形式，提供强有力的经济支持，鼓励企业开展数字技术的研发工作。其次，通过建立创新基金，不仅可以促进高校、研究机构与企业之间的紧密合作，还加速了数字经济领域内创新成果的产业化过程。再次，政府可以采取针对数字经济相关产业的税收优惠政策，包括减免增值税和所得税，为初创企业提供税收减免，这些措施能有效地降低企业的运营成本，从而激发企业的创新动力和发展活力。最后，云计算、大数据中心及人工智能应用等关键数字经济领域和项目的启动资金补贴和成本补贴，显著降低了企业面临的创新风险，促进了数字技术的广泛应用和普及。这一系列政策的实施，不仅为数字经济的发展奠定了坚实的基础，也为城市经济高质量发展提供了强劲的技术支撑和创新动力。

政府的资金支持是推动数字经济发展的一项重要措施。通过专项资金的设立、风险投资基金的形成、基础设施建设的资金支持，以及人才培养计划的实施，政府能够有效地促进数字经济领域的创新活动，加速其成长和产业化进程。具体措施包括：第一，专项资金与风险投资基金。政府通过设立专项资金和风险投资基金等形式，为数字经济领域内具有潜力的创新项目提供资金支持，尤其是那些在技术革新和行业应用前景上显示出重大突破潜力的项目。这种财政支持不仅能够缓解初创企业和创新项目面临的资金筹集难题，还能够吸引更多的私人资本投入，形成政府引导与市场驱动相结合的投资模式，进而加速这些项目的研发进程和产业化步伐。第二，基础设施建设的资金支持。为了营造有利于数字经济发展的环境，政府需要在基础设施建设方面提供强有力的资金支持。这包括对网络基础设施的升级改造、数据中心的建设及公共服务平台的开发等方面的投资。优化的基础设施不仅是数字经济顺利发展的基石，也是保障信息流畅传输、数据安全存储和处理及公众便捷获取数字服务的前提条件。第三，人才培养计划。政府对于数字经济人才的培养和发展同样给予了高度重视。通过资金支持，政府鼓励教育机构与企业共同建立与数字经济相关的教育培训体系，这不仅包括开发专业课程，还涉及师资力量的建设和学生奖学金的设立。此外，政府还可以通过设立实习、就业指导和创业支持计划，为学生提供实践机会，从而确保数字经济人才培养的实效性和应用导向性。

总之，政府在专项资金的设立、基础设施建设的资金支持，以及人才培养计划的实施方面的积极行动，不仅显著促进了数字经济领域的技术创新和产业发展，还为城市经济的高质量发展提供了坚实的技术支撑和人才保障，进一步巩固了数字经济作为推动经济社会发展新引擎的地位。

6.1.2　促进产业发展的政策调整

（1）促进产业创新的政策调整

在传统的产业创新政策框架下，政府对产业发展的支持主要通过财政补贴、税收减免等经济激励手段实施，这些政策虽然在一定程度上促进了产业的整体发展，但在面对快速发展的数字经济时，这一政策框架显得不够精准和高效，对于数字技术特别是新兴技术，如人工智能、大数据、云计算等支持不足，而这些技术正是推动现代产业创新和转型升级的关键动力。因此，针对数字经济的特点和需求，政策的调整显得尤为迫切和必要。

在调整后的政策框架中，政府将增加对数字技术研发的直接投入和支持，这一策略转变标志着政府对产业创新政策的重大调整，以更好地适应数字经济的发展趋势。具体而言，各级政府将设立专门的数字创新基金，专注于对人工智能、大数据、云计算等关键技术的研发投资。这些基金不仅将提供财政资助，还将通过提供研发补贴、税收优惠等多种形式，鼓励企业和研究机构在这些前沿技术领域进行深入探索和应用开发。

此外，调整后的政策还将加强与企业、研究机构之间的合作，通过建立更加开放的创新生态系统，促进知识转移和技术共享，从而加速新技术的商业化进程。这种政策的调整，旨在通过政府的引导和支持，激发企业的创新活力和研发潜力，推动产业向更高端、智能化的方向发展，最终实现产业升级和经济结构的优化。

（2）促进产业数字化升级的政策调整

当下，产业数字化升级成为推动经济高质量发展的重要途径。然而，现有的政策体系在促进产业数字化方面存在一定的局限性。具体而言，这些政策多在宏观层面提出指导和鼓励，却往往缺乏针对性强和可操作性的实施细则及支持措施。这种政策设计在实际操作中难以满足企业和产业在数字化转型过程中的具体需求，限制了数字化转型的效率和效果。

针对上述问题，有必要对现有政策进行调整和优化，以更好地适应数字经济时代的发展要求。调整后的政策应当更加着重于具体的产业数字化升级指导政策，这包括制定明确的技术标准、操作流程、评估体系及支持措施，以指导产业数字化升级的具体实践。例如，通过设立技术服务平台、组织专业培训、提供技术咨询等方式，帮助企业掌握数字化转型所需的核心技术和方法。此外，政府还应鼓励产学研合作，促进先进数字技术的研发与应用。或者，提供数字化改造贷款优惠、税收减免、研发补贴等经济激励，降低企业数字化转型的经济成本。同时，通过设立专项基金支持关键领域和关键环节的数字化升级，提高产业链的整体数字化水平。此外，调整后的政策还应强调跨部门协作和政策协同，确保产业数字化升级政策的整体性和连贯性。政府各相关部门应围绕共同的目标和任务，形成合力，共同推进产业数字化升级工作。

总之，上述政策的调整和优化，不仅能够为产业数字化升级提供更为具体和有效的支持措施，还能够为数字经济时代下产业结构的优化和经济发展方式的转变提供坚实的政策保障，进而推动经济社会的全面数字化转型。

（3）提升产业链数字化水平

对于产业链，传统的政策体系往往聚焦于物理的生产和物流连接，而在支持产业链和供应链数字化转型方面显得力度不足。尤其是在面对全球供应链中断挑战时，缺乏数字化的弹性和适应性成为制约企业和产业发展的瓶颈。鉴于此，政策调整的核心在于从强调物理连接转向加强数字化连接，确保产业链和供应链的高效、灵活运作。具体而言，调整后的政策应专注于推动产业链和供应链数字化建设。首先，建立供应链信息共享平台。政府应引导和支持建立供应链信息共享平台，利用云计算、大数据等技术实现供应链各环节信息的即时共享和透明化。此平台不仅能够提高供应链的效率，还能增强其对外部冲击的抵御能力。其次，鼓励跨企业数据共享和协同工作。通过立法和政策激励，促进企业之间的数据共享和合作，减少数据孤岛现象。这种协同不仅限于同一产业链内的企业，也包括跨产业链的合作，以创新供应链解决方案和商业模式。再次，优化数字化供应链管理政策。调整供应链管理政策，明确数字化转型的方向和目标，为企业提供指导和支持。这包括为小型和中型企业提供技术支持和财政补助，帮助它们克服数字化转型的初期困难。最后，建立多方利益相关者协调机制。政府、企业、行业协会、研究机构等多方利益相关者应通过建立协调机制，共同推动供应链数字化建设。这种机制能够有效整合资源，形成合力，加速供应链的数字化进程。上述政策的调整，旨在构建一个更加灵活、高效、透明的供应链体系，不仅能够应对快速变化的市场需求，还能够增强应对各类风险挑战的能力。这将为产业的持续发展提供强有力的支撑，推动经济向数字化、智能化方向转型。

（4）推动区域产业合作与数字化融合

随着数字经济的蓬勃发展，促进区域内数字资源、技术和人才的有效流动和共享成为新的合作趋势，也是推进城市经济高质量发展的保障。因此，需要对传统的物流基础设施和产业合作政策进行调整和优化，从而更好地适应数字化时代的发展要求。调整后的政策应当重点关注制定全面的区域内数字经济合作政策框架，搭建促进区域内数字资源共享、技术交流和人才流动的平台和机制。具体包括：

第一，建立区域数字资源共享平台。通过政府的引导和支持，建立一个区域性的数字资源共享平台，促进数据、信息和数字技术的跨地区共享。这一平台不仅可以提高区域内各方对数字资源的利用效率，还能促进数字技术的快速传播和应用。第二，促进技术交流与合作。制定相关政策，鼓励区域内企业、科研机构、教育机构之间的技术交流和合作。通过组织定期的技术论坛、研讨会、创新工作坊等活动，加强区域内的技术交流，共同解决技术难题，促进技术创新。第三，优化区域经济结构。通过数字化转型，促进区域内产业结构的优化升级。这涉及鼓励传统产业通过应用数字技术提升自身竞争力，同时支持新兴数字经济产业的发展，推动区域经济向高价值链方向发展。第四，加强政策协同和监管。确保区域内数字经济合作政策与国家层面的数字经济发展战略相协同，同时加强对区域内数字经济活动的监管，确保数字经济健康有序发展。

通过这些政策的调整和实施，可以有效促进区域内产业合作与数字化融合，实现资源的最优配置和利用，加速区域经济的数字化转型，为区域内城市经济高质量发展提供动力。

6.1.3　提升政府数字化治理能力

数字经济的繁荣不仅依托于信息技术的进步和应用，更基于对大规模数据的高效收集、处理和智能分析。因此，构建一个以数据为核心的辅助决策机制，对于提高政府的数字化治理能力具有重大意义。此过程涉及利用大数据分析、人工智能及机器学习等先进技术，实现从数据到知识，再到政策决策的转化，以便更准确、高效地响应社会需求和挑战。

　　首先，数据的有效收集是建立数据驱动辅助决策机制的基础。这不仅要求有关部门能够系统地收集来自不同来源的数据，包括公共服务数据、社会媒体数据、物联网设备产生的数据等，还要求政府能够确保数据的质量和安全，为数据分析提供可靠基础。其次，数据的处理和分析是将数据转化为决策支持的关键环节。通过运用大数据技术和人工智能算法，政府可以从庞大复杂的数据集中提取有价值的信息和洞见。例如，利用机器学习模型预测城市发展趋势，或者通过情感分析工具了解公众对政策的态度和反应，这些都能显著提升政策制定的针对性和有效性。再次，数据驱动的辅助决策机制还应包括建立相应的制度和流程，以保证数据分析结果能够被有效转化为政策决策。这意味着需要在政府内部形成跨部门的数据共享文化，建立数据分析与政策制定之间的桥梁，确保数据分析成果能够及时传达给决策者，并被充分利用。最后，为了持续优化基于数据的决策过程，政府还需在实践中不断探索和完善数据分析技术的应用。这包括定期评估数据分析模型的准确性和效果，收集反馈来优化决策流程，以及跟踪最新的技术发展趋势，不断提升数据分析能力。因此，通过建立和完善数据驱动的辅助决策机制，政府不仅能够提升其对数字经济趋势的响应能力，还能在服务公众、优化政策、提高治理效率等方面取得显著成效。

　　政府治理的现代化不仅体现在提升行政效率和服务质量上，更在于实现民众参与的广泛化和深入化。信息通信技术的快速发展，特别是社交媒体和移动互联网的普及，提供了新的机遇，使得民众能够以前所未有的方式参与到政府治理和服务创新中来。因此，加强公民参与，利用数字平台收集公民意见和需求，对于提升政府数字化治理能力具有重要意义。具体而言，公民参与的深化要求政府建立开放、互动的数字平台，如政府网站、移动应用和社交媒体账号等，以便公民能够方便地提出意见和建议，参与到政策讨论、制定和评估过程中。这种方式可以增加政策的透明度和公众的信任度，也能更好地理解公众的需求和预期。另外，政府需要利用数字技术对公共服务进行创新，实现服务的个性化定制。通过数据分析和人工智能等技术，政府不仅可以更准确地预测和识别公民的需求，还能提供更为精准和高效的服务。例如，通过分析居民的健康数据，政府可以提供针对性的公共健康服务；通过分析交通流量数据，可以优化城市交通规划，缓解拥堵问题等。政府应当鼓励并支持利用数字技术进行服务创新，开发智慧城市应用程序等。这些应用不仅能够提升城市管理的智能化水平，改善居民的生活质量，还能促进新兴产业的发展，推动经济结构的优化升级。例如，智能交通系统可以减少交通事故，提高道路使用效率；智能环保监测系统可以及时发现和处理环境污染问题，保护城市生态环境。

在数字化转型的进程中，政府数字化程度的不断提高不仅带来了治理效能的显著增强，同时也对网络安全和数据隐私提出了更高的要求。数字安全和隐私保护成为衡量政府数字化治理能力的关键指标之一。为此，政府有必要采取一系列系统性措施，建立和完善数据保护的政策体系和技术框架，确保个人信息和公共数据的安全，维护数字经济环境的健康发展。例如，制定全面的数据保护政策，明确数据收集、存储、处理和传输的法律框架。这包括为不同类型的数据设定明确的保护等级，根据数据的敏感程度和使用目的，制定相应的保护措施和使用规范。此外，政策还应涵盖数据泄露的应对机制和责任追究制度，确保在数据安全事件发生时，能够及时采取有效措施，最大程度地减少损失。建立健全网络安全体系，包括技术防护、监测预警、事件响应和恢复机制等多个环节。这要求不仅要部署先进的安全技术和工具，如防火墙、入侵检测系统、数据加密技术等，还要建立全面的网络安全监控和预警系统，实时监测网络安全态势，及时发现和响应安全威胁。同时，还需要制定详细的安全事件应对计划，明确各类安全事件的处理流程和责任分配，确保在发生安全事件时，能够迅速有效地进行处置和恢复。除加强网络安全防护外，还需重视个人的隐私权保护。这包括限制对个人数据的无关部门访问，确保数据的收集和使用符合最小必要原则，并且得到数据主体的明确同意。同时，政府还应提高民众对数据保护的意识，通过教育和培训，增强公民的网络安全和隐私保护能力。总之，通过制定严格的数据保护政策、建立健全的网络安全体系、强化公民隐私权保护，政府不仅能够保护公民个人信息和公共数据的安全，还能为数字经济的健康和可持续发展提供坚实的基础。

6.2 建设与拓展数字基础设施

6.2.1 加强网络基础设施建设

2024年1月，工业和信息化部发布的《2023通信业统计公报》数据显示，2023年，3家基础电信企业和中国铁塔股份有限公司共完成电信固定资产投资4205亿元，其中5G投资额达到1905亿元，占全部投资的45.3%。同时，全国光缆线路总长度达到6432万公里，互联网宽带接入端口数达到11.36亿个，其中光纤接入（FTTH/O）端口达到10.94亿个，占比提升至96.3%。此外，截至2023年底，我国移动通信基站总数达1162万个，其中5G基站为337.7万个，占移动基站总数的29.1%；数据中心机架数量达97万个，全年净增15.2万个，同比增长18.6%。另外，中国互联网络信息中心发布的第49次《中国互联网络发展状况统计报告》显示，我国网络基础设施全面建成，网民规模达到10.32亿人，互联网普及率达73.0%。城乡上网差距继续缩小，行政村全面实现"村村通宽带"。在网络基础资源方面，我国域名总数达3593万个，移动通信网络IPv6流量占比已达35.15%。这些数据显示，我国网络基础设施建设已取得显著成就，为数字经济发展提供了坚实的支撑。

面对数字经济的快速发展和人民对高质量网络服务日益增长的需求，我国网络基础设施还需进一步拓展和升级，未来建设和需求方向可能聚焦于以下领域：

第一，加速5G网络和千兆宽带的普及与覆盖，尤其是在农村和偏远地区。这不仅能有效缩小数字鸿沟，实现全民网络信息化，还能促进经济社会的均衡发展。根据最新的政策指引和实践案例，如工业和信息化部等十三部门在2023年底发布的《关于加快"宽带边疆"建设的通知》所述，中国计划到2025年底实现边疆地区乡镇驻地的全覆盖，确保农村人口聚居区、边境管理及贸易机构等关键区域均可享受到高质量的网络服务。

第二，推进IPv6的全面部署是提高网络地址资源利用率和服务质量的关键措施。IPv6技术的推广应用将为支持物联网和移动互联网等新兴技术提供更广阔的空间和更强的支持，是构建下一代互联网的基石。

第三，扩大数据中心和云服务基础设施的建设对于支撑大数据、云计算等技术的广泛应用至关重要。随着云计算和大数据技术的快速发展，对数据中心和云服务基础设施的需求日益增长。中国在推进数据中心和云服务基础设施建设方面已取得显著进展，旨在进一步加强这一方面的建设和服务能力，以满足经济社会发展的新需求。

第四，促进物联网和工业互联网基础设施的建设对推动智能制造和智慧城市等应用的发展具有重要意义。通过加强物联网和工业互联网的基础设施建设，可以促进信息技术与产业深度融合，提升产业智能化水平，推动经济高质量发展。

总的来说，通过加速 5G 网络和千兆宽带的普及与覆盖，推进 IPv6 全面部署，扩大数据中心和云服务基础设施建设，加强网络安全基础设施建设，以及促进物联网和工业互联网基础设施的建设，我们将在满足当前需求的同时，为未来的数字经济发展奠定坚实的基础。这些措施将共同推动网络基础设施的全面升级和拓展，更好地服务于国家经济社会发展和人民群众的信息化需求。

6.2.2 推进数据中心和云服务建设

数据中心和云服务作为支撑数字经济核心运作的基础设施，其建设和发展状况备受关注。数据中心作为存储、处理、分析数据的物理或虚拟设施，以其高效的计算能力和数据存储功能，成为数字经济发展不可或缺的基石。云服务作为一种提供共享计算资源的服务模式，通过数据中心的支持，为用户提供便捷、灵活的网络服务，极大促进了信息技术的普及和应用。

随着大数据、人工智能等技术的应用扩展，对数据中心的依赖日益增强，政府和企业在推动数据中心和云服务基础设施建设方面投入了大量的资源和精力。2023 年，我国政府发布的《数字中国建设整体布局规划》明确提出，要夯实数字中国建设的基础设施，系统优化算力基础设施布局，整体提升应用基础设施水平，强化算力统筹智能调度，建设若干国家枢纽节点和大数据中心集群。这些政策的实施，旨在通过国家层面的统筹规划，加快推动高速泛在、天地一体、云网融合、智能敏捷、绿色低碳、安全可控的智能化综合性数字基础设施建设，为数字经济的发展提供有力的支撑。

云服务方面，政府鼓励私企投资建设数据中心，同时推广云服务在公共服务领域的应用，以提高公共服务效率和质量。例如，国家发展改革委会同有关部门加速推进数字产业化和产业数字化转型，促进数字技术和实体经济深度融合，赋能传统产业转型升级，催生新产业新业态新模式。这一系列措施不仅促进了数据中心和云服务基础设施的快速发展，也为企业和公众提供了更加丰富和高质量的数字服务。值得注意的是，随着数据中心和云服务技术的不断进步，如何实现节能降耗、保障数据安全成为了当前数据中心和云服务发展中的重要议题。这要求政府和企业在推进基础设施建设的同时，不断优化技术方案，加强管理，确保数据中心和云服务的可持续发展。

总之，数据中心和云服务作为数字经济的基础支撑，其建设和发展受到国家政策的高度重视和大力支持。政府可以通过优化算力基础设施布局、提升应用基础设施水平、鼓励私企投资和推广云服务应用，不仅为数字经济的发展提供了坚实的基础，也为社会各界提供了更加高效、便捷的服务，促进了社会的数字化转型。

6.2.3　发展物联网和智能设备

物联网技术，作为新一代信息技术的重要组成部分，正逐渐成为推动城市智能化进程不可或缺的力量。在城市管理、交通系统、环境监测等关键领域，物联网技术通过实现高效的数据收集、处理与分析，为城市提供了前所未有的智能化服务和解决方案。国家和地方政府通过制定政策和规划，如"十四五"规划，提出推动物联网全面发展的战略目标，以及推出物联网与智慧城市关键技术及示范重点专项，旨在突破智慧城市基础理论与关键技术，构建物联网与智慧城市一体化服务系统。这些措施不仅提升了城市治理能力和公共服务水平，而且推动了物联网与智慧城市技术研究、标准规范与产业应用达到国际领先水平。

相关政策的制定与实施是促进物联网技术及其智能设备在这些领域中部署与应用的关键因素。首先，政府可以通过制定具体的政策和措施，如财政补贴、税收减免、研发资助等，激励企业和研究机构在物联网技术上的投资和创新。其次，可通过建立公私伙伴关系模式，促进政府、企业与研究机构之间的合作，也是加速物联网技术在城市关键领域部署的有效途径。

标准化是促进物联网技术健康发展的另一个重要环节。建立统一的技术标准和规范，不仅能够保障不同厂商生产的设备和系统之间的兼容性与互操作性，还能够促进数据的共享与交换，提高整个物联网生态系统的效率和可靠性。因此，政府和标准化机构需要密切合作，制定并推广一系列涵盖物联网通信协议、数据格式、接口规范等方面的国家或国际标准。

此外，数据安全和隐私保护是物联网技术部署和应用中的又一重大挑战。随着越来越多的个人和敏感数据通过物联网设备被收集和传输，如何有效保护这些数据不被未授权访问或滥用成为了必须解决的问题。因此，加强数据保护法规的建立和实施，采用加密技术保护数据传输过程中的安全，实施严格的身份认证和访问控制策略，都是确保物联网技术健康发展的关键措施。此外，增强公众对物联网数据安全和隐私保护意识的教育和培训，也是提升整个社会对物联网技术接受度和信任度的有效手段。

总而言之，通过政策的促进、标准化的推进及数据安全和隐私保护的加强，可以为物联网技术及其在城市管理、交通、环境监测等关键领域的部署和应用创造有利的发展环境，从而推动城市向更加智能、高效和可持续的方向发展。

6.2.4　建立健全信息安全保障体系

在确保数字基础设施安全可靠运行方面，重视数字安全并建立健全信息安全保障体系至关重要。这涉及多维度的策略，包括但不限于制定和执行综合性的安全政策，利用先进的技术和工具来保护网络免受攻击，以及培训员工和用户提高安全意识。同时，这也要求跨行业、跨领域的合作，共同构建起一个坚固的防御体系，从而形成一个多层次、全方位的安全防护体系。首先，为确保数字基础设施的安全可靠运行，应当重视并加强网络安全技术的研发和应用。这要求投资于最新的侦测技术，以识别和预防潜在的网络攻击及威胁。同时，发展先进的防御机制，如入侵检测系统（IDS）、防火墙、自动化响应方案，以减轻攻击的影响。进一步地，培训专业的网络安全团队，能够有效应对和管理网络安全事件，确保数据的完整性、可用性和保密性。这种集技术研发、人才培养与制度建设为一体的多元化网络安全策略，对构建可靠的数字基础设施至关重要。其次，实施严格的数据保护政策是维护个人和机构数据隐私及安全的基石。这要求制定全面的法律和规章，明确数据处理的界限、权限及责任。强化数据加密、匿名化处理和访问控制等技术措施，以防数据泄露或未授权访问。同时，引入数据保护影响评估，确保新项目或技术的实施不会侵犯个人隐私。通过教育和培训提高机构和个人对数据保护的意识，形成全社会的数据保护共识，保障数据的安全与隐私，推动数字经济的健康发展。再次，建立全面的信息安全管理体系是确保数字基础设施安全的核心。此体系应涵盖细致的风险评估程序，定期识别和评估潜在的安全威胁，以制定有效的防御措施。同时，需要实施实时的监控系统，以便快速发现和响应安全事件。此外，应急响应计划和恢复策略的制定对于最小化安全事件的影响至关重要。这包括明确的通报流程、恢复操作的步骤和责任分配，确保在发生安全事件时能迅速恢复正常运营，维护机构的持续性和信誉。最后，提升用户和管理人员的安全意识和技能。这不仅涉及对现有网络安全政策和操作程序的熟悉，还包括对最新网络安全威胁的了解和对应对能力的培养。定期的培训和教育活动，可以增强个人对网络安全重要性的认识，并提高他们在面对网络攻击时的应对能力。这一过程需要政府机构、私营企业及教育机构的合作，共同努力形成一个全社会参与的网络安全防护体系。

6.3 完善城市创新生态系统

6.3.1 建立科技创新中心与孵化器

在构建数字经济时代下推动城市经济高质量发展的政策路径中，建立科技创新中心和孵化器成为重要的策略之一，其主要目的在于汇集和优化技术资源与创新人才，从而构成城市经济新的增长点和创新高地。具体而言，科技创新中心和孵化器为处于初创阶段的企业和创新项目提供了一个集成的支持平台，旨在通过提供技术支持和资金援助等资源，加速创新理念的孵化及其技术产品的市场化进程。

为实现这一目标，重点应聚焦于以下几个方面：首先，科技创新中心和孵化器的建设应着眼于激发城市内外的创新活力。通过提供一系列定制化服务，包括技术咨询、市场分析、法律和财务顾问等，为创新企业和个人解决在创新过程中遇到的各类问题，降低创业门槛，增强创新实践的可行性和成功率。其次，建立与高等院校和研究机构的紧密合作关系。高校和研究机构是知识创新和技术发展的重要源泉，通过校企合作、产学研用结合等模式，不仅能够为科技创新中心和孵化器提供丰富的技术资源和研发能力，还能够为学生和科研人员提供实践平台，促进知识转化和技能提升，形成良性的创新循环。最后，科技创新中心和孵化器的建设还应注重创新生态的整体布局，通过打造开放和包容的创新氛围，吸引国内外创新资源和人才，加强合作和交流，提升城市的创新能力和国际竞争力。

因此，科技创新中心和孵化器作为城市创新生态系统的重要组成部分，不仅有助于促进技术创新和产业升级，而且对于培育新的经济增长点、加速知识产权的产业化应用、提升城市的国际竞争力等均有显著影响。因此，建立科技创新中心和孵化器，通过提供技术支持和资金援助，激发创新活力，建立高效合作网络，对于构建城市创新生态系统、推动城市高质量发展具有重要意义。这要求政府、企业、高校和研究机构等各方面共同努力和密切配合，以实现资源的最优配置和创新能力的全面提升。

6.3.2　鼓励企业与研究机构合作

鼓励企业与高校、研究机构建立合作关系，对于加快科技创新步伐、推动经济结构优化升级具有重要意义，也是数字经济赋能下的城市经济高质量发展政策路径中的重要一环。此类合作模式能有效促进科研成果的快速转化和应用，形成产学研用一体化的创新链条，进而构建一个互利共赢、高效运转的创新生态系统。

为了深化企业与高校、研究机构之间的合作，政府可以采取一系列政策引导和激励措施。首先，可以实施更加具体的税收优惠政策，如针对那些与高校和研究机构有深度合作关系的企业，提供差异化的税收减免方案。这些方案可以根据合作项目的规模、期限、潜在商业价值等因素进行调整，以更精准地满足企业的实际需求。其次，政府设立的专项研发补贴基金应涵盖更广泛的支持内容，包括科研项目的初期研究、中期开发，以及最终的产品测试和市场推广。这种全周期的财政支持能够帮助企业和研究机构共同承担研发过程中的各种风险与挑战，从而更加积极地投身于创新活动中。在鼓励和支持企业与高校、研究机构合作方面，政府还应强化政策引导的作用。例如，可以通过政策倡议鼓励企业参与到高校的课程设计和实践教学中，共同培养符合未来产业需求的高技能人才。同时，政府还可以促进企业与研究机构在共建实验室、联合申请国家科研项目等方面的合作，以此加快科研成果的转化速度，提高转化效率。此外，为了确保企业与高校、研究机构之间合作的高效进行，政府应建立和完善沟通协调机制。这可以通过建立一个统一的在线平台来实现，该平台不仅为双方提供了一个交流合作的窗口，还可以发布最新的科研成果、合作需求、政策信息等，使得合作更加透明和便捷。同时，政府定期举办的产学研合作论坛、技术交流会等活动，应该涵盖更广泛的主题和领域，以吸引更多行业的企业和研究机构参与，进一步拓宽合作的范围，加深合作的深度。

总之，企业与高校、研究机构之间的合作，不仅可以加速科技成果的转化，推动新技术、新产品的开发，还能够优化资源配置，提升研发效率和创新水平。因此，在制定相关政策时，应综合考虑合作的各方面因素，通过政策激励和服务支持，促进企业与研究机构之间的深度合作，为城市的高质量发展提供强有力的科技支撑。

6.3.3　重视人才培养和引进

在构建城市创新生态系统的过程中，重视人才的培养和引进，尤其是数字技术领域的高端人才，是推动城市创新发展的关键因素。因此，城市需要通过一系列综合性策略，如高等教育改革、职业技能培训、国际人才的积极引进，来不断提升本地人才队伍的数字技能和创新能力，从而为城市的长期发展提供坚实的人才支持。

一方面，高等教育是提升城市创新能力的基石。城市可以通过与高校合作，设计与数字经济相关的教育课程和专业，培养学生的数字思维和技能。例如，开设数据科学、人工智能、区块链技术等前沿专业，结合理论教学与实践应用，以跨学科的方式，培养学生的创新思维和解决问题的能力。课程内容应关注行业发展趋势，及时更新，确保学生能够掌握最新的数字技术和工具。同时，鼓励高校与企业合作，开展实践教学和科研项目，使学生能够在实践中学习最新的数字技术，增强其解决实际问题的能力。通过建立校企联合实验室、创新工作坊等合作平台，让学生参与到企业的实际项目中，从而获得实践经验，提高其创新能力和就业竞争力。此外，企业可参与课程开发，提供实习机会，增强教育与产业的互动，加速科研成果的转化和应用。高等教育体系内应加强师资队伍建设，积极引进具有国际视野和前沿数字技术研究背景的教授和研究员，通过提供优厚的待遇和良好的研究环境，吸引和留住高水平的教师团队。同时，鼓励教师参与国际交流和合作项目，不断提升其教学和科研能力。

另一方面，职业培训是提高劳动力市场适应性的有效途径。城市政府应与高校、职业培训机构及企业密切合作，建立起一个覆盖广泛的职业培训网络。通过这种合作，可以设计出紧密结合市场需求的培训课程，不仅包括基础的计算机操作技能培训，更拓展至数据分析、人工智能、大数据处理等高级技能的培训。这样的课程设置有助于劳动者掌握当前及未来劳动市场所需的关键技能。另外，各城市应鼓励和支持企业参与职业培训体系的建设和实施。企业作为技能需求的直接体现者，其参与可以确保培训内容的实时更新和适用性。例如，企业可以通过提供实习机会、参与课程设计或者直接承担部分培训课程的教学，使得培训更加贴近实际工作需求，增加培训的实用性和有效性。为了激励个人和企业参与职业培训，政府可制定相应的补贴和激励政策。这可以通过直接补贴参与培训的个人，或对提供培训资源的企业给予税收优惠等方式进行。这类政策不仅可以减轻个人和企业的负担，更能激发市场主体参与职业培训的积极性，从而推动整个职业培训体系的良性运行和发展。

除此之外，人才的引进是加快城市创新发展的重要手段。城市应通过制定友好的人才政策，为高端人才提供便利的工作和生活环境，如税收优惠、子女教育、医疗保障等。通过上述措施的实施，城市能够建立起一个持续发展的人才培养和引进体系，不仅能够提升城市的数字技能水平和创新能力，还能够吸引更多企业和项目落户，为城市创新生态系统的建设提供强大的人才支撑和智力保障。

6.3.4　形成创新激励机制

建立创新激励机制对于激发企业、研究机构和个人参与创新活动的积极性，提高整个创新生态系统的活跃度和创新产出至关重要。首先，知识产权保护是创新激励机制的基础。通过建立健全的知识产权法律体系，保障创新成果的独立性和独创性，可以有效避免创新成果被侵权，提升研发投入的安全性和预期回报。此外，知识产权保护还可以促进技术交流和技术转让，通过知识产权的许可使用和转让，实现知识产权的商业化，从而激发企业、研究机构和个人持续投入创新活动。其次，税收优惠是激发创新活动的重要手段。政府可以通过减免研发投入相关的税收，降低企业和研究机构的研发成本，提高创新活动的经济效益。例如，对于研发费用给予加计扣除，对于成功转化的创新成果给予所得税优惠等措施，都可以显著提升创新主体的研发积极性和创新能力，推动高质量创新成果的产出。最后，创新奖励机制是提升创新积极性的有效途径。通过设立创新奖项和创新基金，对于在科技创新、产品研发、技术转化等方面做出突出贡献的个人和团队给予物质和精神上的奖励，可以有效激发创新主体的荣誉感和成就感，增强其持续创新的动力。此外，创新奖励还可以起到示范引领作用，通过表彰先进，激励更多企业和个人参与到创新活动中来，形成良好的创新文化氛围。

因此，通过建立健全知识产权保护机制、实施税收优惠政策和设立创新奖励机制，可以有效激发创新主体的积极性，推动城市创新生态系统的发展，进而促进城市高质量发展。这就要求政府、企业和社会各界共同努力，形成全社会支持创新、鼓励创新的良好氛围。

6.4　推动产业数字化转型

6.4.1　支持传统产业的数字化升级

当前，数字技术如互联网、大数据、人工智能等正在与传统产业深度融合，加快传统产业的数字化升级是实现产业结构优化、提升经济发展质量的关键路径。政府可通过多渠道、多手段、多方式积极推动传统产业的数字化升级。具体包括以下方面。

（1）政策支持与环境建设

在数字经济加速发展的当下，政府在促进传统产业的数字化升级中显得尤为关键。具体而言，首先，政府可以通过制定并实施一系列针对性强、操作性好的政策和法规，为传统产业提供明确的政策导向和法律保障，确保市场环境的公平、透明且有利于技术创新。例如，财税优惠政策通过减税、财政补贴和优惠贷款等手段，可以有效减轻企业在数字化改造过程中的经济负担，刺激企业对新技术研发和应用的投资。其次，政府通过设立专项创新基金，特别是针对中小企业和初创企业，不仅可以提供资金援助，更通过基金的引导作用促进了科研成果的应用和产学研用的紧密结合，进一步激发了科技创新和产业升级的内在动力。再次，政府在人才培养和引进方面的努力，可以通过教育改革和高层次人才引进计划，培育和吸引一大批适应数字经济发展的高素质人才，为企业提供持续的技术创新和管理创新支持。最后，通过建立产学研用相结合的创新机制，政府鼓励企业、教育机构、科研机构和行业组织间的深度合作，形成一个互利共赢、协同发展的创新生态系统，为传统产业的数字化升级提供良好的外部环境和强大的动力支持。这一系列政策措施的实施，不仅可以优化和提升产业结构，而且对于促进经济发展模式的根本转变起到重要作用，为传统产业的数字化转型奠定坚实的基础。

（2）关键技术应用与推广

在传统产业数字化转型的过程中，关键数字技术的应用与推广起到了决定性作用。具体来说，云计算技术通过提供灵活的计算资源和数据存储服务，为企业降低了信息技术基础设施投资和运维成本，同时也为企业提供了强大的数据处理能力和资源共享平台，极大地促进了企业生产流程的优化。物联网技术的应用，通过在生产设备中嵌入传感器和智能设备，实现了对生产过程的实时监控和管理，有效提高了生产效率和产品质量。大数据技术的引入，让企业能够通过对海量数据的分析和挖掘，快速响应市场变化，精准定位消费者需求，从而制定更有效的市场策略。同时，人工智能技术在产品设计和制造过程中的应用，不仅提高了设计的创新性和制造的精确性，还通过自学习和自适应算法不断优化生产流程，推动了制造业向智能化、自动化方向发展。

为了实现这一目标，企业需要从根本上改变传统的经营理念和生产方式，积极探索和应用这些先进的数字技术。首先，企业应建立起以技术创新为核心的发展战略，加大对新技术研发和应用的投资，通过技术创新提升企业核心竞争力。其次，企业需要建立和完善数据收集和分析体系，利用大数据和人工智能技术对内外部数据进行深入分析，以指导生产和经营决策。再次，企业还应加强与科研机构和高校的合作，共同开发新技术、新产品，加快技术成果的转化应用。最后，企业还需加强内部培训和技能提升，培养一支能够适应数字化时代要求的高素质人才队伍，为企业的数字化转型提供人才保障。通过这些措施，企业能够更好地利用关键数字技术，加快传统产业的数字化升级，提升企业的竞争力。

（3）建立数字化转型示范企业

为实现传统产业数字化升级，示范引领与优秀案例分享可以成为促进技术普及的有效途径。通过筛选和建立一系列具有代表性的数字化转型示范企业，可以将其转型成功的经验和教训系统化、标准化，从而为同行业乃至不同行业的传统产业企业提供可行的数字化升级路径和实践案例。这些示范企业的成功案例，不仅能够直观地展现数字化转型的潜在价值和实际效益，更重要的是能够通过实证研究和经验总结，为其他企业提供具体、操作性强的数字化转型策略和方法。此外，案例分享和经验交流也是推动产业数字化进程的重要手段。通过组织线上线下的交流会、论坛、研讨会等活动，促进企业间的信息交流和知识共享，可以有效提高传统产业企业对数字化转型重要性的认识，增强其转型的积极性和主动性。在这一过程中，政府和行业协会等机构应发挥积极作用，为企业间的交流合作提供平台和服务，推动形成跨行业、多领域的数字化转型协同效应。进一步地，示范企业和成功案例的推广和应用，不仅可以激发更多企业的转型热情，还可以通过正面的示范效应，引导整个行业乃至社会对数字化转型的支持和认可，从而为传统产业的数字化升级创造更加有利的外部环境。在这个过程中，注重实效性的研究和深度的案例分析尤为重要，这不仅需要从技术、管理、文化等多维度探讨数字化转型的策略和路径，还需要关注转型过程中可能遇到的挑战和解决方案，为传统产业的数字化转型提供科学、系统的指导和支持。

（4）坚持持续创新与发展

在数字化升级的持续进程中，企业的不断探索和创新成为应对市场需求和技术发展挑战的关键。为了实现这一目标，政府和企业必须携手共进，共同构建一个以开放合作为核心特征的创新生态系统。此生态系统应以促进产业链各环节之间的信息共享、资源整合和技术协同为目标，以加速产业的数字化转型。首先，政府应通过制定前瞻性的政策和措施，为企业提供稳定的创新环境和充分的发展空间。这包括但不限于提供财政支持、税收优惠、人才培养计划和知识产权保护等，以降低企业的创新风险和成本。同时，政府还应推动公共研究机构和高等教育机构的研发资源向企业开放，以促进形成产学研用相结合的创新模式。其次，企业本身也需要积极拥抱变化，通过内部管理和技术创新，提升自身的数字化转型能力。这不仅涉及投资新技术、优化生产流程、改善产品和服务，还包括企业文化的转变，鼓励员工的创新思维和跨界合作精神。最后，建立开放合作的创新生态系统还需促进产业链上下游企业之间及跨行业企业之间的合作伙伴关系，通过共享数据、共用平台和共同研发等方式，实现资源和信息的有效流通与利用。在这一过程中，数字技术本身的发展也将为产业链的整合和优化提供新的可能性和工具，如通过区块链技术实现供应链的透明化和可追踪性，通过人工智能和大数据分析优化决策过程等。总之，持续创新与发展的实现，要求政府和企业共同努力，不仅需要政府营造良好的外部政策环境，还需要企业内部不断地进行技术创新和管理革新，同时，通过构建开放合作的创新生态系统，促进信息共享和资源整合，共同推进产业的数字化转型。

6.4.2 促进新兴数字经济产业的发展

新兴数字经济产业是以数字化技术为核心，通过互联网、大数据、云计算、人工智能、区块链等现代信息技术的广泛应用和创新发展，形成的一系列新产业、新业态和新模式。这些产业通常具有高度信息化、网络化、智能化的特点，能够促进传统产业的数字化转型，推动经济结构的优化升级，增强经济增长的动力和活力。促进新兴数字经济产业的发展是一个多维度、系统性的过程，除提供政策支持和环境建设、加大数字基础设施建设、促进技术研发和创新推动及推进人才培养和引进等方面外，政府还可以从以下方面进行推进。

（1）优化市场准入和公平竞争机制

市场准入和公平竞争机制不仅关系到新兴产业生态的健康发展，也是激发创新活力、保障多元化发展的关键因素。一方面，市场准入政策的优化需要从简化注册流程、降低行政成本、提供政策指导和支持等多方面入手。政府应制定明确、透明的行业准入标准，减少不必要的行政审批，以降低企业尤其是初创企业进入市场的门槛。同时，通过实施税收优惠、提供创业指导服务等措施，为新进入者提供必要的支持和便利，促进新兴数字经济产业的多样化。另一方面，为确保市场的公平竞争，政府需要加强反垄断法律法规的制定和执行。这包括对占据市场主导地位的企业进行有效监管，防止其滥用市场主导地位的行为，以及促进技术开放和标准共享，避免技术封锁和生态闭环的形成。通过加强市场监管和竞争政策的执行，可以为中小企业和新进入者创造公平的竞争环境，促进产业内的健康竞争和技术创新。然而，在新兴数字经济产业中，由于网络效应和数据优势，容易形成市场垄断。因此，政府需要通过立法和政策引导，限制不正当竞争行为，如不公平的价格战、市场排他性协议等。此外，通过促进数据开放共享、支持开源平台和技术标准的制定，可以降低市场垄断的风险，促进产业的创新和包容性增长。

总之，优化市场准入政策、维护市场的公平竞争及防止市场垄断行为，是促进新兴数字经济产业健康发展的关键。政府在制定相关政策和措施时，应充分考虑产业特性和发展趋势，采取综合性策略，不仅为新进入者创造良好的市场环境，也为现有企业提供公平竞争的舞台，共同推动新兴数字经济产业的创新与多元化发展。

（2）加快传统产业与数字技术深度融合

传统产业与数字技术的深度融合，通过实施数字化转型，不仅可以显著提升产业的运营效率和生产力，还能进一步拓展产业的发展空间和增强其市场竞争力。首先，传统产业的数字化转型是指利用信息通信技术和互联网技术（包括云计算、大数据、物联网、人工智能等）重构传统产业的业务流程、生产方式和服务模式，从而实现提质增效和创新发展。在此过程中，政府的角色主要体现在制定相应的政策框架、提供资金支持、建设基础设施、促进人才培养等多个方面，以保障数字化转型的顺利进行。其次，跨行业合作作为产业融合的重要形式，对于促进数字技术在不同领域的广泛应用具有重要意义。政府可以通过搭建平台、提供信息服务、组织交流活动等措施，促进产业间的交流与合作，加快技术成果的转化应用。例如，在医疗领域，数字技术的应用可以通过远程医疗服务、智能诊断系统等形式，提高医疗服务的质量和效率。在教育领域，通过在线教育平台、虚拟实验室等数字技术应用，可以实现教育资源的优化配置和个性化教学。在制造领域，数字化工厂、智能制造系统的建设，可以显著提高生产效率和产品质量，加快制造业的转型升级。最后，政府还需要关注产业融合过程中的挑战和风险，包括数据安全、隐私保护、技术标准、知识产权等问题，通过完善相关法律法规和标准体系，为产业融合提供稳定可靠的制度保障。政府通过推动产业融合，特别是鼓励传统产业与数字技术的深度融合，不仅能够促进传统产业的转型升级，而且能够为经济发展注入新的动力。通过制定科学的政策措施、提供必要的支持条件和建立健全的监管框架，可以有效推动数字技术在医疗、教育、制造等关键领域的广泛应用和创新，进而实现经济的高质量发展。

（3）为新兴数字产业搭建交流平台

在新兴数字经济产业迅猛发展的当代背景下，建立一个高效的交流平台并通过举办行业论坛、展览会及交流活动等，对促进企业间的信息共享、经验交流及合作显得尤为重要。交流平台作为信息交换与资源共享的关键媒介，不仅为企业提供了一个技术成果与产品展示的窗口，而且促成了企业间的互学与合作。定期组织的行业论坛与展览会能够吸引来自不同领域的专家学者、企业家及投资者，为参与者搭建了一个探讨行业趋势、技术进展与寻求合作机会的共享平台。此类交流合作机制，在激发行业创新动力、加快技术成果转化方面发挥了积极作用。

有效的经验与信息共享是推动新兴数字经济产业创新与发展的关键所在。交流平台通过策划各种形式的活动，如研讨会、工作坊及案例分享会等，确保了行业内知识与经验的广泛传播。此外，构建线上交流平台或社群能实现信息的即时更新与快速传播，为企业提供最新的市场动态、政策变化与技术创新信息，辅助企业提升响应速度与决策效率。

交流平台还促进了行业内外的沟通与合作。邀请行业内外专家学者、政府代表及行业协会等参与活动，不仅扩展了企业的视野，还加深了企业与政府、研究机构间的互动，推动了多方面合作模式的探索。例如，企业可以利用交流平台与高等教育机构和研究机构建立产学研合作关系，加速技术研发与成果的转化；同时，企业间也能通过平台找到合作伙伴，共同开拓市场，应对行业挑战。

综上所述，建立有效的交流平台，并通过组织各类行业论坛、展览会和交流活动，对于促进企业间信息共享、经验交流及合作，具有不可或缺的重要性。这不仅加快了新兴数字经济产业的创新步伐，而且为行业的健康发展和生态构建提供了坚实的支持。

6.4.3 推动产业链数字化整合

产业链上下游的数字化整合，通过利用数字技术和平台实施信息共享、协同工作和管理优化，显著提升了企业的运营效率和市场竞争力。这一过程依托物联网、云计算、大数据分析等先进的信息通信技术，通过构建共享、透明且高效的产业链协同平台，实现了信息流、物流与资金流的无缝对接和高效运转。这不仅降低了运营成本、提高了响应速度和市场适应性，而且代表了产业升级的重要趋势，成为企业实现可持续发展和城市经济推向高质量发展的关键策略。为了加强产业链上下游的数字化协同，需要政府在多个层面提供支持。首先，为了促进产业链的数字化整合，政府需要加大对数字基础设施的投资，特别是在物联网、云计算、大数据中心等关键技术领域。政府可以通过提供财政补贴、税收优惠等激励措施，鼓励私营部门参与数字基础设施的建设和升级。同时，继续加强互联网络的部署，为产业链的高速数据传输和实时信息共享提供支持。其次，政府应通过设立专项基金和研发补贴，支持企业、高等教育机构和研究机构在关键数字技术领域的研究和开发。更重要的是，通过政策引导，促进这些技术在产业链中的广泛应用。例如，鼓励企业采用云计算和大数据分析技术优化供应链管理，提高生产效率和响应速度。再次，政府需要制定数据共享的政策框架，鼓励行业内外的数据开放和共享。这可以通过建立行业标准和数据共享平台来实现，使得企业能够安全地共享数据，从而促进产业链上下游之间的信息流通和协同工作。同时，确保这一过程中个人数据和商业秘密得到有效保护。最后，政府可以通过政策和资金支持，鼓励企业间、企业与科研机构之间的跨界合作，特别是在新兴技术领域，如人工智能、区块链等。支持这些技术在产业链中的创新应用，如智能制造、智能物流等，推动产业链的数字化转型和升级。政府的积极参与和支持，可以为产业链的数字化整合创造一个有利的环境，从而有效促进产业链上下游的数字化协同，加速产业升级，为企业和城市经济的高质量发展提供强有力的推动力。

6.5 促进区域经济协同发展

6.5.1 加强城市间数字基础设施互联互通

数字经济赋能城市经济高质量发展的政策路径中，促进区域经济协同发展是实现数字经济深度融入城市经济、促进高质量发展的重要策略之一。其中，加强城市间数字基础设施的互联互通是实现这一目标的关键步骤。加强城市间数字基础设施的互联互通，不仅有利于提升区域内信息资源的共享和利用效率，也是推动区域内产业协同发展、实现资源优化配置的关键途径。政府和相关企业可以从以下方面加强城市间的数字基础设施互联互通。

（1）基础网络设施互联互通

在当下数字化、网络化、智能化的时代，城市间的通信网络基础设施成为连接各城市经济、社会和文化活动的关键纽带。5G 网络和宽带网络作为高效通信技术的代表，在推动经济社会发展方面扮演着至关重要的角色。优化和升级这些网络基础设施，不仅可以提升城市间的信息流动效率，还能够促进区域经济的协同发展，实现资源的有效配置。因此，政府应通过出台一系列政策和措施，引导和支持通信网络基础设施的优化与升级。具体而言，政府可以设立专项基金支持关键技术研发和网络基础设施建设，提供税收优惠和资金补贴，鼓励私营企业和电信运营商加大在网络基础设施方面的投资。同时，政府还应促进技术标准化，确保不同运营商之间网络设施的互联互通性与兼容性。另外，在推进通信网络基础设施建设的过程中，技术创新是推动网络质量提升和服务能力增强的关键。这需要政府和企业共同努力，探索和应用最新的通信技术，如 5G 网络、物联网、云计算等，以建设更加高效、稳定和安全的通信网络。此外，建立跨城市的高速网络连接不仅需要技术的支持，还需要相关政策的配合，如跨地区协调机制的建立和运营商之间合作模式的创新。总之，通过加强城市间数字基础设施的互联互通，不仅可以促进区域内信息资源的高效共享和流动，还可以为数字经济的深度融合和高质量发展提供坚实的基础。政府的引导和支持，技术的创新和应用，以及政策环境的优化，是实现这一目标的关键因素。构建一个全面互联、高效稳定、安全可靠的区域内通信网络基础设施，对于促进城市间经济、社会和文化活动的深度融合，实现区域经济协同发展具有重要意义。

（2）公共数据平台建设

随着城市间合作日益加强，构建区域性的公共数据平台，实现数据资源的整合、共享与开放，对于促进区域经济一体化和提升公共服务效率具有重要作用。公共数据平台作为集中存储、管理和分析城市数据的重要工具，能够为城市间的信息流通和资源共享提供技术支撑。这样的平台不仅能促进数据的有效利用，提高政府决策的科学性和准确性，还能为商业活动提供数据支持，推动新兴产业的发展和传统产业的升级。首先，政府需要制定一套全面的数据共享标准和规范，确立统一的数据格式和接口标准，以促进不同来源和类型的数据在公共平台上的高效整合和交换。这一过程中，确保数据安全和隐私保护是至关重要的，需要通过制定严格的措施和法规来保障数据共享的安全性。其次，政府需对公共数据平台的架构设计给予充分的重视，通过投入必要的资金和技术资源来建设一个具备高度可扩展性和安全性的基础架构。采用云计算和大数据处理等先进技术，不仅能够显著提升平台的数据处理能力，也能确保对数据请求的快速响应，从而提高整个平台的服务效率和用户体验。最后，公共数据平台的建设还应鼓励和促进跨界合作与创新。政府、企业、研究机构等各界的积极参与和合作是推动平台成功运营的关键。通过公开征集和评估数据应用方案，政府可以激励数据的创新使用，进而推动基于数据的城市管理和服务创新。这样的跨界合作不仅有助于发掘数据的潜在价值，还能促进社会各界共同参与到数字化转型的进程中，共享数字经济发展的成果。

（3）数字服务平台互通

区域内各个城市间数字服务平台的互通性与兼容性，成为实现高效公共服务和促进区域经济一体化的重要因素，也是数字经济空间溢出效应的表现。特别是在电子政务、智慧医疗、在线教育等领域，数字服务平台的互联互通能够极大地提高服务效率，满足城市间民众和企业对高质量数字服务的需求。数字服务平台作为提供公共服务的重要载体，通过集成和优化信息资源，能够为用户提供更为便捷、高效的服务。其在政府服务、医疗保健、教育培训等领域的应用，不仅提升了服务质量和效率，还有助于实现城市间资源的优化配置和社会治理的现代化。基于此，政府需推进接口开放和服务标准化，可以牵头制定统一的数据交换和服务接口标准，促进不同平台间的兼容和集成。同时，鼓励平台提供方采用开放的架构，以降低数据交换和服务集成的技术壁垒。另外，政府应加大对关键技术研发的投入，如云计算、大数据分析和人工智能等，以支撑平台间高效的数据处理和服务交付。此外，还需要建立跨城市、跨部门的协作机制，共同推动平台互通项目的实施，确保技术和资源的有效整合。政府通过出台相应政策，为数字服务平台的互通与共享创造有利的外部环境。例如，提供政策优惠和资金支持，鼓励企业和机构参与平台建设和服务创新。同时，建立健全评价和激励机制，鼓励平台提供高质量的数字服务，提升用户满意度。因此，通过政策引导和技术支持，促进区域内各城市数字服务平台的互通和兼容，对于构建高效便捷的公共服务体系、促进区域经济一体化具有重要意义。政府应在推动接口开放与标准化、加强技术支持与协作、优化政策环境等方面采取有效措施，以实现数字服务平台的无缝对接和资源共享，为区域内居民和企业提供更优质的数字服务，推动城市经济的高质量发展。

6.5.2 推行统一的数字技术标准

统一的数字技术标准能确保不同系统、设备和应用之间能够无缝连接和交互，提高了技术的互操作性和兼容性，这对于构建一个连贯、无缝的信息技术环境极为重要，可以大大减少不同城市之间的数字鸿沟和技术孤岛，从而提升整个数字经济系统的效率和灵活性。因此，通过统一技术标准可以促进数字经济资源在区域内的高效流动与共享，进而推动区域经济的协同发展。这就需要政府牵头，协同区域内各城市及相关行业组织，共同制定一套统一的数字技术标准体系。这包括数据格式、通信协议、安全规范、接口定义等方面的标准。同时，通过政策引导、技术推广、示范应用等方式，促进这些标准在区域内的广泛采纳和实施。

在制定统一的数字技术标准的过程中，首先需要确立一系列明确的构建原则，包括开放性、透明性、兼容性和灵活性，以确保所制定的标准体系能够适应技术环境的快速变化，并考虑到未来可能的扩展和升级需求。这一标准体系应全面覆盖数据格式、通信协议、安全规范和接口定义等关键领域，其中数据格式的标准化为数据互操作性奠定基础，通信协议的标准化保障信息流的高效传输，安全规范的标准化是维护数字经济安全运行的关键，而接口定义的标准化则是确保系统间能够实现互联互通的前提条件。在这一过程中，政府应发挥牵头和协调作用，构建一个涵盖区域内城市政府、行业协会、企业及科研机构等各方参与的制标协作机制，从而集合各方面的需求和建议，保证标准体系的全面性和实用性。这种协作机制有助于确保所制定的标准既具有广泛的适用性，也能够满足未来发展的需求。

为了确保统一的数字技术标准能够被广泛采纳并有效实施，政府需采取一系列政策引导与支持措施，包括通过制定优惠政策、提供技术支持及财政补贴等方式，激励区域内的企业和机构遵循和执行这些标准。此外，为了加强标准的权威性和执行力，相关法律法规应明确标准的强制性要求。技术推广和示范应用同样至关重要，通过开展技术培训、发布技术指南、构建示范项目等手段，可以有效地促进统一标准在实际应用中的普及和理解，示范项目的成功案例将直观展现统一标准实施的益处，从而增强其他实体采纳标准的意愿。此外，建立持续的监督和反馈机制对于评估统一标准的实施效果、广泛性和及时收集来自各界的反馈意见至关重要。根据技术进步和市场需求的变化，政府应及时对标准进行调整和更新，以确保标准体系的持续适用性和领先地位，从而为区域经济的数字化转型提供稳定而强有力的技术支持和标准化指导。

6.5.3 建立区域内人才流动机制

城市间人才流动的顺畅与否直接影响到数字技术的创新、应用和产业化进程，形成有效的人才流动机制，不仅可以为区域内的企业和机构提供充足的人力资源支持，也有助于促进区域内经济的整体协同和高质量发展。因此，应当制定相关的政策和措施促进人才有序流动，实现区域内人力资源的最优化配置。

（1）人才信息平台建设

为了促进区域经济协同发展，建立一个综合性的人才信息平台成为推动人才优化配置和高效流动的关键。该平台的核心目的在于整合区域内的人才资源与市场需求，通过提供一站式的综合服务，如人才招聘、职业培训、职业规划等，实现对人才流动的有效促进和管理。首先，此类平台通过汇聚区域内各种人才资源信息和企业需求，建立起一个全面的人才数据库。通过先进的大数据分析技术，平台能够对人才的能力、经验、职业倾向进行深度解析，同时结合市场需求的实时动态，实现人才供需之间的精准匹配。这种匹配机制不仅提高了招聘的效率和质量，也为人才个体提供了更为精准的职业发展路径规划。其次，平台利用大数据和人工智能技术为个人用户提供个性化的职业发展建议。根据用户的职业经历、技能特长和发展愿景，结合行业发展趋势和市场需求变化，平台能够生成定制化的职业规划方案，为用户指明职业发展的方向和途径。对于企业而言，该平台还提供精准的人才招聘服务。企业可以根据自身的人才需求，通过平台发布招聘信息，同时利用平台的数据分析能力，从庞大的人才库中快速筛选出符合要求的候选人。最后，平台还能够根据企业的长期人才战略，提供人才储备和发展建议，助力企业构建稳定而高效的人力资源体系。

综上所述，区域内数字经济人才信息平台的建设，不仅为人才提供了更广阔的职业发展空间和更精准的发展指导，同时也为企业解决了人才招聘和管理的难题，实现了区域人才资源的优化配置和高效利用。通过政府、企业与教育机构等多方的共同努力，该平台将成为推动区域内数字经济人才流动与高质量发展的重要力量。

（2）跨城市人才交流与合作

跨城市人才交流和合作项目的实施可以有效促进人才之间的信息交流、知识共享与技能提升，进而激发人才的创新活力和协同合作能力。具体包括技术竞赛、创新工作坊、学术研讨会等形式。技术竞赛作为检验技术创新和解决方案实用性的重要方式，能够吸引来自不同领域和地区的专业人才参与。通过这样的竞赛，参与者可以在实践中深化专业知识，同时，竞赛的成果也为区域内的企业和研究机构提供了解决实际问题的新思路和新技术。创新工作坊和学术研讨会则为不同背景的专业人才提供了共同学习和探讨的平台。在这些活动中，参与者可以分享各自的研究成果和工作经验，探讨数字经济发展中遇到的挑战和机遇。这种开放式的交流和合作，不仅促进了知识的广泛传播，也有助于形成跨学科、跨行业的创新团队，推动区域内数字经济的整体发展。此外，通过政府部门的支持和引导，这些人才交流和合作项目可以更加规范化和系统化。政府可以提供必要的资源和平台，如资金支持、场地提供和宣传推广等，以降低组织这些活动的门槛，鼓励更多的个人和机构参与其中。同时，通过建立长期有效的人才交流机制，可以确保这种交流和合作成为区域内数字经济发展的持续动力。可以看出，区域内城市间的人才交流和合作项目在促进人才创新活力和协同合作能力方面发挥着至关重要的作用。通过政府的有效引导和支持，这些活动不仅能够促进知识和信息的广泛传播，还能加速区域内数字经济的发展进程，为构建协同、创新、高效的区域经济体系奠定坚实基础。

（3）建立人才长效监督与评估机制

全面的人才长效监督和评估机制，即通过科学、系统的数据收集与分析手段，对人才流动的动态变化、政策实施的成效及市场与技术发展趋势的响应进行深入评估，以确保区域内人才流动政策的有效实施及其对城市经济高质量发展的促进作用。

首先，数据收集和分析体系。需要建立一个综合的数据收集体系，该体系覆盖人才流动的各个方面，包括人才流入和流出的数量、人才结构（如技术领域、职业类别）、人才流动的原因和趋势等。同时，应用大数据分析和人工智能技术对收集到的数据进行深度挖掘和分析，以识别人才流动的模式、评估政策效果和预测未来的人才需求变化。其次，政策效果评估体系。在明确了数据分析的基础上，定期进行政策效果评估，该评估应围绕政策目标的实现程度、对人才流动的实际影响、对区域内数字经济发展的促进作用等多个维度进行。评估结果应用于指导政策调整和优化，确保政策措施能够有效应对市场和技术的变化，满足区域经济发展的实际需求。再次，问题识别与解决机制。评估过程中应重视问题的识别和分析，对于发现的问题要及时采取措施予以解决。这可能包括调整不适应或效果不佳的政策、加强资源配置、优化服务提供等。确保人才流动机制的持续优化和完善。最后，政策适应性调整。随着技术进步和市场需求的持续变化，人才流动机制和相关政策需要保持高度的灵活性和适应性。这要求政策制定者对新兴技术趋势和市场需求变化保持敏感，基于评估结果和前瞻性分析，适时进行政策内容的调整和更新。

通过建立和实施上述长效监督和评估机制，不仅可以确保人才流动政策的有效性和及时性，也能为区域内数字经济的高质量发展提供强有力的人才支持。此外，这一机制还将促进政策制定的科学化、精细化，为区域经济协同发展提供稳定的人才保障和智力支撑。

第7章　结论与展望

7.1　主要结论

2017年，党的十九大报告首次提出高质量发展的新表述，并进一步明确把创新、协调、绿色、开放、共享的新发展理念作为新时代坚持和发展中国特色社会主义的基本方略之一。在经济发展由高速增长阶段转向高质量发展阶段的背景下，数字经济被视为实现高质量发展的关键驱动力之一。随着政策支持力度的不断加大和数字基础设施的不断完善，我国数字经济展现出了强大的发展动能，成为推动经济高质量发展的重要力量。本书以"背景现状—机制分析—实证研究—政策建议"为研究逻辑，紧密围绕数字经济与城市经济高质量发展的互动机制、影响效应及其政策路径进行了全面系统的探讨。在对背景与现状进行分析的基础上，考察了数字经济与城市经济高质量发展的互动机制，并通过构建计量经济模型揭示了数字经济及其他要素对于城市经济高质量发展的影响效应，最后提出推动城市经济高质量发展的政策路径。研究的主要结论包括：

第一，数字经济快速发展，城市经济高质量发展面临机遇和挑战。在全球范围内，数字经济快速发展，尤其在中国，得益于政府的政策支持和数字基础设施的建设，数字经济已成为推动经济转型升级的新动力。技术的持续创新和消费者需求的增长，使得中国的数字经济保持快速增长，并在全球范围内处于领先地位。城市经济高质量发展面临着快速城镇化、产业结构调整、环境保护等挑战，同时也存在着通过数字经济推动产业升级、优化城市服务、扩大开放交流及提高社会包容性的机遇。

第二，数字经济与城市经济高质量发展存在互动机制。数字经济与城市经济高质量发展之间存在双向互动，特别是在创新、协调、绿色、开放、共享五个关键方面的作用机制。创新作为连接数字经济与城市经济高质量发展的桥梁，展现了强大的双向促进作用。数字经济的发展为城市创新提供了技术平台和环境支持，而城市创新活动的繁荣又为数字经济的深入发展提供了广阔的应用场景和需求空间。数字经济与城市经济的协调发展之间存在着密切的双向互动关系。一方面，数字经济通过提高资源配置的效率和促进产业间的融合，加强了城市经济活动的内部协调性；另一方面，城市经济的协调发展又为数字经济提供了良好的外部环境，推动了数字经济向更加多元和综合的方向发展。数字经济与城市绿色发展之间的双向互动关系揭示了一个重要事实：数字经济的发展不仅能够促进城市经济的绿色转型，提高城市的环境质量和生活品质，而且城市对绿色可持续发展的需求也进一步推动了数字技术的创新与应用，形成了数字经济与城市绿色发展相互促进、共同提升的良性循环。数字经济与城市开放性之间的双向互动表现在，城市能够更好地利用全球资源促进本地经济的高质量发展，而数字经济的发展也为城市开放提供了新的动力和内容，共同促进了城市经济与数字经济的繁荣发展。数字经济与城市共享方面，数字经济推动了城市普惠共享的实现，促进了社会公平和谐，城市的普惠共享也为数字经济的创新发展提供了肥沃的土壤，这种互动关系体现了数字经济在促进城市经济高质量发展中的重要作用。

第三，城市的数字经济发展水平和高质量发展水平都呈现出显著的空间分布异质性特征。2011—2021年，中国城市数字经济水平呈现持续增长趋势，东部沿海地区的数字经济发展水平明显高于内陆及西部地区，展现出显著的集聚性。部分内陆城市，如武汉、长沙、郑州等，在数字经济方面呈现出稳步提升的趋势，尤其是省会城市和重要经济节点，如成都、重庆、西安，其数字经济发展水平逐渐提升，成为内陆地区数字经济发展的标杆。城市经济高质量发展总体格局显示，经济较发达的沿海城市不仅在经济总量上领先，同时在经济发展质量上也处于较高水平。与之相对，内陆地区城市的经济高质量发展水平较低，呈现出明显的东强西弱格局。沿海地区城市普遍比内陆城市拥有更高的经济高质量发展指数，尤其是广东、江苏、浙江及上海等东部沿海地区，展现出更为显著的经济高质量发展水平。北京、上海、广州和深圳等一线城市在经济高质量发展方面持续领先，展现出强大的资本、人才、技术创新的集聚效应。长三角和珠三角等区域经济集群展现了高度的协同增长和产业链紧密互联，这是其经济高质量发展的关键。总之，东部沿海地区依托其先进的工业化、城市化水平和开放的经济环境，继续保持其在数字经济和经济高质量发展方面的领先地位。内陆和西部地区虽然发展速度较慢，但一些关键城市通过政策支持和产业升级，正逐步缩小与东部的差距，显现出数字经济和经济高质量发展的潜力。

第四，数字经济对城市经济高质量发展的影响存在显著的正向直接效应、间接效应和空间效应。实证检验结果表明，数字经济的发展对城市经济高质量发展存在显著直接的积极影响。特别是，数字技术的广泛应用促进了信息共享，降低了交易成本，激发了新的商业模式和创新活动。另外，数字经济通过促进城市创新能力的提升和产业结构的优化升级，间接推动了城市经济的高质量发展。更重要的是，数字经济的发展具有显著的空间溢出效应，即一个城市的数字经济优势能够通过区域网络促进周边城市的经济发展。这种溢出效应体现了城市间信息流通和资源共享的增强，促进了区域内经济的协同增长。

第五，优化政策与法规环境、建设与拓展数字基础设施、完善城市创新生态系统、推动产业数字化转型、促进区域经济协同发展等措施可以作为数字经济推进城市经济高质量发展的政策路径。

7.2　不足与展望

7.2.1　研究不足

在本书中，虽然通过采集和分析大量实证数据对数字经济与城市经济高质量发展之间的关系进行了探索，但研究过程中仍然面临一些限制和挑战。

首先，数据收集的困难及数据时效性的局限可能影响了研究结果的全面性和准确性，尤其是对于覆盖所有城市或反映最新发展趋势的能力。

其次，本书在探讨中国城市数字经济发展时，对区域间差异性的考量可能不够充分。不同地区因其经济基础、产业结构和政策环境的差异，其数字经济发展的路径和模式可能存在显著差异，这一点在当前的研究中尚未得到足够的深入分析。此外，尽管本书利用宏观数据进行了广泛的统计分析，但对于具体案例的深入挖掘和分析不足，限制了对数字经济如何具体影响城市经济高质量发展机制理解的深度。

最后，虽然本书提出了一系列旨在促进数字经济赋能城市经济高质量发展的政策建议，但这些建议的可操作性和具体实施策略的细化还需进一步探讨，以确保这些建议能够转化为实际、可执行的行动计划。这些研究的不足之处指出了未来工作的方向，需要通过更为精细化的数据分析、区域差异性的深入探讨、具体案例研究及政策建议的实施细节研究，增强研究的全面性、深度和实用性。

7.2.2 研究展望

针对本书在探索数字经济赋能城市经济高质量发展过程中所面临的局限，未来研究方向应致力于弥补现有不足，推动理论与实践的进一步深化。

第一，后续研究应考虑增加针对特定城市或区域的微观案例分析，通过对个案的深入剖析，揭示数字经济在不同地域背景下发展的具体路径和作用机制，从而丰富对其影响力量和条件的理解。

第二，考虑到数字经济与城市经济高质量发展涉及经济学、管理学、信息技术、社会学等多学科领域，后续的研究应强化跨学科的整合与合作，借助不同学科的理论和方法，构建一个更为全面和深入的研究框架。此外，鉴于数字经济本身正处于快速变革之中，未来研究需密切关注其新趋势和特点，特别是新兴技术的发展和应用对城市经济高质量发展的影响，以识别新的增长机遇和挑战。

第三，对于政策建议的提出与实施，后续研究不仅要深化对政策建议的具体化和可操作化探讨，还应考虑如何评估这些政策的实施效果，确保政策建议能够有效指导实践，为决策提供坚实的理论和实证支持。

上述研究方向的拓展和深化，旨在为数字经济与城市经济高质量发展的综合研究提供更为丰富的理论视角和实践指南，促进相关领域的理论创新与实践进步。

参考文献

［1］ ACEMOGLU D,RESTREPO P. Robots and jobs：evidence from US labor markets［J］. Journal of political economy，2020，128（6）：2188-2244.

［2］ ALEXANDRA S L. An Empirical approach of social impact of debt on economic growth：evidence from the european union［J］. Annals-economy series，2016，5：189-198.

［3］ ANSELIN L. Spatial econometrics：methods and models［M］. Berlin：Springer Netherlands，1988.

［4］ BAREFOOT K,CURTIS D,JOLLIFF W,et al. Defining and measuring the digital economy［R］. US Department of Commerce Bureau of Economic Analysis，2018：152018.

［5］ BARON R M,KENNY D A. The moderator－mediator variable distinction in social psychological research：conceptual，strategic，and statistical considerations［J］. Journal of personality and social psychology，1986，51(6)：1173-1182.

［6］ BARRO R J. Quantity and quality of economic growth［R］. Working Papers Central Bank of Chile，2002：1-39.

［7］ BAUER J M. The internet and income inequality：socio-economic challenges in a hyperconnected society［J］. Telecommunications policy，2018,42(4)：333-343.

［8］ BENNEWORTH P, HOSPERS G J. Urban competitiveness in the knowledge economy：universities as new planning animateurs［J］. Progress in planning，2007,67(2)：105-197.

［9］ BLOOM N , SADUN R. The organization of firms across countries［J］. The quarterly journal of economics，2012,127(4)：1663-1705.

［10］ BOYLE D. The new economics：a bigger picture［M］. London：Earthscan Publications,2009:54-62.

[11] CHORIANOPOULOS I,PAGONIS T,KOUKOULAS S,et al. Planning,competitiveness and sprawl in the Mediterranean city:the case of Athens[J]. Cities,2010,27(4):249-259.

[12] DENNIS A,RONDINELLI. Urban and regional development planning:policy and administration[M]. Ithaca,NY:Cornell University Press,1975.

[13] EISENMANN T,PARKER G,VAN ALSTYNE M. Strategies for two-sided markets[J]. Harvard business review,2006,84(10):92-101.

[14] HAMPTON S E,STRASSER C A,TEWKSBURY J J,et al. Big data and the future of ecology[J]. Frontiers in ecology and the environment,2013,11(3):156-162.

[15] HEO P S,LEE D H. Evolution of the linkage structure of ICT industry and its role in the economic system:the case of Korea[J]. Information technology for development,2019,25(3):424-454.

[16] HJORT J,POULSEN J. The arrival of fast internet and employment in Africa[J]. American economic review,2019,109(3):1032-1079.

[17] HONOHAN P. Financial development,growth and poverty:how close are the links? [M]. London:Palgrave Macmillan,2004:1-37.

[18] KAPOOR A. Financial inclusion and the future of the Indian economy [J]. Futures,2014,56(10):35-42.

[19] KLING R,LAMB R. IT and organizational change in digital economies:a socio-technical approach[J]. Acm sigcas computers and society,1999,29(3):17-25.

[20] KNICKREHM M,BERTHON B,DAUGHERTY P. Digital disruption:the growth multiplier[M]. Dublin,IE:Accenture,2016:34-56.

[21] LEE S,KIM M,PARK Y. ICT co-evolution and Korean ICT strategy:an analysis based on patent data[J]. Telecommunications Policy,2009,33(5):253-271.

[22] LESAGE J,PACE R K. Introduction to spatial econometrics[M]. Boca Raton,FL:Taylor & Francis,2009.

[23] LUCAS R E. On the mechanics of economic development[J]. Journal

of monetary economics,1988,22(1):3-42.

[24] LU J C,ZHOU S Q,XIAO X H,et al. The dynamic evolution of the digital economy and its impact on the urban green innovation development from the perspective of driving force—taking China's yangtze river economic belt cities as an example[J]. Sustainability, 2023, 15(8):6989.

[25] MESENBOURG T L. Measuring the digital economy[J]. US bureau of the census,2001(1):1-19.

[26] MLACHILA M,TAPSOBA R,TAPSOBA S J A. A quality of growth index for developing countries: a proposal[J]. Social indicators research,2017,134(2):675-710.

[27] MOULTON B R. GDP and the digital economy: keeping up with the changes[M]. Washington, D. C. :Department of Commerce,1999.

[28] NIJAKI L K,WORREL G. Procurement for sustainable local economic development[J]. International journal of public sector management, 2012,25(2):133-153.

[29] RAMSEY F P. A mathematical theory of saving[J]. The economic journal,1928,38(152):543-559.

[30] ROMER P M. Increasing returns and long-run growth[J]. Journal of political economy,1986,94(5):1002-1037.

[31] ROODMAN D. How to do Xtabond2:an introduction to difference and system GMM in stata[J]. The stata journal,2009,9(1),86-136.

[32] SHIN D H,CHOI M J. Ecological views of big data: perspectives and issues[J]. Telematics and informatics,2015,32(2):311-320.

[33] SMITH A. An inquiry into the nature and causes of the wealth of nations[M]. New York:Oxford University Press,1998.

[34] SOLOW R M. A contribution to the theory of economic growth[J]. The quarterly journal of economics,1956,70(1):65-94.

[35] TAPSCOTT D. The digital economy: promise and peril in the age of networked intelligence[M]. New York:McGraw-Hill,1996.

[36] TAPSCOTT D. The digital economy[M]. New York: McGraw Hill Education,2015.

[37] TRANOS E,KITSOS T,ORTEGA-ARGILES R. Digital economy in the UK:regional productivity effects of early adoption[J]. Regional studies,2020(11):1-15.

[38] ULUCAK R,DANISH,KHAN S U. Does information and communication technology affect CO_2 mitigation under the pathway of sustainable development during the mode of globalization[J]. Sustainable development,2020,28(4):857-867.

[39] VIDAS-BUBANJA M. Implementation of green ICT for sustainable economic development[C]. International Convention on Information & Communication Technology,Electronics & Microelectronics,2014.

[40] ZANAKIS S H,BECERRA-FERNANDEZ I. Competitiveness of nations:a knowledge discovery examination[J]. European journal of operational research,2005,166(1):185-211.

[41] ZOU S H,LIAO Z,FAN X B. The impact of the digital economy on urban total factor productivity:mechanisms and spatial spillover effects[J]. Scientific reports,2024,14(1):396.

[42] 白雪洁,宋培,李琳,等. 数字经济能否推动中国产业结构转型:基于效率型技术进步视角[J]. 西安交通大学学报(社会科学版),2021,41(6):1-15.

[43] 白永秀,宋丽婷. 数字经济对经济活动影响的政治经济学分析[J]. 兰州大学学报(社会科学版),2021,49(4):78-85.

[44] 柏培文,张云. 数字经济、人口红利下降与中低技能劳动者权益[J]. 经济研究,2021,56(5):91-108.

[45] 波特. 竞争论[M]. 北京:中信出版社,2003.

[46] 蔡昉. 推动高质量发展怎么干[J]. 经济导刊,2018(3):5.

[47] 蔡昉. 中国经济增长如何转向全要素生产率驱动型[J]. 中国社会科学,2013(1):56-71,206.

[48] 蔡跃洲,牛新星. 中国数字经济增加值规模测算及结构分析[J]. 中国社会科学,2021(11):4-30,204.

[49] 陈昌兵. 新时代我国经济高质量发展动力转换研究[J]. 上海经济研究,2018(5):16-24,41.

[50] 陈福中. 数字经济、贸易开放与"一带一路"沿线国家经济增长[J]. 兰州

学刊,2020(11):100-112.

[51] 陈灵明.数字经济对区域经济高质量发展的影响及空间效应研究[D].湘潭:湖南科技大学,2022.

[52] 陈维涛,唐子玮.数字技术应用对中国企业出口竞争力的影响与作用机制[J].华东经济管理,2024,38(2):31-41.

[53] 陈维涛,吴婷.数字经济与城市产业结构升级:基于就业供给和消费需求双角度分析[J/OL].重庆工商大学学报(社会科学版),1-16.

[54] 陈小辉,张红伟,吴永超.数字经济如何影响产业结构水平?[J].证券市场导报,2020(7):20-29.

[55] 陈晓东,杨晓霞.数字经济发展对产业结构升级的影响:基于灰关联熵与耗散结构理论的研究[J].改革,2021(3):26-39.

[56] 陈晓红,李杨扬,宋丽洁,等.数字经济理论体系与研究展望[J].管理世界,2022,38(2):13-16,208-224.

[57] 陈云贤.中国特色社会主义市场经济:有为政府＋有效市场[J].经济研究,2019,54(1):4-19.

[58] 陈昭,陈钊泳,谭伟杰.数字经济促进经济高质量发展的机制分析及其效应[J].广东财经大学学报,2022,37(3):4-20.

[59] 程恩富.论新常态下的五大发展理念[J].南京财经大学学报,2016(1):1-7,108.

[60] 程文先,钱学锋.数字经济与中国工业绿色全要素生产率增长[J].经济问题探索,2021(8):124-140.

[61] 戴静兰.商业银行高质量发展与经济资本配置探讨[J].大众投资指南,2023(13):50-52.

[62] 邓荣荣,张翔祥.中国城市数字经济发展对环境污染的影响及机理研究[J].南方经济,2022(2):18-37.

[63] 邓永波.产业集聚的影响因素及其对我国区域经济高质量发展的启示[J].中国商论,2023(24):148-151.

[64] 董有德,米筱筱.互联网成熟度、数字经济与中国对外直接投资:基于2009年—2016年面板数据的实证研究[J].上海经济研究,2019(3):65-74.

[65] 杜传忠,张远.数字经济发展对企业生产率增长的影响机制研究[J].证券市场导报,2021(2):41-51.

[66] 杜文胜,夏琦.数字经济能够推动高质量发展吗:基于"双碳"背景的实证分析[J].统计理论与实践,2023(12):10-17.

[67] 杜运周,刘秋辰,陈凯薇,等.营商环境生态、全要素生产率与城市高质量发展的多元模式:基于复杂系统观的组态分析[J].管理世界,2022,38(9):127-145.

[68] 段博.虚拟集聚与制造业转型升级:理论与实证研究[D].兰州:兰州财经大学,2020.

[69] 范合君,吴婷.数字化能否促进经济增长与高质量发展:来自中国省级面板数据的经验证据[J].管理学刊,2021,34(3):36-53.

[70] 范晓莉,李秋芳.数字经济对产业结构转型升级的影响:基于中国省级面板数据的实证分析[J].现代管理科学,2021(7):108-120.

[71] 方福前,田鸽.数字经济促进了包容性增长吗:基于"宽带中国"的准自然实验[J].学术界,2021(10):55-74.

[72] 方敏,杨胜刚,周建军,等.高质量发展背景下长江经济带产业集聚创新发展路径研究[J].中国软科学,2019(5):137-150.

[73] 高岳林,秦取名,王苗苗.数字经济对产业结构优化升级的影响研究[J].统计与决策,2023,39(22):30-35.

[74] 葛和平,吴福象.数字经济赋能经济高质量发展:理论机制与经验证据[J].南京社会科学,2021(1):24-33.

[75] 郭峰,王靖一,王芳,等.测度中国数字普惠金融发展:指数编制与空间特征[J].经济学(季刊),2020,19(4):1401-1418.

[76] 郭新茹,陈天宇.地理集聚能否提升我国文化产业发展质量:基于空间杜宾模型和门槛模型的检验[J].人文地理,2021,36(3):87-96.

[77] 郭新茹,陈天宇.文化产业集聚、空间溢出与经济高质量发展[J].现代经济探讨,2021(2):79-87.

[78] 韩英,马立平.基于成本 Malmquist 模型的产业全要素生产率测算研究:以京津冀地区为例[J].数理统计与管理,2022,41(2):264-278.

[79] 郝寿义,倪鹏飞.中国城市竞争力研究:以若干城市为案例[J].经济科学,1998(3):50-56.

[80] 何宗樾,宋旭光.数字经济促进就业的机理与启示:疫情发生之后的思考[J].经济学家,2020(5):58-68.

[81] 贺晓宇,沈坤荣.现代化经济体系、全要素生产率与高质量发展[J].上海

经济研究,2018(6):25-34.

[82] 洪银兴,刘伟,高培勇,等."习近平新时代中国特色社会主义经济思想"笔谈[J].中国社会科学,2018(9):4-73,204-205.

[83] 洪银兴.改革开放以来发展理念和相应的经济发展理论的演进:兼论高质量发展的理论渊源[J].经济学动态,2019(8):10-20.

[84] 洪银兴.资源配置效率和供给体系的高质量[J].江海学刊,2018(5):84-91.

[85] 胡晨沛,吕政.中国经济高质量发展水平的测度研究与国际比较:基于全球35个国家的实证分析[J].上海对外经贸大学学报,2020,27(5):91-100.

[86] 胡志远,刘琛君.数字金融与经济高质量发展的关联性研究:基于绿色全要素生产率视角的分析[J].时代经贸,2024,21(2):20-24.

[87] 金碚.关于"高质量发展"的经济学研究[J].中国工业经济,2018(4):5-18.

[88] 荆文君,孙宝文.数字经济促进经济高质量发展:一个理论分析框架[J].经济学家,2019(2):66-73.

[89] 康铁祥.中国数字经济规模测算研究[J].当代财经,2008(3):118-121.

[90] 寇宗来,刘学悦.中国城市和产业创新力报告2017[R].上海:复旦大学产业发展研究中心,2017.

[91] 邝劲松,彭文斌.数字经济驱动经济高质量发展的逻辑阐释与实践进路[J].探索与争鸣,2020(12):132-136,200.

[92] 李华,董艳玲.中国经济高质量发展水平及差异探源:基于包容性绿色全要素生产率视角的考察[J].财经研究,2021,47(8):4-18.

[93] 李金昌,史龙梅,徐蔼婷.高质量发展评价指标体系探讨[J].统计研究,2019,36(1):4-14.

[94] 李琳.数字经济对城市高质量发展的影响机理研究[J].商业经济研究,2023(20):184-188.

[95] 李平,付一夫,张艳芳.生产性服务业能成为中国经济高质量增长新动能吗[J].中国工业经济,2017(12):5-21.

[96] 李三希,黄卓.数字经济与高质量发展:机制与证据[J].经济学(季刊),2022,22(5):1699-1716.

[97] 李太平,顾宇南.战略性新兴产业集聚、产业结构升级与区域经济高质量

发展:基于长江经济带的实证分析[J].河南师范大学学报(哲学社会科学版),2021,48(1):78-87.

[98] 李向阳,陈佳毅,范玲.数字经济与经济高质量发展耦合关系研究[J].经济问题,2022(9):34-40.

[99] 李小忠.数字经济发展与企业价值提升:基于生命周期理论的视角[J].经济问题,2021(3):116-121.

[100] 李晓钟,吴甲戌.数字经济驱动产业结构转型升级的区域差异[J].国际经济合作,2020(4):81-91.

[101] 李英杰.金融功能视角下数字金融对经济高质量发展的影响研究[D].武汉:武汉理工大学,2022.

[102] 李治国,车帅,王杰.数字经济发展与产业结构转型升级:基于中国275个城市的异质性检验[J].广东财经大学学报,2021,36(5):27-40.

[103] 李宗显,杨千帆.数字经济如何影响中国经济高质量发展?[J].现代经济探讨,2021(7):10-19.

[104] 梁琦,肖素萍,李梦欣.数字经济发展提升了城市生态效率吗:基于产业结构升级视角[J].经济问题探索,2021(6):82-92.

[105] 蔺鹏,孟娜娜.环境约束下京津冀区域经济发展质量测度与动力解构:基于绿色全要素生产率视角[J].经济地理,2020,40(9):36-45.

[106] 刘传明,尹秀,王林杉.中国数字经济发展的区域差异及分布动态演进[J].中国科技论坛,2020(3):97-109.

[107] 刘达禹,徐斌,刘金全.数字经济发展与区域经济增长:增长门槛还是增长瓶颈?[J].西安交通大学学报(社会科学版),2021,41(6):16-25.

[108] 刘佳,秦芳.自贸区设立何以赋能经济高质量发展:基于贸易、投资与创新的视角[J].江汉大学学报(社会科学版),2024,41(1):117-128.

[109] 刘家旗,茹少峰.中国高质量发展水平测度:人民群众感知视角[J].经济纵横,2021(5):93-101.

[110] 刘建民,薛妍.财政分权与经济高质量发展:基于环境规制的"U型"调节效应[J].河北大学学报(哲学社会科学版),2021,46(1):58-67.

[111] 刘鹏程,韩贵鑫,夏学超."一带一路"节点城市对外开放与产业结构协调发展研究[J].重庆理工大学学报(社会科学),2020,34(7):19-32.

[112] 刘双.金融赋能我国商贸流通业高质量发展策略探讨[J].商业经济研究,2023(20):44-46.

[113] 刘思明,张世瑾,朱惠东.国家创新驱动力测度及其经济高质量发展效应研究[J].数量经济技术经济研究,2019,36(4):3-23.

[114] 刘亚雪,田成诗,程立燕.世界经济高质量发展水平的测度及比较[J].经济学家,2020(5):69-78.

[115] 刘业进,崔佳慧.高校科技创新与经济高质量发展:基于空间杜宾模型的实证研究[J].演化与创新经济学评论,2023(2):74-91.

[116] 刘友金,周健."换道超车":新时代经济高质量发展路径创新[J].湖南科技大学学报(社会科学版),2018,21(1):49-57.

[117] 刘志彪,徐宁,欧阳峣,等.超大规模经济体与高质量发展[J].上海经济,2023(6):1-20.

[118] 卢丽文,宋德勇,黄璨.长江经济带城市绿色全要素生产率测度:以长江经济带的108个城市为例[J].城市问题,2017(1):61-67.

[119] 鲁玉秀,方行明,张安全.数字经济、空间溢出与城市经济高质量发展[J].经济经纬,2021,38(6):21-31.

[120] 鲁玉秀.数字经济对城市经济高质量发展影响研究[D].成都:西南财经大学,2022.

[121] 陆凤芝,王群勇.高铁开通对城市经济发展质量的影响及作用机制[J].城市问题,2020(10):56-67.

[122] 罗斯.新一轮产业革命[M].浮木译社,译.何玲,校译.北京:中信出版集团,2016.

[123] 罗斯托.经济增长的阶段[M].郭熙保,王松茂,译.北京:中国社会科学出版社,2001.

[124] 马茹,张静,王宏伟.科技人才促进中国经济高质量发展了吗:基于科技人才对全要素生产率增长效应的实证检验[J].经济与管理研究,2019,40(5):3-12.

[125] 苗峻玮.科技创新对经济高质量发展的影响研究[D].北京:北京交通大学,2021.

[126] 闵路路,许正中.数字经济、创新绩效与经济高质量发展:基于中国城市的经验证据[J].统计与决策,2022,38(3):11-15.

[127] 牟天琦,刁璐,霍鹏.数字经济与城乡包容性增长:基于数字技能视角[J].金融评论,2021,13(4):36-57,124-125.

[128] 宁朝山.基于质量、效率、动力三维视角的数字经济对经济高质量发展

多维影响研究[J].贵州社会科学,2020(4):129-135.

[129] 欧进锋,许抄军,刘雨骐.基于"五大发展理念"的经济高质量发展水平测度:广东省 21 个地级市的实证分析[J].经济地理,2020,40(6):77-86.

[130] 潘雅茹,罗良文.基础设施投资对经济高质量发展的影响:作用机制与异质性研究[J].改革,2020(6):100-113.

[131] 裴长洪,倪江飞,李越.数字经济的政治经济学分析[J].财贸经济,2018,39(9):5-22.

[132] 邱子迅,周亚虹.数字经济发展与地区全要素生产率:基于国家级大数据综合试验区的分析[J].财经研究,2021,47(7):4-17.

[133] 任保平,宋雪纯.以新发展理念引领中国经济高质量发展的难点及实现路径[J].经济纵横,2020(6):2,45-54.

[134] 任保平.新时代中国经济从高速增长转向高质量发展:理论阐释与实践取向[J].学术月刊,2018,50(3):66-74,86.

[135] 茹少峰,刘惠子.新基建、产业虚拟集聚与区域经济协调发展[J].哈尔滨商业大学学报(社会科学版),2022(6):104-115.

[136] 上官绪明,葛斌华.科技创新、环境规制与经济高质量发展:来自中国278 个地级及以上城市的经验证据[J].中国人口·资源与环境,2020,30(6):95-104.

[137] 盛斌,刘宇英.中国数字经济发展指数的测度与空间分异特征研究[J].南京社会科学,2022(1):43-54.

[138] 师博,张冰瑶.全国地级以上城市经济高质量发展测度与分析[J].社会科学研究,2019(3):19-27.

[139] 师博.数字经济促进城市经济高质量发展的机制与路径[J].西安财经大学学报,2020,33(2):10-14.

[140] 石敏俊,张瑜,郑丹.城市密度、全要素生产率和城市高质量发展[J].社会科学战线,2023(5):84-96,281.

[141] 史丹,孙光林.数字经济、金融效率与我国经济高质量发展[J].企业经济,2022,41(1):2,5-16.

[142] 宋洋.经济发展质量理论视角下的数字经济与高质量发展[J].贵州社会科学,2019(11):102-108.

[143] 宋跃刚,郝夏珍.数字经济对黄河流域经济高质量发展的门槛和空间溢

出效应研究[J].河南师范大学学报(自然科学版),2022,50(1):48-58.

[144] 孙早,许薛璐.产业创新与消费升级:基于供给侧结构性改革视角的经验研究[J].中国工业经济,2018(7):98-116.

[145] 汤旖璆.数字经济赋能城市高质量发展:基于智慧城市建设的准自然实验分析[J].价格理论与实践,2020(9):156-159,180.

[146] 田秋生.高质量发展的理论内涵和实践要求[J].山东大学学报(哲学社会科学版),2018(6):1-8.

[147] 万永坤,王晨晨.数字经济赋能高质量发展的实证检验[J].统计与决策,2022,38(4):21-26.

[148] 王琛伟.数字经济和实体经济深度融合:核心动力、主要问题与趋势对策[J].人民论坛·学术前沿,2022(18):12-21.

[149] 王军,朱杰,罗茜.中国数字经济发展水平及演变测度[J].数量经济技术经济研究,2021,38(7):26-42.

[150] 王俊,罗俊龙.数字经济推动甘肃省高质量发展机制研究[J].大连大学学报,2023,44(4):90-99.

[151] 王开科,吴国兵,章贵军.数字经济发展改善了生产效率吗[J].经济学家,2020(10):24-34.

[152] 王凯.数字经济、资源配置与产业结构优化升级[J].金融与经济,2021(4):57-65.

[153] 王姝楠,陈江生.数字经济的技术-经济范式[J].上海经济研究,2019(12):80-94.

[154] 王伟玲,王晶.我国数字经济发展的趋势与推动政策研究[J].经济纵横,2019(1):69-75.

[155] 王永昌,尹江燕.论经济高质量发展的基本内涵及趋向[J].浙江学刊,2019(1):91-95.

[156] 吴志军,梁晴.中国经济高质量发展的测度、比较与战略路径[J].当代财经,2020(4):17-26.

[157] 肖远飞,姜瑶.数字经济对工业绿色生产效率的影响研究[J].现代管理科学,2021(8):100-109.

[158] 谢会强,封海燕,马昱.空间效应视角下高技术产业集聚、技术创新对经济高质量发展的影响研究[J].经济问题探索,2021(4):123-132.

[159] 徐辉,邱晨光.数字经济发展提升了区域创新能力吗:基于长江经济带

的空间计量分析[J].科技进步与对策,2022,39(13):43-53.

[160] 徐晓慧.数字经济与城市经济高质量发展研究[D].武汉:中南财经政法大学,2022.

[161] 许宪春,张美慧.中国数字经济规模测算研究:基于国际比较的视角[J].中国工业经济,2020(5):23-41.

[162] 杨慧梅,江璐.数字经济、空间效应与全要素生产率[J].统计研究,2021,38(4):3-15.

[163] 杨文溥.数字经济与区域经济增长:后发优势还是后发劣势?[J].上海财经大学学报,2021,23(3):19-31,94.

[164] 杨耀武,张平.中国经济高质量发展的逻辑、测度与治理[J].经济研究,2021,56(1):26-42.

[165] 姚维瀚,姚战琪.数字经济、研发投入强度对产业结构升级的影响[J].西安交通大学学报(社会科学版),2021,41(5):11-21.

[166] 殷培伟,谢攀,雷宏振.国家中心城市经济高质量发展评价及差异分析[J].经济学家,2023(3):68-78.

[167] 张景波.城市经济高质量发展的空间差异及收敛性研究[D].大连:东北财经大学,2019.

[168] 张军扩,侯永志,刘培林,等.高质量发展的目标要求和战略路径[J].管理世界,2019,35(7):1-7.

[169] 张鹏.数字经济的本质及其发展逻辑[J].经济学家,2019(2):25-33.

[170] 张森,温军,刘红.数字经济创新探究:一个综合视角[J].经济学,2020(2):80-87.

[171] 张少华,陈治.数字经济与区域经济增长的机制识别与异质性研究[J].统计与信息论坛,2021,36(11):14-27.

[172] 张少华.数字经济对城市经济高质量发展的影响研究[D].太原:山西财经大学,2023.

[173] 张腾,蒋伏心,韦朕韬.数字经济能否成为促进我国经济高质量发展的新动能?[J].经济问题探索,2021(1):25-39.

[174] 张雪玲,焦月霞.中国数字经济发展指数及其应用初探[J].浙江社会科学,2017(4):32-40,157.

[175] 张勋,谭莹.数字经济背景下大国的经济增长机制研究[J].湖南师范大学社会科学学报,2019,48(6):27-36.

［176］ 张英浩,汪明峰,刘婷婷.数字经济对中国经济高质量发展的空间效应
与影响路径[J].地理研究,2022,41(7):1826-1844.

［177］ 张蕴萍,董超,栾菁.数字经济推动经济高质量发展的作用机制研究:基
于省级面板数据的证据[J].济南大学学报(社会科学版),2021,31(5):
99-115,175.

［178］ 张占斌,杜庆昊.我国经济体制改革的历程、影响与新时代改革的新方
位[J].行政管理改革,2018(11):30-36.

［179］ 赵呈.资本集聚、产业升级对区域经济高质量发展的影响研究[D].重
庆:重庆大学,2022.

［180］ 赵涛,张智,梁上坤.数字经济、创业活跃度与高质量发展:来自中国城
市的经验证据[J].管理世界,2020,36(10):65-76.

［181］ 郑垂勇,朱晔华,程飞.城镇化提升了绿色全要素生产率吗:基于长江经
济带的实证检验[J].现代经济探讨,2018(5):110-115.

［182］ 钟敏.国际数字经济测度的实践经验及中国的战略选择[J].经济体制
改革,2021(3):158-165.